4

전쟁
의
미
인간

교차 4
전쟁하는 인간

발행일 2023년 6월 15일 초판 1쇄
지은이 김준서·이종현·이덕균·서명삼·한상원·이헌미
노민정·박규태·원정현·최재인·김성재
기획위원 김영욱·박동수·박민아·최화선
진행 김현우
편집 남수빈
교정·교열 이돈성
디자인 6699press
사진 Studio DOSI
제작 영신사

펴낸곳 읻다
등록 제300-2015-43호. 2015년 3월 11일
주소 (04035) 서울시 마포구 양화로11길 64 401호
전화 02-6494-2001
팩스 0303-3442-0305
홈페이지 itta.co.kr
이메일 itta@itta.co.kr

ISBN 979-11-89433-83-3 (04080)
ISBN 979-11-89433-41-3 (세트)

책값은 뒤표지에 있습니다.
잘못된 책은 구입하신 서점에서 바꿔 드립니다.

전쟁하는 인간

일러두기

+ 서평 도서의 인용은 내주로, 그 외 문헌의 인용은 각주로 표기했다.
+ 책·간행물·신문은《 》로, 신문 기사는 " "로, 논문·영화·미술 작품·비디오 게임은 〈 〉로 묶었다.
+ 외국 인명과 지명 표기는 국립국어원 외래어 표기법을 따랐으며, 관례로 굳어진 것은 예외로 했다.

서문
전쟁의 감각과 사유

최화선

《교차》 4호를 위한 기획회의가 시작된 2022년 봄은 러시아의 침공으로 우크라이나 전쟁이 시작된 지 얼마 되지 않은 때였다. 따라서 '전쟁'은 당시 매우 시의적인 주제였지만, 4호가 출간될 1년 뒤에도 이 주제가 적절할 것인지에 대한 염려의 의견도 있었다. 그러나 단지 뉴스에 얼마나 자주 비중 있게 언급되느냐의 차이가 있을 뿐 전쟁은 언제나 세계의 어느 곳에서 일어나고 있고, 그렇기에 항상 시의적인 주제이기도 했다. 또 바로 그렇기 때문에 고대부터 지금까지 전쟁에 관한 무수히 많은 책이 있었고, 이러한 책들 가운데 지금 우리가 다시 검토해 봐야 할 책을 선정하는 것은 쉽지 않은 일이었다. 우리는 전쟁을 다양한 각도에서 바라보고 분석하는 시선만이 아니라, 실제 전쟁을 겪는 이들의 시선과 목소리, 그리고 이를 전달하는 다양한 매체들이 불러일으키는 감각, 그리고 그 감각이 불러일으키는 사유에 주목하는 것도 필요하다고 생각했다. 그래서 우리는 전쟁의 정당함과 부당함, 전쟁의 원인과 결과를 논의하는 책뿐만 아니라 전쟁 속의 목소리와 감각에 주목하는 책을 4호의 주제 서평을 위해 준비했다.

현대 전쟁 이론의 고전으로 손꼽히는 마이클 왈저의 《마르스의 두 얼굴: 정당한 전쟁·부당한 전쟁》은 현대 도덕철학의 관점에서 정의로운 전쟁에 대한 이론, 즉 '정전론'을 논의하는 책이다. 한상원의 서평은 우크라이나 전쟁이 진행되고 있는 현재의 시점에서 도덕적 정당성을 지닌 전쟁에 대한 왈저의 논의가 어떤 의미를 지닐 수 있는지 가늠해 본다. 한편 브루스 링컨의 《거룩한 테러: 9·11 이후 종교와 폭력에 관한 성찰》은 전쟁과 폭력이 종교를 통해 정당화되는 논리를 검토한다. 알 카에다의 테러리스트들이 쿠란을 인용하며 자신들의 폭력을 정당화하고, 그 반대편에서 부시 대통령이 '테러와의 전쟁'을 선포하며 유대 그리스도교 전통의 '정전론'을 근거로 내세웠던 상황에서, 링컨은 단지 평화로운 종교와 폭력적인 종교라는 단순한 이분법을 넘어, "인간의 윤리는 종교적 의무 앞에서 언제든 중지 내지는 유예될 수 있고 [...] 세상의 모든 종교는 '잔인한 폭력을 성스러운 의무로 둔갑'시킬 수 있는 가능성을 내포하고 있다"고 지적했다.(《거룩한 테러》, 11쪽) 서명삼의 서평은 링컨이 '종교' 개념과 '세속화' 개념을 둘러싼 서구 종교학 내 논쟁의 기반 위에서 9.11 이후 정치와 종교에 대한 복잡한 담론을 재검토한 맥락을 짚어준다.

노서경의 《알제리 전쟁 1954-1964: 생각하는 사람들의 식민지 항쟁》은 알제리 전쟁 동안에 나온 수많은 문헌을 검토한 방대한 저서다. 서평자 이현미는 한 전쟁에 얽힌 다양한 목소리들이 등장하는 이 책을 바흐친의 '다성성polyphony' 개념에 기대어 다시 읽어보려 시도한다. 전쟁 속의 다양한 목소리는 전쟁의 정당성을 옹호 또는 반대하는 구도나, 특정한 이해관계와 정치 질서의 지도로 결코 말끔하게 분류되지 않는다.

게다가 전쟁을 직접 경험한 이들, 특히 전쟁에 참여한 여성의 목소리를 듣는다는 것은 결코 쉬운 일이 아니다. 그래서 《전쟁은 여자의 얼굴을 하지 않았다》의 저자 스베틀라나 알렉시예비치는 2차 세계 대전에 참전한 소련 여성 백만 명의 목소리를 듣기 위해 "인간-귀"가 되기로 결심했다고 한다. 하지만 전쟁의 참상 앞에서는 도저히 목소리가 나오지 않는, 그저 "물고기처럼 입을 다물 수"밖에 없는 경우도 있다. 얼음 아래 "물 밑에서 아무리 얼음을 두드려도 물 밖으로 나오지 못하듯 입을 꼭 다물어서 그 어떤 이야기도 새어나가지 못하"는 그러한 경우, 우리는 어떻게 그들의 목소리를 들어야 할까.(이종현, 〈우리는 물고기처럼 입을 다물었어〉) 서평자 이종현은 이처럼 입을 다물 수밖에 없었던, 쓰고 지울 수밖에 없었던 그들의 말을, 그 어떤 말로도 전쟁의 참상을 표현할 수 없을 때 생겨나는 과장법인 '아뒤나톤adynaton'으로 읽는다.

이 아뒤나톤의 대표적인 예가 호메로스의 서사시 《일리아스》에 등장한다는 사실은 의미심장하다. 《일리아스》는 서구 문학사에서 전쟁의 참혹함을 응시하는 시선과 이를 전하는 목소리를 담은 최초의 글이라고 할 수 있기 때문이다. 시몬 베유는 2차 세계 대전의 폐허 앞에서 이 옛 시인의 글을 다시 꺼내 읽으며, 잔인한 폭력과 쓰라린 비참함을 노래하는 시인의 목소리 안에서 희미하게 비추는 구원의 가능성을 찾았다. 베유의 《일리아스 또는 힘의 시》와 호메로스의 《일리아스》를 나란히 놓고 다시 읽어보고자 했던 것은, 전쟁 속에서 들리는/들리지 않는 목소리들, 보이는/보이지 않는 얼굴들, 그리고 그들을 듣고 보기 위해 노력하며 시작되는 사유를 조망하고자 하는 의도였다.

여기에 더해 우리는 게임이라는 현대적 매체를 통한 전쟁의 재현과 그 사회적 의미를 가늠해보는 매슈 페인의《전쟁 게임: 9·11 이후의 밀리터리 비디오 게임》, 그리고 비록 직접적으로 전쟁을 다루지는 않지만 희생양 메커니즘을 통해 폭력과 종교의 관계를 고찰한 르네 지라르의《폭력과 성스러움》, 한 개인의 삶에서 일어난 끔찍한 폭력의 상처와 아픔이 이를 증언하는 '물질'이라는 매개와의 대면을 통해 비로소 기억되고 말해지는 과정을 보여준 로라 레빗의《남겨진 사물들》을 통해 전쟁과 폭력에 대한 감각과 사유를 확장시켜 보고자 했다.

기획위원의 한 사람으로서 나는 마지막까지 전쟁이라는 주제가 단지 분석적이고 합리적인 논의들만을 모아 놓은 '얼음 밖의 목소리'로 귀결될까 저어했다. 그러나 여기에 실린 글들은 단지 얼음 밖 공허한 논리들의 목소리가 아니라, 뻐끔거리며 얼음에 부딪히는 물고기들의 소리 없는 몸짓, 들리지 않는 그들의 목소리를 듣기 위한 다양한 노력들이다. 부디 그러한 노력들이 딱딱한 얼음을 조금이라도 부수어낼 수 있기를, 그래서 물 밑 물고기들의 다문 입에 조금 더 가까이 다가갈 수 있게 되기를 바란다.

끝으로《교차》4호를 위해 서평을 써주신 모든 서평자분들, 책이 나오기까지 수고해 주신 편집진에게 기획위원을 대표하여 감사의 말을 전한다.

최화선(기획위원)

서문

주제 서평

비주제 서평

주제

서평

STUDIUM
스투디움 총서 08
알제리전쟁
1954–1962
생각하는 사람들의
식민지 항쟁
노서경
문학동네
Homerus
ILIAS, VOLUMEN I
883.1
PIGw
v.1
G
일리아스 또는 힘의 시
시몬 베유 지음
이종영 옮김

김준서

인간 조건의 비극성으로부터 구원을 찾다

호메로스, 《일리아스》
시몬 베유, 《일리아스 또는 힘의 시》, 이종영 옮김(리시올, 2021)
Homeros, *Ilias* (B.C. 7C)
Simone Weil, "L'Iliade ou le poème de la force"(1940-1941), *Œuvres complètes* II-3 (Gallimard, 1989), 227-253

DE GRUYTER
Homerus
Homerus
ILIAS, VOLUMEN I
883.1
PlGw
v.1
G
일리아스 또는 힘의 시
시몬 베유 지음
이종영 옮김
일리아스
또는 힘의 시

한 시대의 종결: 2차 세계 대전과 트로이아 전쟁

서구 시문학의 출발점이자 원천으로서 호메로스 서사시가 지닌 위상은 고대 그리스로부터 지금에 이르기까지 흔들림 없이 유지되어 왔다. 그렇기에 후대 서구의 위대한 시인들은 자신들의 원천인 호메로스 서사시에 대한 성찰과 재해석을 작품 속에 직간접적으로 담고 있다. 베르길리우스Vergilius의 《아이네이스》, 단테Dante Alighieri의 《신곡》, 존 밀턴John Milton의 《실낙원》, 요한 볼프강 폰 괴테Johann Wolfgang von Goethe의 《파우스트》, 그리고 제임스 조이스James Joyce의 《율리시스》가 그 대표적인 사례들이라 하겠다. 이처럼 호메로스의 서사시는 서구의 작가들이 스스로를 되돌아보고 자신의 독자적인 길을 개척해 나감에 있어 일종의 성찰의 거울로서 광범위한 영향력을 가진다. 그로 인해 호메로스 서사시에 대한 연구 역시 유구한 역사를 지니고 있다. 멀게는 기원전 5세기, 가깝게는 고전문헌학이 근대적 학문의 한 영역을 차지한 18세기를 시작으로 하는 이 오랜 연구사는 역설적으로 비전문가의 진입을 쉽게 허용하지 않는, 좋게 말하자면 전문성, 부정적으로 표현하자면 경직성을 특징으로 한다. 하지만 언제나 예외적인 사례는 존재하는 법이다. 에리히 아우어바흐Erich Auerbach의 《미메시스》[1]와 이 글에서 다룰 시몬 베유의 《일리아스 또는 힘의 시》(이하 《힘의 시》)가 바로 그에 해당한다.

호메로스 연구자가 아님에도, 두 사람의 글은 호메로스 연구자들의 남다른 주목을 받았다. 찬사와 비판을 동시에 받은 두 저술로부터 우리는 호메로스 서사시에 대한 상반된 해석 아래 가려진 중요한 공통점을 확인할 수 있다. 베유와 아우어바흐 모두 20세기 초반 부유한 유대계 가정에서 태어나 최고 수준의 교육을 받았고, 호메로스 서사시에 대한 두 저술은 2차 세계 대전이 몰고 온 반유대주의의 광기가 유럽을 휩쓸던 암울한 상황에서 출판되었다는 사실이 그것이다. 호메로스 서사시에 대한 비관습적이고 날카로운 통찰을 담은 두 글이, 유대인을 향한 야만적이고 잔혹한 폭력이 가해지던 2차 세계 대전이라는 시대적 배경을 공유한다는 것은 그저 우연의 일치였을까?

---

1 에리히 아우어바흐, 《미메시스》, 김우창·유종호 옮김(민음사, 2012).

한 시대의 막을 내리는 거대한 전쟁이라는 점에서 2차 세계 대전과 트로이아 전쟁은 공통점을 지닌다. 호메로스 서사시 및 이를 재해석한 베유와 아우어바흐의 글도 마찬가지이다. 《일리아스》가 트로이아 전쟁으로 막을 내리는 "영웅들의 시대"의 마지막 광휘를 보여준다면, 《오뒷세이아》는 트로이아 전쟁이 끝나고 "영웅들의 시대"가 종결된 후 새로운 시대에서 인간이란 어떤 존재이고 또 무엇을 위해 살아야 하는가에 대한 통찰을 담고 있다. 같은 맥락에서 베유와 아우어바흐 모두 2차 세계 대전이라는 거대한 전쟁을 겪으면서 자신들이 속한 문화적 유산의 효시이자 정점을 비판적인 시선으로 되돌아본다.

트로이아 전쟁 이후 더 이상 영웅은 태어나지 않는다. 이런 맥락에서 트로이아 전쟁은 영웅이라 불리는 탁월한 인간들의 시대를 기리는 진혼곡이라 할 수 있다. 트로이아 전쟁 이후 인간은 신들과의 접점을 잃어버렸고, 이 상실은 영원히 회복되지 않는다. 이제 인간들은 신과 영웅이 없는 세상에서 스스로의 존재를 재규정하고 삶의 목적을 재설정해야 한다. 그리스 신화의 대표적인 영웅 헤라클레스가 그랬듯이 초인적인 업적을 이룸으로써 불멸의 명성을 추구하는 삶은 더 이상 가능하지 않다. 이제 인간들은 과거의 영웅들과는 달리 인간의 한계를 넘어섬으로써 위대함을 쟁취하는 것이 아니라, 인간이라는 존재에 대해 성찰하고 인간에게 고유한 미덕이 무엇인지에 대한 답을 얻고자 한다. 트로이아 전쟁으로부터 거의 3천 년 후에 발생한 2차 세계 대전 또한 인간들에게 비슷한 종류의 숙제를 제시한다는 점에서 트로이아 전쟁과 함께 묶인다.

"아우슈비츠 이후 서정시를 쓴다는 것은 야만"[2]이라는 테오도어 아도르노Theodor Adorno의 선언에서 짐작할 수 있듯이, 2차 세계 대전은 유럽인들에게 자신들의 가치관을 고통스럽게 되짚어 볼 것을 강요했다. 이들이 최고의 미덕으로 간주했던 이성과 합리성은 한순간에 기계적이고 무표정한 야만성으로 전락하고 말았다. 서구 문명을 쌓아 올린 원동력인 합리성은 그 자체에 대한 성찰 없이는 언제든지 도구로 악용되어 인류를 문명의 종말로 몰아넣을 수 있는 양날의 검이라는 무겁고

2

Theodor Adorno, "Prismen. Ohne Leitbild," *Kulturkritik und Gesellschaft I, Gesammelte Schriften*, Bd. 10.1, hg. Rolf Tiedemann (Suhrkamp, 1977), 30.

비통한 진실이 폭로되었고, 소위 문명인들이 어디까지 같은 인간을 비인간적으로 사물화할 수 있는지가 드러나면서 위선 아래 감추어져 있던 민낯이 노출되었다. 2차 세계 대전을 겪으면서 인류는 인간이라는 존재의 불안정함과 그에 따른 위험성을 체득했다. 스스로를 만물의 영장이자 신조차 넘어서는 전능한 존재로 자부하던 인류가 자신들의 착각을 깨닫게 된 것이다. 이들은 자신들이 트로이아 전쟁 속 그리스인들로부터 조금도 발전하지 못한, 여전히 신과 짐승 사이에 위치한 위태로운 존재이며, 언제든 비인간적 폭력의 가해자이자 피해자가 될 수 있다는 현실과 직면했다.

베유와 아우어바흐는 유럽인인 동시에 더 이상 유럽인이 아닌 이방인의 시선으로 자신들의 문화적 유산의 원천을 반추한다. 이들은 2차 세계 대전이라는, 문명이 불러온 야만의 시대를 호메로스 서사시라는 거울에 비추어 성찰한다. 하지만 두 사람이 호메로스 서사시에서 찾아내고 구하려 하는 것은 대조적이다. 아우어바흐가 자신이 속한 문화적 유산의 원천인 그리스 서사시로부터 재앙과도 같은 비인간적 폭력성의 단초를 찾아내려 하는 반면, 베유는 그 속에서 유례없는 야만의 시대를 극복할 수 있는 구원의 길을 찾는다.

힘의 시 또는 반전시antiwar poem

베유의 첫 문장은 그가 《일리아스》를 어떻게 바라보는지를 압축적으로 보여준다.

> 《일리아스》의 진짜 주인공, 진짜 주제, 중심은 힘입니다.
> (《힘의 시》, 8쪽)

그렇다면 그가 말하는 "힘"이란 대체 어떤 종류의 힘인가? 베유는 《일리아스》의 주인공인 힘의 정체를 "살아있는 사람을 사물로 만드는 권력"이라 규정한다.(《힘의 시》, 11쪽) 그리고 이에 대한 증거로 전사한 인물들에 대한, 냉혹하리만치 사실적인 《일리아스》의 묘사를 제시한다. 땅에 쓰러져 독수리의 먹이가 된 전차병들, 생전에는 잘 다듬어진 흑발에 아름다운 얼굴이었으나 이제는 전장의 흙먼지로 더럽혀진 전사의 시체, 자신의 죽어버린 육체를 떠나 통곡하며 하데스로 내려가는 혼백의 모습……. 베유는 힘을 가진 자가 그렇지 못한 자를 인간이 아닌 사물로 전락시키는 이런 장면을 자신이 처한 2차 세계 대전이라는 현실과 겹쳐서 바라본다.

> 힘은 이제 역사의 진보에 따라 과거의 것이 됐다고 꿈꿨던 사람들은 이 시에서 증거 자료를 봤을 것입니다. 모든 인간 역사의 핵심 속에서, 옛날과 마찬가지로 오늘날에도, 힘을 찾아낼 수 있는 사람들은 이 시에서 거울을 볼 겁니다. 가장 아름답고 깨끗한 거울을.(《힘의 시》, 8-9쪽)

베유에 따르면《일리아스》의 주인공인 힘은 사람을 다양한 방식으로 사물화한다. 가장 극단적인 방식은 위의 인용에서 나타나듯 살아있는 인간을 시체로, 영혼이 없는 사물로 변모시키는 것이다. 뿐만 아니라 압도적인 힘은 자신 앞에 놓인 인간의 목숨을 빼앗기도 전부터 이미 그를 인간이 아닌 단순한 물질로 전락시킨다.(《힘의 시》, 12쪽) 힘을 갖지 못한 인간은 자신 앞에 우뚝 서 있는 힘을 가진 자에게 간곡하게 자비를 구하고 목숨을 부지하려 온갖 궁리를 하지만, 그의 말과 행동은 죽음이라는 결말에 어떤 영향도 미치지 못한다. 외부에, 그리고 스스로에게 영향을 행사할 수 있는 힘을 결여하는 순간 그는 비록 살아있을지라도 완벽하게 수동적인 사물 그 자체와 구분되지 않는 까닭이다. 하지만 살아있음에도 무기력한 물질로 전락하는 이들은 힘 있는 자의 칼날 앞에 놓인 사람들로 국한되지 않는다. 베유에 따르면 노예들은 "인간의 다른 종, 인간과 시체 사이의 중간 존재"로, "죽음이 평생의 삶 속에서 지속되는" 존재들이다.(《힘의 시》, 16쪽) 하지만 인간을 사물화하는 힘이 통치하는 제국 안에서 승자와 패자, 가해자와 피해자의 구분은 무의미하다. 인간이 힘을 소유하는 것이 아니라, 힘이 인간을 소유하기 때문이다.

> 하지만 그 누구도 진짜로 힘을 갖진 못합니다.《일리아스》는 사람들의 한 편엔 패배한 사람, 노예, 애원하는 사람으로, 다른 한 편엔 승리한 사람, 주인으로 나누지 않습니다. 언젠가 힘 앞에 무릎을 꿇지 않게 될 사람은 단 한 사람도 없습니다.(《힘의 시》, 22쪽)

베유는 상기한 주장을 뒷받침해 줄 사례로 그리스 최고의 전사인 아킬레우스와 그리스 원정군의 총사령관인 아가멤논의 관계를 제시한다. 아킬레우스는 가장 강력한 전사임에도 불구하고 아가멤논이 가진 권력 앞에서는 무력하다. 개인의 강력한 힘은 그것을 넘어서는 다수를 등에 업은 정치적 권력에 굴복하고 만다. 그 결과 자신에게 전리품으로 주어진 브리세이스를 빼앗기는 과정에서 아무것도 할 수 없었던 아킬레우스는 자신의 무력함에 눈물을 흘린다. 하지만 아가멤논은 불과 며칠 만에 승자에서 패자로 전락하고 만다. 아킬레우스의 어머니인 테티스 여신의 부탁에 따라 제우스가 그리스군을 절체절명의 상황으로 몰아넣었기 때문이다. 이처럼 "모든 사람은 태어나면서 폭력으로 인해 고통받도록 운명 지어져 있다"는 진실을 외면하는 것이 인간을 사물로 전락시키는 비인간적 폭력의 원인이라고 베유는 주장한다.(《힘의 시》, 27쪽) 모두가 같은 비극적 운명으로 묶여 있다는 통찰의 부재는 서로를 타자화함으로써 "충동과 행위 사이에 생각이 머물 짧은 틈"을 허용하지 않기 때문이다.(《힘의 시》, 27쪽) 따라서 힘을 가진 자는 맹목적으로 폭력을 행사하고, 타자화된 상대에 대한 맹목적인 폭력은 광기 어린 잔혹성을 띠게 된다. 만약 상대에게 가하는 폭력적인 힘이 언젠가 자신에게 되돌아올 것이라는, 사물로서 자기 앞에 놓인 상대가 자신과 다를 것 없는 인간이라는 진실을 깨닫는다면 인간을 서로 사물화하는 힘의 제국은 더 이상 존속할 수 없으리라는 것이 베유의 최종적인 입장이다. 그는 힘에 농락당하는 인간 공통의 운명으로부터 벗어날 해결책을 제시하지만, 현실을 외면하는 낙관주의로 빠지지는 않는다.

> 쳇바퀴에서 빠져나올 유일한 방법인 힘의 절제된 사용은 인간을 넘어서는 미덕을 필요로 합니다. 그런 미덕은 약자가 꾸준히 품위를 지키는 것만큼이나 드문 것이지요.(《힘의 시》, 37쪽)

이처럼 베유는 "절제", 즉 "충동과 행위 사이에 생각이 머물 짧은 틈"을 확보하는 것이야말로 피아 구분 없이 폭력에 고통받는다는, 인류에게 지워진 멍에를 벗을 수 있는 유일한 길이라고 말한다. 물론 그 스스로 인정하듯이 이 길은 쉽게 발을 들일 수 있는 길이 아니다. 그럼에도 베유는《일리아스》로부터 희망의 실마리를 발견한다.

《일리아스》는 트로이아의 평원, 해안, 성벽 앞에서 벌어지는 비극, 즉 힘에 농락당하는 인간들의 모습을 냉정하게 관조한다.《일리아스》

는 그리스군과 트로이아군에 동등한 관심을 부여함으로써 어느 한쪽으로 기울지 않는 중립적인 시선을 유지한다. 전장에서 드러나는 아킬레우스의 잔혹성을 용맹함으로 포장하지 않고, 성벽 앞에서 아킬레우스와 마주쳤을 때 헥토르가 보여주는 유약함을 숨기려 하지 않는다. 전쟁의 열광에 집어삼켜지지 않고 거기서 벌어지는 사건들을 냉정하게 관조하는 《일리아스》에는 자기도취도 자기 연민도 설 자리가 없다. 베유는 이를 "놀라운 공평함"이라 부르면서, "《일리아스》를 쓴 시인이 트로이아인이 아니라 그리스인임을 알아차리기는 힘들다"라며 경탄한다.(《힘의 시》, 57쪽) 《일리아스》의 시인은 가장 뛰어난 전사 아킬레우스부터 가장 열등한 인물인 테르시테스[3]에 이르기까지 모든 이들이 힘에 농락당하는 모습을 있는 그대로 노래할 뿐이다. 그렇기에 《일리아스》로부터 베유는 "충동과 행위 사이에 생각이 머물 짧은 틈"을 확보하는 법을 배울 수 있는, 바꿔 말하면 "힘의 절제된 사용"법을 배울 수 있는 반면교사를 발견한다.

> 전투는, 그럴 능력이 없는, 전적으로 수동적인 부동의 물질로 전락한 사람들과 단지 충동에 불과한 눈먼 힘으로 전락한 사람들 사이에서 결정됩니다. 이것이 전쟁의 최종적 비밀이고, 《일리아스》는 여러 비교를 통해 이를 드러냅니다.(《힘의 시》, 47쪽)

물론 베유가 《일리아스》를 반면교사로서만 바라보는 것은 아니다. 그는 《일리아스》로부터 "여기저기 흩뿌려져 있는 빛나는 순간들"을 발견한다.(《힘의 시》, 49쪽) 그리고 베유는 이 반짝임을 이렇게 묘사한다.

> 그 짧고 신적인 순간 속에서 사람들은 영혼을 지닙니다. 곧바로 힘의 제국에 의해 사라지겠지만, 영혼은 그처럼 한순간 깨어 있습니다. 순수하고 온전하게. 그 순간엔 애매하고 복잡한 심정이나 혼란

3
《일리아스》 2권에 등장하며, 굽어진 등과 휜 다리, 벗겨진 머리를 한 독설가로 묘사된다. 아가멤논과 아킬레우스를 노골적으로 비난하다가 오뒷세우스에게 매질을 당하고 눈물을 흘린다.

> 같은 것이 없습니다. 오직 용기와 사랑만이 있을 뿐이지요. 이따금 어떤 사람이 스스로 숙고한 끝에 자신의 영혼을 되찾습니다. [...] 사람들이 자신의 영혼을 되찾는 또 다른 순간은 서로 사랑할 때입니다. 《일리아스》에는 사람들 사이에 존재하는 모든 형태의 순수한 사랑이 등장합니다.(《힘의 시》, 49쪽)

베유는 피비린내 나는 전쟁을 배경으로 하는 《일리아스》에서 부부간의 사랑, 부모와 자식 간의 사랑, 형제자매 사이의 사랑, 그리고 전우애가 빛나는 찰나의 순간들을 포착한다. 서로가 서로를 타자화하고 사물화하는 와중에도 인간 사이의 유대를 확인할 수 있는 희소한 장면들은 전쟁의 비극성과 사랑의 중요성을 동시에 강조하는 역할을 수행한다. 이들 중에서도 베유가 가장 큰 의미를 부여하는 순간은 《일리아스》의 마지막 24권 속 한 장면이다.

잘 알려져 있듯이, 아킬레우스는 자신의 분신과도 같은 전우 파트로클로스를 죽인 헥토르를 트로이아의 성벽 앞에서 쓰러뜨린다. 목숨을 뺏은 것만으로는 성이 차지 않은 아킬레우스는, 성벽 위에서 트로이아의 왕 프리아모스가 내려다보는 가운데 그의 아들 헥토르의 시체를 전차에 매단 채 성벽 주위를 질주한다. 아킬레우스는 질주를 마치고 시체를 그리스군 진영으로 끌고 가 짐승들의 먹이가 되도록 해안에 방치한다. 성벽 위에서 이 모두를 지켜본 프리아모스는 아내 헤카베와 함께 머리를 쥐어뜯으며 울부짖는다. 자신의 궁전으로 돌아와서도 통곡하며 눈물을 그치지 못하던 프리아모스는, 마침내 목숨을 걸고 헥토르의 시체를 돌려받기 위해 아킬레우스의 막사를 찾아가기로 결심한다. 모두가 만류하는 가운데 길을 떠난 프리아모스는 제우스가 보낸 헤르메스의 인도로 그리스군의 눈을 피해 아킬레우스의 막사에 도착한다. 갑작스럽게 나타난 자신의 모습에 경악하는 아킬레우스에게 프리아모스는 막대한 몸값을 제시하면서 무릎을 꿇고 아들의 시체를 돌려달라고 간청한다. 아킬레우스는 프리아모스의 모습으로부터 멀리 고향땅에 홀로 남겨진 아버지 펠레우스를 떠올린다. 이 전쟁에서 자신이 전사하리라는 운명을 알고 있는 아킬레우스는 헥토르의 죽음과 프리아모스의 비통함 속에서 자신과 아버지의 관계를 떠올린 것이다. 결국 아킬레우스는 프리아모스와 함께 통곡한 후 헥토르의 시신을 돌려주기로 결정한다. 베유는 이 장면을 이렇게 묘사한다.

> 하지만 사랑의 가장 순수한 승리는, 전쟁이 가질 수 있는 최고의 은총은, 필생의 적들의 가슴에 생겨나는 우정입니다. 이 우정은 죽은 아들, 죽은 친구를 위한 복수에의 굶주림을 소멸시킵니다. 이 우정은 자비를 베푸는 사람과 간청하는 사람 사이의 거리, 승자와 패자 사이의 거리를 더 큰 기적을 통해서 지워버립니다.(《힘의 시》, 52쪽)

바로 이것이 베유가 생각하는 《일리아스》의 고유함이다. 승자와 패자, 주인과 노예, 탄원하는 자와 탄원받는 자 모두가 힘에 농락당한다는 같은 운명으로 묶여 있다는 자각이 바로 그것이다. 《일리아스》에서는 "그 누구도 모두가 공유하는 조건 위에 있거나 아래에 있지 않"으며, "승자와 패자는 똑같은 이웃들이고 똑같은 자격을 지닌, 시인과 청중의 동료들"이다.(《힘의 시》, 53쪽) 베유는 이러한 자각을 "인간적 처참함에 대한 감성"이라고 부르며 이것이 바로 "정의와 사랑의 조건"이자 "우연이 만들어낸 심연에 의해 자신과 분리된 사람들을 이웃으로 여기거나 자신처럼 사랑할" 수 있게끔 해주는 원동력으로 이해한다.(《힘의 시》, 53쪽) 이러한 능력이야말로 "서사시적 천재성"이며 베유는 이를 "운명으로부터의 피난처를 절대로 믿지 않는 것, 힘을 결코 찬양하지 않는 것, 적들을 증오하지 않는 것, 불행한 사람들을 멸시하지 않는 것"으로 정의하면서 글을 맺는다.(《힘의 시》, 63-64쪽)

베유의 《일리아스》와 호메로스의 《일리아스》

문명의 끝을 향해 내달리는 듯한 야만적 폭력이 횡행하던 시기에 발표된 베유의 글은 호메로스 연구자들 사이에서 큰 반향을 불러일으켰다. 혁신적인 글이 으레 그렇듯이 베유의 글은 찬사와 비난을 동시에 받았는데, 주된 비판의 골자는 베유가 자신이 처한 시대적 상황을 《일리아스》에 과도하게 투사한 나머지 이 위대한 서사시의 중요한 주제들을 왜곡하거나 언급하지 않는다는 것이었다.

이를테면 오스틴 홀Austen Hall은 베유가 《일리아스》를 철저하게 '반전시'로 읽어내는 과정에서 전쟁의 양면성이나 전쟁이 부여하는 명성의 모순성과 같은 중요한 모티프들을 전혀 언급하지 않거나 그 함의를 축소시킨다고 비판한다.[4] 세스 샤인Seth Schein 역시 같은 점을 지적하는데, 그는 베유가 《일리아스》를 반전시로 해석하기 위해 고대 그리스인들의 가치관 위에 그 자신의 윤리관을 덧씌운다고 비판한다.[5] 이러한 평가는 불공평하다고 보기는 어려운데, 실제로 베유의 글은《일리아스》의 한 측면만을 집중적으로 조명하는 것처럼 보이기 때문이다.

호메로스는 해부학적 정밀함으로 전장에서 발생하는 신체의 훼손과 인간이 죽음에 이르기까지 겪는 참혹한 고통을 소름끼치도록 생생하게 그려낸다. 베유는 이와 같은《일리아스》의 일면을 전면에 내세움으로써 전쟁이 가져오는 비인간적 잔혹함을 전달하는 데 집중하는데, 이와 같은 일견 편향적인 서술은 그가 처한 시대적 배경과 맞물려 있는 것으로 보인다. 때때로 그가 바라보는 트로이아 전쟁은 호메로스가 노래하는 그리스 신화 속 가장 거대하고 가장 위대한 사건이 아닌, 지금 여기에서 벌어지고 있는 2차 세계 대전에 더 가깝게 느껴진다. 그 결과《힘의 시》는《일리아스》의 뛰어난 예술적 성취 중 하나인, 전쟁이 가지는 양면성—잔혹하고 비인간적 행위가 난무하는 공간인 동시에 최고의 가치인 "불멸의 명성kleos aphthiton"을 낳는 매트릭스—에 대한 섬세한 묘사를 외면한다.

라셸 베스팔로프Rachel Bespaloff가 예리하게 지적하듯이, 호메로스는 "전쟁에 대한 강렬한 사랑과 전쟁에 대한 강렬한 혐오"를 동시에 가지고 있다.[6]《일리아스》는 전쟁이 낳는 잔혹한 폭력성과 피투성이의 영광을 있는 그대로 노래할 뿐, 그 의의를 긍정하지도 부정하지도 않는다. 호메로스는 섣부른 비난이나 찬사를 자제하고 냉정한 관조의 자세로 때로는 전쟁이 인간들에게 어떤 재앙을 가져오는지, 때로는 전쟁이 전사들에게 어떻게 영광을 부여하는지를 공평하게 보여준다. 그와 달리 베유의 글 속 트로이아 전쟁은 저항할 수 없는 힘에 농락당하며 파멸을 향해 치닫는 인간들이 서로를 살육하는 콜로세움에 가깝다. 그에게 전쟁에서의 "영웅주의는 호언장담으로 물든 연극적인 허세"에 불과하

4

Austen Hall, "Simone Weil and the Iliad," *The Cambridge Guide to Homer*, ed. Corinne Pache (Cambridge University Press, 2020), 608.

5

Seth Schein, *The Mortal Hero: An Introduction to Homer's Iliad* (University of California Press, 1984), 83.

6

Rachel Bespaloff, *On the Iliad*, trans. Mary McCarthy (Princeton University Press, 1962), 44-45.

다.(《힘의 시》, 40쪽) 베유의 관점에서 《일리아스》의 전사들은 폭력이 가져오는 고통을 피할 수 없다는 운명으로부터 눈을 돌린 채, 자신이 힘을 소유하고 있다는 착각 속에서 폭력을 휘두르다 파멸을 맞이하는 일차원적 존재들이다.(《힘의 시》, 27쪽) 하지만 《일리아스》가 그려내는 영웅적 행위héroïsme는 그의 주장처럼 "연극적인 허세"에 불과한 것도 아니고, 전쟁에 뛰어든 전사들 또한 보편적인 인간 조건을 깨닫지 못한 채 맹목적 폭력을 휘두르는 우둔한 거인들도 아니다. 트로이아를 돕기 위해 참전한 동맹국 뤼키아의 왕 사르페돈은 곁에 있는 동료 글라우코스에게 이렇게 말한다.

> 글라우코스여! 대체 무엇 때문에 우리 둘은 뤼키아에서
> 왕좌와 고기, 그리고 가득 찬 술잔을 받으면서
> 최고의 존경을 누리고, 모두에게 신처럼 경배 받으며
> 크산토스 강변의 거대한 영지를, 과수원과 밀을
> 가져다주는 경작지가 딸린 아름다운 영지를 부여받았는가?
> 그러니 이제 우리는 뤼키아군의 최전선에 굳건히 서서
> 전투 속 창검의 번뜩임에 맞서야만 하네,
> 중무장을 한 뤼키아인들 중 누군가 이렇게 말하도록 말이지.
> "참으로 우리의 왕들은 허명만으로 뤼키아를 통치하거나
> 살찐 가축들과 꿀처럼 달콤한 극상의 포도주를
> 마시는 건 아니었구나. 뤼키아군의 최전선에서
> 싸우는 것을 보니 그들의 힘은 막강하도다."
> 친구여, 만약 눈앞에 닥친 전투를 피해서
> 우리 두 사람이 영원히 늙지도 죽지도 않을 수 있다면,
> 나 스스로도 최전선에서 싸우지 않을 것이며 그대더러
> 남자들에게 영광을 가져다주는 전투에 나가라 하지 않을 걸세.
> 하지만 지금 죽음이, 인간으로서는 달아날 수도
> 회피할 수도 없는 수많은 파멸들이 우리 앞에 닥쳤으니,
> 가세! 우리가 그들로부터 승리를 쟁취하든 누군가 우리로부터
> 그러든 말일세!
> (《일리아스》 12권, 310-328행)[7]

위에 인용된 사르페돈의 연설은 《일리아스》 속 세계관을 지탱하는 미덕과 가치, 행동 규범과 그를 뒷받침하는 논리를 서사시적 비장함과 더불어 명료하게 제시한다.[8] 트로이아 전쟁에 참전한 영웅들은 힘에 도취되어 객기를 부리는 허풍선이 같은 존재가 아니다. 그들은 자신들의 우월한 힘이 가져다주는 부유함과 권력을 긍정하는 동시에 그에 뒤따르는 막중한 사회적 책무 또한 명확하게 인식하고 있다. 《일리아스》의 전사들은 피에 굶주린 게르만이나 노르드 전사들과는 다르다. 그들이 최전선에 뛰어들어 폭력을 휘두르며 적수를 "사물화"하는 이유는 단지 스스로를 과시하고 전리품을 얻기 위함이 아니라, 목숨을 걸고 자신에게 주어진 의무—공동체를 보호하는 것—를 다하기 위함이다.

베유가 그리는 전쟁은 힘 있는 자들이 그렇지 못한 자들에게 가하는 일방적인 폭력으로 가득하다. 하지만 사르페돈은 힘에 도취되어 힘없는 이들에게 맹목적인 폭력을 행사하고자 전장에 뛰어드는 것이 아니다. 사르페돈의 연설에서 알 수 있듯이, 《일리아스》의 전사들도 다른 사람과 마찬가지로 임박한 죽음으로 가득한 전투를 두려워하고 회피하려 한다. 베유가 그린 모습과는 달리, 《일리아스》의 전사들은 언제든 자신의 목숨을 빼앗을 수 있는 대등한 상대와 맞서야 하기 때문이다. 그들을 전쟁으로 내모는 것은 폭력에의 도취나 운명에 대한 맹목적 순응이 아니다. 사르페돈의 말처럼 《일리아스》의 전사들은 언제든 자신도 힘에 의해 "사물화"되리라는 거역할 수 없는 운명을 명확하게 인식하고 있다. 자신에게 주어진 비극적 최후로부터 눈을 돌리지 않고 직시할 수 있는 이런 대담함이 그들로 하여금 불합리한 폭력과 죽음으로 점철된 전장으로 뛰어들도록 이끄는 것이다. 베유가 공허하고 무의미하다고 낮추어 보는 "불멸의 명성"은 이와 같은 대가를 치르지 않고는 얻을 수 없기에 《일리아스》의 모든 전사들이 추구하는 최고의 가치라는 위상을 가진다.

7

이 글에 인용된 《일리아스》 본문은 모두 서평자가 번역한 것이며, 다음의 판본을 저본으로 했다. Martin L. West, ed., *Homeri Ilias* vol. 1 (de Gruyter, 1998); Martin L. West, ed., *Homeri Ilias* vol. 2 (K. G. Saur Verlag, 2000).

8

김준서, 〈아킬레우스의 노래와 멜레아그로스 일화〉, 《서양고전학연구》 61권 1호(2022): 15.

베유의 글이 《일리아스》의 중요한 주제 중 하나인 전쟁의 양면성에 대해 의도적으로 침묵하고 있음은 분명하다. 하지만 이를 단점으로 간주하고 비판하는 연구자들과는 달리, 몇몇 저명한 호메로스 연구자들은 그 "단점"이야말로 베유의 글이 가진 강력한 힘의 원천이라고 보았다. 그들은 《일리아스》를 전쟁과 영웅들에 관한 시가 아닌, 모두가 힘에 의해 농락당한다는 인간 조건을 성찰하는 시로 바라본 베유의 통찰에 공감과 찬사를 표했다. 재스퍼 그리핀Jasper Griffin은 "내가 보기에 시몬 베유의 《일리아스 또는 힘의 시》는 이 시[《일리아스》]에 대한 심오하고 진실한 해설"[9]이라고 극찬했고, 콜린 매클라우드Colin Mcleod는 "나는 《일리아스》를 이보다 간결하게 설명하는 글을 알지 못한다"[10]라고 찬사를 보냈으며, 올리버 태플린Oliver Taplin은 "이 글은 《일리아스》의 본질에 대한 통찰을 제시한다"[11]라며 높이 평가했다. 그렇다면 '전쟁 서사시' 이자 '영웅 서사시'의 가장 중요한 주제들을 외면하는 《힘의 시》가 가진 어떤 점이 호메로스 연구자들로부터 이러한 찬사를 이끌어낼 수 있었을까?[12]

9

Jasper Griffin, *Homer on Life and Death* (Clarendon Press, 1980), 193, n. 41.

10

C. W. Macleod, ed., *Homer: Iliad, Book XXIV* (Cambridge University Press, 1982), 1, n. 1.

11

Oliver Taplin, "The Shield of Achilles within the Iliad," *Greece and Rome* 27 no. 1 (1980): 17.

12

20세기 중후반은 호메로스 서사시에 접근하는 두 가지 대조적 방법론이 치열하게 대립하던 시기였다. 밀먼 패리Milman Parry를 필두로 호메로스 연구계에 충격적인 반향을 불러일으킨 구전시론oral poetry theory은 호메로스 서사시로부터 천재적 시인의 예술적인 독창성을 찾아내려는 기존의 문예 비평적 접근 방식을 전면적으로 부정한다. 구전시론 진영의 연구자들은 호메로스 서사시를 개인의 창조적 작업의 결과물이 아닌, 수 세기를 거쳐 형성된 전통적인 시스템의 산물로 바라보아야 한다는 혁신적인 주장을 내세운다. 마치 정해진 도식에 변수를 입력하면 결과가 도출되듯이, 호메로스 서사시는 형식과 내용 양 측면에서 철저하게 전통적인 시스템에 의해 제어된다는 것이다. 따라서 이제 초점을 맞춰야 할 것은 시인의 의도나 기교가 아니라 구전시의 전통적 체계가 작동하는 방식이라는 주장이 구전시론의 핵심이다. 당연하게도 구전시론의 파격적인 주장은 호메로스 서사시를 문학 작품으로 마주하고 그로부터 예술성과 독창성을 발견하고자 하는 연구자들의 반발을 낳았다. 베유의 글을 극찬한 그리핀과 매클라우드, 그리고 태플린 모두 당시의 극단적 구전시론에 비판적 입장을 취한 학자들이라는 점을 고려하면, 베유의 글이 구전시론에 대한 강력한 반감으로부터 어느 정도 수혜를 입었음을 부정하기는 어렵다.

인간의 가능성을 탐구하고 영웅적 탁월함의 양면성을 성찰하는 것은 호메로스 서사시, 특히 《일리아스》의 핵심을 이루는 요소이다. 그리고 이러한 모습은 《일리아스》의 서시proem에서부터 나타난다.

> 분노를 노래하소서, 여신이여, 펠레우스의 아들 아킬레우스의 분노를,
> 그 파괴적인 분노는 셀 수 없이 많은 아카이아인들에게 고통을 주었고
> 수많은 영웅들의 굳센 혼백을 하데스로 내려 보냈으며
> 그들의 시체를 개들의 노리개로 만들었을 뿐만 아니라
> 그것으로 온갖 새들을 위한 연회를 베풀었으니, 제우스의 계획은 이루어지고 있었다.
> (《일리아스》 1권, 1-5행)

첫머리를 장식하는 단어 "분노mēnis"는 감정의 주체가 누구인지와는 무관하게 분노의 감정을 포괄적으로 지시하는 다른 단어들과 차별화되는 유표적marked 어휘로, 《일리아스》에서 아킬레우스를 제외하면 오직 신들만이 독점하는 단어다. 따라서 아킬레우스의 분노를 "mēnis"라고 부르는 것은 그 주체인 아킬레우스를 인간의 영역에서 신의 영역으로 끌어올림으로써 인간과 신 사이에 놓인 경계를 위태롭게 만드는 일에 다름 아니다. 같은 맥락에서 위 인용문의 마지막 행에 위치한 "연회dais"는 그 대척점에 놓인 인간과 짐승의 경계를 모호하게 만든다.[13]

"연회dais"는 생존을 위해 음식을 섭취한다는 생리적 목적이 아닌 사회적 기능에 초점이 맞춰져 있는 단어로, "분노mēnis"와는 반대로 오직 인간에게만 적용되는 유표적 어휘이다. 신들에게만 적용되는 "분노mēnis"를 인간인 아킬레우스와 연결시킴으로써 호메로스는 신과 인간 사이에 놓인 경계를 위태롭게 만들고, 인간이 아닌 짐승을 "연회dais"의 주체로 설정함으로써 인간과 짐승을 구분 짓는 경계를 모호하게 만든다. 이러한 관점에서 보면 서시의 앞뒤에서 부각되는 두 특별한 어휘의

13 김준서, 〈『오뒷세이아』의 아폴로고이: 『일리아스』에 대한 비판적 재해석〉(박사 학위 논문, 서울대학교, 2022), 88.

비관습적인 활용을 통해 《일리아스》는 그 시작부터 인간 존재의 양극단에 놓인 회색 지대, 위로는 신과 인간 그리고 아래로는 인간과 짐승이 겹쳐지는 영역을 탐색할 것임을 선언하는 것이다.[14]

《일리아스》는 트로이아 전쟁에 참전한 전사들을 야수성bestiality과 신성divinity이라는 양극단 사이에 놓인 위태로운 존재로 그려낸다. 그들이 행사하는 힘은 진저리를 치게 만드는 잔혹한 학살극을, 그리고 피해자들의 탄식과 비탄을, 심지어는 자신의 파멸을 초래한다. 하지만 동시에 이 힘은 자신 또한 그 희생자가 되리라는 운명을 직시하고 최전선에 뛰어드는 영웅적 행위의 동력이기도 하다. 죽음을 대가로 필멸하는 인간의 한계를 넘어서 불멸의 명성을 획득하려는 전사들의 모습을 통해, 호메로스는 인간의 잔혹성과 영웅적 탁월함을 어느 한쪽으로 기울어짐 없이 동등하게 그려낸다. 전쟁이 초래하는 야만적 잔혹성에 청중이 몸서리칠 때마다, 《일리아스》는 전쟁이 부여하는 영광을 그에 덧씌움으로써 청중의 전율을 경외감으로 바꾼다. 마찬가지로 청중이 전사들의 초인적인 무용武勇 및 신들과의 친연성에 경탄할 때마다, 호메로스는 다시 그것이 낳는 비인간적이고 잔인한 결과로 초점을 옮긴다. 어느 한쪽으로 환원 불가능한 영웅 묘사의 폭과 깊이는 인간이 어디까지 신에 가까워질 수 있고 어디까지 야수에 가까워질 수 있는가 하는, 인간이 지닌 가능성의 최대치를 탐색하기 위해 《일리아스》가 선택한 시적 수단이다.[15]

《일리아스》는 영웅이라는 존재가 부각시키는 경계성liminality—신과 야수 사이에 놓인 위태로운 존재의 속성—을 렌즈 삼아 인간의 양면성 및 그것이 가진 가능성을 탐색하고 성찰한다. 《일리아스》의 서사시적 천재성은 인간이란 어떤 존재이고 또 무엇을 위해 살아가야 하는가를, 그리고 인간이라는 존재의 가능성과 한계를 자기 연민이나 자기도취에 빠지지 않고 냉정하게 관조하는 데 있다. 그렇다면 베유가 《일리아스》 속에서 발견한 서사시의 본질은 어디에 있을까? 그는 자신이 생각하는 "진정한 서사시의 정신"을 다음과 같이 묘사한다.

14
김준서, 〈『오뒷세이아』의 아폴로고이〉, 89.

15
김준서, 〈영웅적 탁월함의 양면성: 『오뒷세이아』 11권 〈영웅들의 목록〉을 중심으로〉, 《서양고전학연구》 61권 2호(2022): 24.

《일리아스》의 그 누구도 거기서 빠져나오지 못하고, 지상의 그 어떤 존재도 거기서 빠져나오지 못합니다. 그 누구도 힘에 무릎 꿇는다고 경멸당하지 않습니다. 영혼 안에서 그리고 인간관계들 안에서 힘의 제국을 빠져나온 모든 사람은 사랑받습니다. 하지만 그 사랑은 고통스럽습니다. 언제 닥칠지 모르는 파괴의 위험 때문입니다. 이와 같은 것이 서양 세계가 지닌 유일하게 진정한 서사시의 정신입니다.(《힘의 시》, 59쪽)

베유에 따르면 "서양 세계가 지닌 유일하게 진정한 서사시의 정신"은 "너희 원수를 사랑하며 너희를 박해하는 자를 위하여 기도하라"라는 복음서의 가르침의 가르침과 겹쳐진다.(〈마태복음〉 5:44) 그는 "인간적 처참함에 대한 감성"을 "《일리아스》의 고유함"이자 "서사시적 천재성"이라 주장하지만, 그 스스로 고백하듯이 베유가 주장하는 서사시적 천재성은 호메로스가 아닌 복음서의 천재성이다.

복음서는 그리스적 천재성을 마지막으로 놀랍게 표현합니다. 《일리아스》가 그리스적 천재성의 첫 번째 표현이었다면 말입니다.(《힘의 시》, 59쪽)

인간적 처참함에 대한 감성은 수난 이야기들에 단순성이라는 악센트를 부여합니다. 그런데 그런 단순성은 그리스 정신의 특색이고, 아티카 비극과 《일리아스》가 갖는 가치의 전적인 원천입니다.(《힘의 시》, 60쪽)

그럼에도 불구하고 《힘의 시》는 예민한 감수성으로 전쟁터의 고함과 비명 아래 억눌려 있던 《일리아스》의 휴머니즘에 목소리를 부여한다. 베유는 서로 죽고 죽이는 전쟁 서사시로부터 모든 이들이 서로를 포용할 수 있는 연대의 가능성을 발견한다. 그리고 바로 이 지점에서, 인간이라는 존재가 지닌 가능성의 최대치를 탐색하는 호메로스 서사시의 정신과 절망 속에서 구원을 찾는 베유의 구도자적 통찰이 교차한다.

베유는 호메로스가 말한 인간 속의 신성을 아킬레우스의 초인적인 활약에서 찾지 않는다. 《일리아스》에서 반복해서 등장하는, 전쟁에서 비참하게 죽어가는 이들의 모습과 멀리 떨어진 고향에서 그들의 무사 귀환을 간절하게 기다리는 늙은 아버지와 젊은 아내, 그리고 어린 자식의 모습을 겹쳐 그리는 장면은 비극적 파토스를 불러일으키기 위한 시적 장치에 머무르지 않는다. 베유는 전쟁의 참혹함과 비인간성 이면에 여전히 희미하게 깜빡이는 '인간다움'의 가능성에 주목한다. 그에게 있어 인간에게 깃든 신성divinity이란 신들로부터 물려받은 혈통에서 오는 것이 아니라, 전쟁조차 말살할 수 없는 인간 사이의 유대와 사랑이다. 그리고 그것의 가장 극적인 시적 형상화가 바로 베유가 그토록 높이 평가하는《일리아스》의 대단원, 아킬레우스와 프리아모스의 화해 장면이다.

전쟁으로 대표되는 인간의 비극적 조건, 즉 힘에 의해 좌우되는 인간 공통의 운명으로부터 베유는 역설적으로 구원의 가능성을 발견한다. 전쟁은 인간의 가장 비인간적인 측면을 노출하는 동시에, 역설적으로 인간이 얼마만큼이나 고귀해질 수 있는지를 보여주는 계기이기도 한 까닭이다. 베유가 자신의 글에서 강조하는 점이 바로 이것이며, 이는 곧《일리아스》 서시에 나타난 서사시의 정신과도 연결된다.

베유의《힘의 시》는 호메로스 서사시에 대한 본격적인 해석을 목적으로 하는 글이라기보다는,《일리아스》부터 복음서에 이르기까지 서구 시문학 전통을 배경으로 자신의 독창적인 철학적, 신학적 사유를 설파하는 글에 가깝다. 그리고 바로 이러한 관점에서 볼 때 베유의 글은 독자를 몰입시키는 흡인력과 인간성을 옹호하는 깊은 울림을 주는 선언문으로서 인간의 비극적 조건에 대한 예언자적 통찰을 보여준다. 하지만《일리아스》의 해석에 있어서 베유의 글이 가지는 가치가 과소평가되어서는 안 된다.《힘의 시》는 호메로스 서사시 연구사에서 그간 조명받지 못했던, 그러나 결코 사소하지 않은 일면을 날카로운 시선으로 탐구한다. 인간 공통의 비극적 운명 속에서 구원을 찾는 것이 "그리스적 천재성"이자 "《일리아스》의 고유성"이라는 베유의 단정적인 선언에 선뜻 동의하기는 어렵지만,《힘의 시》가 호메로스 서사시를 새롭게 바라볼 수 있는 관점을 제공하고 그 해석의 지평을 넓히는 데 기여했다는 점은 부정할 수 없는 사실이다. +

참고 문헌

김준서. 〈『오뒷세이아』의 아폴로고이: 『일리아스』에 대한 비판적 재해석〉. 박사 학위 논문, 서울대학교, 2022.

_____. 〈영웅적 탁월함의 양면성: 『오뒷세이아』 11권 〈영웅들의 목록〉을 중심으로〉, 《서양고전학연구》 61권 2호(2022): 1-27.

_____. 〈아킬레우스의 노래와 멜레아그로스 일화〉, 《서양고전학연구》 61권 1호(2022): 1-24.

Adorno, Theodor. "Prismen. Ohne Leitbild." *Kulturkritik und Gesellschaft I. Gesammelte Schriften*, Bd. 10.1. herausgegeben von Rolf Tiedemann. Suhrkamp, 1977.

아우어바흐, 에리히. 《미메시스》. 김우창·유종호 옮김. 민음사, 2012.

Bespaloff, Rachel. *On the Iliad*, translated by Mary McCarthy. Princeton University Press, 1962.

Griffin, Jasper. *Homer on Life and Death*. Clarendon Press, 1980.

Hall, Austen. "Simone Weil and the Iliad." in *The Cambridge Guide to Homer*, edited by Corinne Pache, 606-608. Cambridge University Press, 2020.

Macleod, C. W., ed. *Homer: Iliad, Book XXIV*. Cambridge University Press, 1982.

Schein, Seth. *The Mortal Hero: An Introduction to Homer's Iliad*, University of California Press, 1984.

Taplin, Oliver. "The Shield of Achilles within the Iliad." *Greece and Rome* 27 no. 1 (1980): 1-21.

West, Martin L., ed. *Homeri Ilias* vol. 2. K. G. Saur Verlag, 2000.

_____, ed. *Homeri Ilias* vol. 1. de Gruyter, 1998.

김준서

연세대학교 철학과와 독어독문학과에서 학사 학위를, 동 대학원 독어독문학과에서 석사 학위를 취득했다. 이후 서울대학교 서양고전학 협동과정에서 호메로스 서사시에 관한 논문으로 석사와 박사 학위를 취득했다. 호메로스로부터 베르길리우스로 이어지는 서구 서사시 전통, 그리고 그리스 신화 속에 묘사된 문명과 야만, 정상과 비정상, 인간과 비인간 사이 경계의 모호성에 관심을 두고 연구하고 있다.

이종현

우리는 물고기처럼 입을 다물었어

스베틀라나 알렉시예비치, 《전쟁은 여자의 얼굴을 하지 않았다》,
박은정 옮김(문학동네, 2015)
Светлана Алексиевич, *У войны не женское лицо*
(Мастацкая літаратура, 1985)

전쟁은 여자의 얼굴을 하지 않았다

У ВОЙНЫ НЕ ЖЕНСКОЕ ЛИЦО

들어가며

이 책은 생김새부터 상당히 의미심장하다. 표지에는 등뼈를 드러낸 채 두 손을 뒤로 뻗어 어깨와 허리를 감싼 여성이 하얀 시트 위에 앉아있다. 그의 머리 위로는 검은색 바탕에 비장한 서체로 적힌 하얀색 한국어 제목, 그리고 노란색 이탤릭체의 원어 제목이 보인다. 표지를 넘기고 두세 쪽 지나면 나오는 차례 역시 전쟁의 이미지로 침윤되어 있다. 차례의 윗부분을 가로지르는 두 줄의 철조망을 따라 탱크 세 대, 무장한 병사 다섯이 왼쪽으로 나아간다. 독일군에 맞서기 위해 서쪽으로 진군하는 소비에트 병사들일 것이다. 군모를 쓴 이들이 여자인지 남자인지는 알 길이 없는데, 머리말 격의 글에 나오는 다음 구절을 형상화한 듯하다. "'전차병', '보병', '자동소총병' 같은 보직은 여성을 지칭하는 용어[1] 자체가 존재하지 않았다."(5쪽) 한편, 17개의 장 앞에 끼어 있는, 각 장의 제목을 적은 회색 간지에는 다소 고전적이고 우아한 하얀 프레임이 둘러져 있다. 새로운 막이 시작될 때마다 열리는 고풍스러운 커튼일지도 모르겠다.

이처럼 《전쟁은 여자의 얼굴을 하지 않았다》의 한국어 번역본은 '전쟁의 현장/극장theatre of war'에 등장하는 여성들의 이미지를 압축적으로 선한다. 전쟁의 희생자이자 참여자로서의 여성, 검은색과 흰색이 환기하는 죽음, 여성의 존재를 담지 못하는 '군인'이라는 개념, 무대에 등장하고 퇴장하는 수많은 목소리들. 1985년 민스크의 출판사 '예술문학Мастацкая літаратура'이 출간한 초판 표지와 비교해 보면 번역본의 모양새가 지닌 비극적 성격은 더욱 두드러진다. 초판의 표지 역시 검은 바탕에 베이지색 글씨로 꾸며졌으나 여기에는 사람의 모습 대신 줄기 없는 커다란 들국화가 거칠게, 그러나 발랄한 필치로 그려져 있다. 그리고 제목과 들국화 사이에는 알 수 없는 붉은 얼룩이 찍혀 있다. 폭격 뒤에 솟아오른 화염일까, 아니면 아무리 세탁해도 지워지지 않는 군복의 핏자국일까.

500쪽이 훨씬 넘는 책을 선뜻 한 손에 쥐는 것도 어렵지만, 슬픔과 헐벗음이 강조된 표지를 매만지는 것은 더욱 부담스러운 일이다. 게다

1
러시아어 명사는 남성 명사, 여성 명사, 중성 명사로 나뉜다. 여기서 저자는 해당 보직들을 지칭하는 여성 명사가 없음을 말하고 있다.

《전쟁은 여자의 얼굴을 하지 않았다》 원서 초판본 표지.

가 백만 명의 소련 여성이 2차 세계 대전에 참전해 온갖 고난을 겪은 이야기들을 연달아 읽어나가는 것은 결코 쉽지 않다. 그래서인지, 고백하자면 이 책은 유난히 읽기 힘들었다. 거대한 덩어리가 된 목소리들, 구별하기 어렵지만 그렇다고 하나라고 할 수도 없는 목소리들이 책을 읽는 내내 두 귀에 웅성거리는 느낌이었다. "웅장한 합창. 때론 노래는 없고 울음소리만 가득한 합창."(64쪽) 이 울먹이는 합창 소리 가운데 간간이 들려오는 웃음소리와 당차고 야무진 어조가 이 책을 끝까지 읽게 만든 추동력이었다. 열일곱, 열여덟에 전쟁터에 나갔던 소녀 병사들의 모험담은 온통 검은색뿐인 이야기에 균형을 부여하는 발랄한 들국화였다.

나는 인간-귀다

다시 책의 물질적 차원으로 돌아가 보자. 앞표지의 날개를 펼치면 저자의 영예로운 이력이 가득 적혀 있다. 알렉시에비치는 2015년 노벨 문학상을 받은 덕분에 이제는 널리 알려진 작가가 되었지만, 2011년 《체르노빌의 목소리: 미래의 연대기》[2]가 국내에 번역 출간되었을 때만 해도 그렇지 않았다. 그해에 노문학 전공 석사 과정에 막 입학한 나는, 2015년 《전쟁은 여자의 얼굴을 하지 않았다》가 출간되기 전까지는 '알렉시예비치'라는 성을 들어본 적이 없었다. 사실 그의 책들을 읽는 데에는 작가의 전기를 아는 것이 그다지 중요하지 않다. 러시아어로 글을 쓰지만 우크라이나 출신 벨라루스 시민이라는 것, 1948년 소비에트 시절에 태어나 소비에트식 교육을 받고 기자로 일했다는 것 정도만 알면 충분하다. 왜냐하면 책의 첫 장에서도 알 수 있듯, 전쟁에 참전한 여성들의 목소리를 녹음하고 그 녹취를 풀어서 책으로 엮는 '스베틀라나 알렉시예비치'의 개인적 경험은 모두 소비에트의 경험을 공유하는 '우리'의 역사이기 때문이다. "우리는 전쟁이 없는 세상을 알지 못했다. 전쟁의 세상이 우리가 아는 유일한 세상이었고, 전쟁의 사람들이 우리가 아는 유일한 사람들이었다."(14쪽)

이처럼 저자 개인의 특이성을 최대한 지우고 시대를 대표하는 사람들의 목소리를 있는 그대로 담으려는 노력은 러시아 문단에서 큰 논란을 일으켰다. 알렉시예비치가 노벨 문학상 수상자로 선정된 직후 러시아 문학계 인사들이 모여 "알렉시예비치의 노벨상 수상은 러시아 문학의 성취가 될 수 있는가?"라는 주제로 토론을 하기도 했다. 그 토론회에서 제기된 입장들을 몇 가지 꼽아보면 다음과 같다. "단순한 텍스트일 뿐이어서 '문학 텍스트'가 될 수 없다", "작가의 입장이 너무 빈약하다", "예술에 내재한 도저한 주관성을 찾을 수 없다", "예술이 갖는 '물성 вещество'이 부재하는 그의 글은 순문학이 될 수 없다" 등등.[3] 즉, 알렉시예비치의 책들은 인쇄된 문자들의 집적일 뿐이고 작가의 주관성을 통해 형상화된 결과물이 아니기에 예술 고유의 형식적 아름다움이 느껴지지 않는다는 것이다.

이런 평가는 단순히 작가들의 개인적 예술관에 따른 것이라고 치부할 수도 없는데, 예술 작품에 대한 학계의 정의를 살펴보면 더욱 그렇다. 비교적 최근에 가장 큰 규모로 출간되어 러시아 어문학계에서 통용

2
스베틀라나 알렉시예비치, 《체르노빌의 목소리: 미래의 연대기》, 김은혜 옮김(새잎, 2011).

3
심지은, 〈'붉은 인간'의 전쟁: 스베틀라나 알렉시예비치 5부작과 러시아혁명〉, 《러시아연구》 27권 2호(2017): 176.

되는 문학 용어 사전에서는 '작품произведение'을 이렇게 정의한다. "예술적 창조의 생산물, 예술의 존재 형식, 개성적인 동시에 초개성적이고, 개인적인 동시에 전통적인 의미를 실현하는 대상을 창조하기 위해 작가가 이러저러한 질료(언어, 돌, 음조, 화폭, 색 등)를 가공하여 만든 결과물."[4] 문학계 인사들의 평과 사전적 정의를 종합하자면 알렉시예비치의 글은 '예술문학'도, '작품'도 아니다. 그저 잡다한 질료 덩어리일 뿐이다.

그런데 알렉시예비치가 자기 자신을 정의하는 말을 살펴보면 그야말로 '예술 작품' 창작에 진심이었다는 것을 알 수 있다. 2006년 어느 언론사의 인터뷰에서 그는 자신과 자신의 창작에 대해 이렇게 이야기한다.

> 플로베르는 이렇게 말했죠. "나는 인간-펜이다." 나는 이렇게 말하겠습니다. 나는 인간-귀다. 내 귀는 항상 창가에 있고 거리의 소리들을 듣죠. 새로운 리듬, 새로운 소리를 잘 들여다보고, 잘 귀담아듣습니다. 새로운 음악을요. 다시 말하지만, 그곳의 삶이 훨씬 흥미롭고, 훨씬 무섭고, 훨씬 인간적이거든요. 문학이 문학에서 양분을 얻고, 정치가 정치에서 양분을 얻는 우리의 온갖 모임들보다요.[5]

알렉시예비치가 그 누구보다도 적확한 단어를 찾고자 애썼던 소설가 귀스타브 플로베르Gustave Flaubert에 자신을 빗댄다는 점은 꽤 의미심장하다. 수도승의 태도로 예술을 대한 플로베르의 펜 끝에서 사물의 본질에 가장 가까운 단어들이 풀려 나온다면, 알렉시예비치의 귓바퀴는 꾸밈없는 목소리들을 담고자 끊임없이 애쓴다. 알렉시예비치의 문학성을 의심하는 사람들에게 반박하기라도 하듯, 그는 오히려 거리의 목소리들이 문학적 측면에서 훨씬 흥미롭다고 말한다. '프로페셔널'들의 문학은 귀를 닫고 이 목소리를 외면하기에 새로운 "양분"을 얻지 못한

4

М. М. Гиршман "ПРОИЗВЕДЕНИЕ," *Поэтика: слов. актуал. терминов и понятий*, гл. науч, ред. Н.Д. Тамарченко (Издательство Intrada, 2008), 193.

5

Екатерина Данилова, "Счастье – это потрясающий мир," *Коммерсантъ*, 26 февраля 2006 г, Дата обращения: 02. 03. 2023, https://www.kommersant.ru/doc/2296602.

다. 한편, 그가 '귀'로서 충실하게 모으는 목소리들은 '인간'으로서의 그가 보기에 "새로운 음악", "새로운 리듬"을 구성하므로 문학을 풍요롭게 만들어 줄 수 있다. 알렉시예비치는 현재의 예술을 초과하는 이 "새로운" 형식과 내용을 얻고자 스스로 인간-작가로서의 지분을 최소화한다. 그렇다면 저널리즘과의 경계에 놓인 듯한 그의 '목소리 소설'은 결국 '귀의 전략'을 택한, 지극히 문학적인 작품인 것이다. 따라서 그가 노벨 문학상을 수상했다고 해서 이상할 것은 없다. 설사 그의 '인간-귀'가 지향하는 문학적 목표에 동의하지 않더라도, 그의 수상은 의심받을 만한 것이 아니다. 1902년 테오도어 몸젠Theodor Mommsen이 로마사 연구로, 1927년 앙리 베르그손Henri Bergson이 철학서 《물질과 기억》으로 노벨 문학상을 받았다는 사실을 떠올린다면 말이다. 물론 나는 이 입장보다는 '인간-귀'가 듣는 현실의 목소리들이 문학적으로 가치 있다는 알렉시예비치의 말에 더 동의한다. 그래서 나 또한 그 목소리들을 일종의 문학 텍스트처럼 다루며 살펴보려 한다.

죄송하지만, 쓸 거예요!

알렉시예비치를 따라 '인간-귀'가 되어 1941년 6월 22일 라디오 방송을 들어본다. 전설의 아나운서 유리 보리소비치 레비탄Юрий Борисович Левитан은 이날 독일군의 침공을 알리는 특보를 전한다. 서정적인 차임벨 멜로디가 충분한 휴지부를 두고 35초 동안 세 번 반복된다. 그리고 레비탄의 엄숙하고 느린 목소리가 1분 정도 이어진다. "주목! 모스크바가 말한다! 정부의 중대 발표를 전한다, 소비에트 연방의 남성 시민, 여성 시민들이여! 오늘 새벽 4시 선전포고도 없이 독일군이 소비에트 연방의 국경을 공격했다. 독일 파시스트 침략자에 대항하는 소비에트 인민의 위대한 조국 전쟁이 시작되었다. 우리의 과업은 정당하며, 적은 분쇄될 것이다. 승리는 우리 편이다!"[6]

그 여름, 소련의 소녀들도 가장 먼저 레비탄의 목소리로 전쟁 소식을 들었을 것이다. 고사포 지휘관으로 복무한 시베리아 출신의 발렌티나 파블로브나 추다예바는 6월에 고등학교를 졸업하고 친구들과 파티

---

6 "Обращение Левитана 22 Июня 1941 года, Объявление о начале войны," Дата обращения: 02. 03. 2023, https://www.youtube.com/watch?v=ZAtRykr2vkg.

를 즐기느라 바쁘다. 졸업 여행에서 돌아온 그는 전쟁 소식을 듣고 처음에는 당황하지만, 곧장 "파시스트의 머리를 박살낼 수 있다"(211쪽)며 친구들과 함께 승리를 다짐하고 자원 입대한다. 그러나 도착한 첫 전선에서 공중 목욕탕에 갔다가 처음으로 폭격이란 것을 경험하게 되자 수건을 머리에 두른 채 혼비백산 도망친다.

> 나도 머리를 수건으로 감싼 채 달려나갔지. 빨간색 수건을 두르고. 대위가, 역시 어린 청년이었는데, 나한테 소리치는 거야.
> — 이봐, 얼른 방공호로 가요! 수건은 버려요! 우리 위치가 노출된다고......
> 나는 도망치느라 대위에게서 멀어지며 대답했어.
> — 괜찮아요! 우리 엄마가 맨머리로 돌아다니지 말랬어요.
> 폭격이 끝나고 대위가 나를 불렀어.
> — 왜 내 명령을 듣지 않은 거지? 나는 네 상관이라고.
> 나는 대위의 말을 믿지 않았어.
> — 뭐, 누가 내 상관이라는 거야?
> 나는 대위와 말씨름을 했어. 꼭 남자애랑 싸우는 것처럼. 동갑내기들처럼.(213쪽)

빨간색은 책 전체에서 피와 연관된다. 어떤 이는 피의 냄새와 색깔에 트라우마가 생겨 빨간색 블라우스를 입기만 해도, 혹은 "장미나 패랭이꽃 같은 빨간 꽃에도"(533쪽) 몸이 거부 반응을 일으킨다. 하지만 막 군대에 들어온 발렌티나는 빨간색 수건을 포기하지 못한다. 당시에 빨간색 수건만 지급된 것일지도 모르겠지만, 어쨌든 이 장면에서 빨간색은 죽음과 삶의 경계를 가리키고 있다. 적군에게 쉽게 발각되어 모두를 죽음으로 이끌 수 있는 색깔이자, 발렌티나가 "어린" 대위와 옥신각신 다투게 만든 색깔이기 때문이다. 그런데 이 빨간색 수건이 불을 지핀 말싸움에서 어느새 죽음의 그림자는 사라지고 청춘들의 자존심만이 일생일대의 문제가 된다. 이 '위대한 조국 전쟁'에서 나는 어린 나이에도 불구하고 대위로 부름 받았다, 그러니 내 말을 따라라. 얼굴에 여드름도 가시지 않은 네까짓 게 무슨 상관이냐, 까불지 마라. 목에 핏대를 세우며 고래고래 소리 지르는 젊은이들의 얼굴도 새빨개졌을 것이 틀림없다.

또, 발렌티나의 말에는 진정한 최고 권력의 심급이 명시되어 있다. "우리 엄마가 맨머리로 돌아다니지 말랬어요." '우리 엄마'는 '독일 파시스트 침략자'보다 강하고 무서우며, '우리 엄마'의 말은 '소비에트 인민'의 정당한 '과업'보다 신성하다. '우리 엄마' 역시 자신의 엄마로부터 맨머리로 돌아다니지 말라는 계명을 받았을 것이다. 그 엄마의 엄마도 그랬을 것이다. 사실 발렌티나가 여기서 '엄마가 보고 있다'라는 우스꽝스러운 말로 전시 상황의 엄중함을 폄훼하려 한 것은 아니다. 궁금한 것은 바로 다음 지점이다. 포탄이 비처럼 떨어지는데 왜 엄마의 말이 떠올랐을까? 아군의 위치가 발각될 수 있다는 말에 왜 "괜찮아요!"라는 말이 튀어나왔을까? 발렌티나를 '마마걸'이라고 할 수는 없다. 그는 갓난아기일 때 친어머니를 잃은 뒤 새어머니 손에서 금지옥엽으로 컸다. 그가 군대에 들어가겠다고 하자 새어머니는 울면서 말렸으나, 그는 열차를 타고 우크라이나 전선으로 향했다. 그때는 새어머니의 말을 듣지 않았으면서 왜 떨어지는 포탄 아래에서는 굳이 '어머니의 법'을 고수했을까?

그 메커니즘은 알 수 없지만 소녀 병사들이 민간인 시절에 지니던 습관은 전장의 명령들을 사뿐히 뛰어넘는다. 나아가 사느냐 죽느냐의 문제를 일거에 사소하게 만들어 버리고, 일상의 힘이 얼마나 끈질긴 것인지 알려준다. 이 힘은 군대의 계급 체계를 지워버리고, "어떤 중위니, 어떤 대위니 하는" 사람들을 "'잘생겼다거나 못생겼다', '대머리이거나 키가 크다'"(179쪽)고만 인식하게 만든다. 또, 이 무의식적인 힘의 영향력 아래서 소녀 병사들은 인정사정없어야 할 전시 상황에서도 의도치 않게 예의를 차려, 모두의 마음을 '동작 그만!'으로 만들고 웃음으로 내몬다.

선임비행사로 근무한 안토니나 그리고리예브나 본다레바의 친구 이야기도 발렌티나의 일화 못지않게 재미있다. 그와 친구는 전투기에 대해 아무것도 모른 채 비행사단에 입대했고, 보초를 설 때 누군가 비행기에 다가오면 제지해야 한다는 것을 처음 배운다. 안토니나의 친구는 보초를 서던 어느 밤 지휘관이 다가오자 이렇게 말한다.

> 멈추세요. 거기 오는 사람은 누구시죠? 멈추지 않으면, 죄송하지만, 쏠 거예요!(138쪽)

장면의 희극성을 살리기 위해 매우 공손한 어투로 번역된 이 말에서 "죄송하지만, 쏠 거예요!"의 원문을 직역하면 다음과 같다. "당신은 저를 용서하세요, 하지만 저는 쏠 거예요Вы меня извините, но я буду стрелять!" 여기서 옮긴이는 '당신은 저를 용서하세요, 하지만 ~' 대신 '죄송하지만'이라는 말을 썼고, 덕분에 전장에서 작동하는 일상의 힘이 부각되었다. 이 말에서 무의식적인 일상의 말은 군인의 본분을 다한다는 책임감과 어떤 방식으로 결합되어 있을까?

우선 미안함, 혹은 죄송함을 전하는 말과 죽이겠다는 협박의 말이 함께 쓰이는 경우를 떠올려 보자. 갱스터 영화에서 '우아한' 악인이 마침내 적수를 사로잡아 죽이려 한다. 그는 이렇게 말하리라. "미안하지만, 죽어줘야겠어." 아니면 동료를 쏠 수밖에 없는 비극적인 영화의 한 장면을 떠올릴 수도 있다. "정말 미안해, 하지만 어쩔 수 없어." 첫 번째의 경우 미안하다는 말은 반어적이고, 두 번째 장면에서는 진심을 담고 있다. 두 발화가 지니는 의미의 방향은 반대이지만 그 내용은 진릿값을 기준으로 설정되어 있다. 미안해하거나 아니면 미안해하지 않거나.

본다레바의 친구가 내뱉은 말은 어떤가? 그는 지휘관에게 죄송함을 전하고 있는가, 아니면 죄송함을 가장하고 있는가? 우선 그의 말이 반어가 아니라는 것은 분명하다. 그는 말을 비꼬며 할 정도로 상대방에게 나쁜 감정을 갖고 있지 않기 때문이다. 오히려 그는 상대방에게 '나름대로' 죄송하다는 마음을 품고 있다. 그러나 이 '죄송합니다'는 진심으로 사죄하는 기능을 하는 것은 또 아니다.

여기에는 복잡한 회로가 가동되고 있다. 하나, 일화의 주인공은 상부의 명령을 토씨 하나 빠뜨리지 않고 따라야 한다는 군인으로서의 책임감을 느낀다. 둘, 그런데 누군가를 쏘아야 한다는 것, 아니 쏘아야 한다고 말하는 것 자체가 인간으로서 불편하다. 이중의 압박 아래 일상의 의례적인 말이 튀어나온다. 그것도 민간인 시절 흔히 쓰던 말이다. 지하철에서 옆 사람의 발을 밟게 되었을 때, 식탁에서 물을 흘렸을 때 자동적으로 튀어나오던 말들. 자동화된 일상의 말은 "쏠 거예요"라는 죽음의 신호를 무화시킨다. 남에게 폐를 끼치면 죄송하다고 말해야 한다는, 어린 시절부터 배워온 '어머니의 법'은 발렌티나의 빨간색 수건처럼 절체절명의 순간에 사람들을 웃음과 삶으로 이끈다.

"죄송하지만, 쏠 거예요!"라는 말을 들은 지휘관은 어떤 반응을 보였을까? 그 자리에서 포복절도했을까, 아니면 자기도 모르게 "갑자기 다가가서 죄송합니다"라고 진지하게 용서를 구했을까?

우리 아들한테 나는 영웅이야

2차 세계 대전에서 승리한 후 30년이 지난 1976년, 권위 있는 문학지 《문학의 문제들*Вопросы литературы*》에 〈전쟁에 대한 문학을 생각하며В раздумьях о литературе о войне〉라는 평론이 실렸다. 이 글을 쓴 니나 예르몰라예바Н. Ермолаева와 파벨 쿠프리야놉스키П. Куприяновский는 승전 이후 전쟁 문학이 소비에트 문학계에서 어떤 방향으로 발전했는지, 어떤 유형의 주인공들이 등장했는지 일별하면서 문예학의 성과를 검토한다. 비평문의 저자들은 그 가운데 게오르기 로미제Г. Ломидзе가 쓴 《위업의 윤리적 근원*Нравственные истоки подвига*》의 주요 테제를 다음과 같이 요약한다.

> 파시즘과의 전투에서 소비에트 사람들이 보여주었고 우리 문학의 페이지들에서 시적으로 그려진 영웅주의와 자기 희생은 결코 잠재의식적이고 우연에 의존하는, 인간으로부터 소외된 광신주의의 결과가 아니라 고차원적인 의식의 결과이며, 인간성을 비롯한 진보적이며 건전한 원칙들, 그리고 혁명적 이상들을 공언하는 명징하고 목표 지향적인 정신의 승리인 것이다.[7]

이처럼 소비에트 공식 문단의 입장에 따르면 2차 세계 대전에서 목숨 바쳐 싸웠던 영웅들은 언제나 혁명의 과업을 완수하기 위한 올바른 원칙에 입각하여 합리적인 전략에 따라 행동했다. 따라서 전쟁 문학에서 그려야 마땅한 소련의 영웅들은 "우리 엄마가 맨머리로 돌아다니지 말랬어요", "죄송하지만, 쏠 거예요" 같은 말 따위를 할 리가 없다. 그들은 임무를 완수하는 데 필요하지 않은 말은 절대 하지 않는다. 적의 격파라는 목적에 필수적인 행동만 한다. 따라서 영웅들을 묘사하는 데 빨간색 수건과 같은 '산문적' 소품이나 '죄송하지만' 같은 삽입구는 그들의 명예를 훼손할 뿐이다. 이런 입장은 10여 년 뒤 알렉시예비치가 책을 출간하는 과정에서도 다시 확인된다. 그는 검열관과 나눴던 대화를 책의 초반부에 수록했는데, 검열관은 그가 신성한 "여성 영웅들의 명예를

---

7 Н. Ермолаева, П. Куприяновский, "В раздумьях о литературе о войне," *Вопросы литературы* № 6 (1976), Дата обращения: 02. 03. 2023, https://voplit.ru/article/v-razdumyah-o-literature-i-vojne/.

훼손"했으며 "그녀들을 하찮게 만들었"다고 비난한다.(44-45쪽)

그런데 검열관만 알렉시예비치의 원고에 빨간 줄을 그었던 것이 아니다. 전차대대 위생사관이었던 니나 야코블레브나 비시넵스카야는 알렉시예비치를 친구처럼 대하며 모든 것을 솔직하게 이야기한다. 인터뷰가 끝난 뒤에도 두 사람은 편지를 주고받으며 연락을 이어나갔고, 알렉시예비치는 그에게 정리한 원고를 보내주었다. 그러나 니나 야코블레브나는 자신이 모스크바의 학교들에서 군사 훈련을 지도했다는 내용의 보고서와 신문 기사 들을 동봉하여, 거의 모든 내용에 직접 줄을 그은 알렉시예비치의 원고를 되돌려 보냈다. 어린 소녀였던 그가 군대에서 어리숙하게 굴었던 이야기들, 그가 사랑했던 미샤 중위 이야기에도 물음표와 함께 줄이 그어져 있었다. 다음과 같은 메모와 함께.

> 우리 아들한테 나는 영웅이야. 거의 신과 같다고! 만약 우리 아들이 이 글을 읽는다면 나를 어떻게 생각하겠어?(187쪽)

니나 야코블레브나는 어째서 처음에는 알렉시예비치와 함께 "부엌에서 차를 끓여 마시며"(188쪽) 편하게 이야기를 나누다가 자신의 이야기가 활자화되자 바로 부정하게 된 것일까? 알렉시예비치는 나름의 이유를 추론하며 다음과 같이 덧붙인다.

> 청중을 위한 또 하나의 전쟁을 그녀는 준비해두었다. 다른 사람들이 말하는 것과 똑같은 전쟁을. 신문에서 떠드는, 영웅들과 공훈이 주인공인 전쟁. 젊은이들에게 교훈을 주기 위한 훈육용의 전쟁. 평범하고 인간적인 것에 대한 이 불신에, 보통의 삶을 소위 이상이라는 것과 슬쩍 바꿔치기하려는 이 욕망에 나는 매번 충격을 받았다. 평범한 온기를 차디찬 광채와 맞바꾸려는 욕망에.(188쪽)

이 대목에서 니나 야코블레브나의 '배신'에 어떤 입장을 취해야 할까? 세상 사람들의 칭송에 도취해 진짜 이야기들을 저버렸다고 그를 비난해야 할까? 그는 소비에트 공식 문단, 검열관의 이데올로기에 부합하기 위해 자기 자신을 부정하고 있다고 단정 지어야 할까? 알렉시예비치의 원고에 사정없이 줄을 긋는 니나 야코블레브나의 모습에 대해서는 두 가지를 이야기할 수 있다. 첫 번째는 소녀 병사들이 전장에서 보여주었던 영웅적 행위에 대한 욕망이다. 알렉시예비치는 "영웅들과 공훈이 주인공인 전쟁"을 관제 이데올로기의 산물인 것으로만 이야기하지만, 많은 소녀 병사들은 실제로 영웅이 되고 싶어 했다. 그리고 영웅이 될 기회를 남자들에게 빼앗길세라 전전긍긍했다. 저격병이었던 베라 다닐로브체바는 군사 학교 학생이었던 남자친구가 곧장 전선으로 떠나야 한다는 이야기를 듣자 그와 함께 전장에 가서 잔 다르크가 되는 모습을 떠올린다. 그리고 이런 욕망을 품는다.

> '나는 총을 쏘고 싶어! 그이처럼 나도 총을 쏠 거야' [...] 심지어 나는 그 사람과 내가 함께 전사하는 모습까지 상상했다니까. 한 전투에서...... [...] 라리사 레이스네르처럼 되는 게 소원이었어. 가죽 잠바를 입은 여성정치위원...... 나는 그녀가 예뻐서 좋았어...... (101쪽)

이 책을 읽으면서 가장 경계해야 할 것은 소녀 병사들이 억지로 전장에 끌려갔다고, 애초에 그들은 전투와 공훈에 대한 욕망을 일절 지니지 않았다고 생각하는 것이다. 베라의 경우만 해도, 가죽 잠바를 입은 레이스네르를 롤 모델로 삼으며 멋진 군인이 되고 싶어 하지 않았는가. 이처럼 남자와 차별받으며 후방에 남아 있는 것을 견디지 못하던 소녀 병사들은 알렉시예비치의 책 곳곳에서 만날 수 있다. 고사포 병사로 복무한 발렌티나 파블로브나 막심추크는 자신을 후방으로 보내겠다는 지휘관의 말을 회상하며 이렇게 말한다. "나는 분하고 속상해서 눈물이 났어. 이런 때에 후방에 죽치고 앉아 있으라니, 그건 죽느니만 못한 일이었으니까."(119-120쪽) 영웅이 되고픈 소녀 병사들의 욕망은 저격수였던 롤라 아흐메토바의 일화에서 절정에 달한다.

> 전쟁터에서 제일 끔찍했던 건, 남자 팬티를 입는 일이었어. 그래, 바로 그게 제일 끔찍했어. 그 일은 뭐랄까 나한테...... 어떻게 표현해야 할지 모르겠는데...... 글쎄, 우선 꼴이 웃겼다고나 할까...... 이 한 목숨 바쳐 조국을 수호하겠다고 전쟁터까지 와놓고 남자 팬티나 입다니. 한마디로, 정말 웃기는 상황이었지. 그냥 어이가 없었어. 그때는 남자 팬티가 길었거든. 폭도 아주 넓고.(152쪽, 번역 일부 수정)

가죽 잠바를 입은 여성 정치 위원을 따라 멋진 사람이 되기를 바랐던 베라처럼, 롤라는 멋진 여군 군복을 제대로 갖춰 입고 조국을 위해 목숨 바쳐 싸우고 싶었다. 얻어 입은 옷처럼 맞지도 않는 남자 속옷이 아니라, 여군 속옷을 보급 받아 참전의 주체가 되고 싶었다. 어떤 이들은 여자 속옷을 제대로 보급받자 너무 좋아서 일부러 그것을 보이려고 "군복 상의의 단추를 풀기도 했다".(144쪽) 내 가족을 무참히 짓밟는 적을 쳐부수고 조국을 위해 목숨 바쳐 싸워 정당한 공훈을 인정받길 원하던 소녀 병사들에게, 남아도는 남자 속옷이나 입으라는 명령은 모욕적이었던 것이다. 알렉시예비치의 원고에 줄을 그었던 니나 야코블레브나 역시 자신의 영웅적 행위와 애국심이 이런 모욕적인 일화로 축소되는 것은 아닐지 문득 겁이 났을지도 모를 일이다.

남자도 아니면서 무슨 훈장은

1945년 5월 8일 레비탄은 중대 발표를 전하기 위해 다시 마이크 앞에 앉는다. 이번에는 매우 밝고 격앙된 목소리로 소련의 승리를 전한다. "1945년 5월 8일 베를린에서 독일 최고지휘부 대표자들이 독일군의 무조건 항복 문서에 서명했다. 소비에트 인민이 독일 파시스트 침략자들에 맞서 수행한 위대한 조국 전쟁은 승리로 완결되었고, 독일은 완전히 궤멸되었다. 붉은 군대의 병사 동지들, 붉은 함대의 수병 동지들, 장교 동지들, 특무상사 동지들, 장군 동지들, 제독 동지들, 원수 동지들이여, 위대한 조국 전쟁을 승리로 완결한 그대들을 축하하노라. [...] 자유를 위해 전장에서 스러진 영웅들에게는 영원한 영광이, 우리의 조국에는 독립이 있으라! 승리를 가져오는 붉은 군대와 해군 함대 만세! 최고사령관이자 소비에트 연방 원수 이오시프 스탈린."[8]

간호병 안나 미하일로브나 페레펠카 중사는 외쳤다. "승리라니! 우리가 승리를 했다니...... 행복했어! 정말로!"(369쪽) 간호병 타마라 이바노브나 쿠라예바도 행복에 겨워 말했다. "우리 모두는 최고의 상을 받았잖아? 5월 9일. 승리의 날!"(531쪽) 전장에서 온갖 고난을 겪던 소녀 병사들은 승리를 진심으로 기뻐했고, 사회로 돌아가 어떤 일을 할지 이야

---

8 "Голос Левитана. 8 мая 1945 года," Дата обращения: 02. 03. 2023, https://www.youtube.com/watch?v=kYJ9uMtwbRI.

기를 나누며 미래에 대한 꿈으로 부풀어 있었다. 그리고 소비에트 사회의 각계각층에서 영웅으로서 당당히 살아갈 것이라 믿고 있었다.

그러나 스탈린이 열거하며 예찬한 '동지들' 가운데서 백만 명의 소련 여성들은 2등 시민의 지위를 부여받을 뿐이다. 이 책을 읽으며 가장 충격적인 장면은 이것이었다. 전쟁터에서 여성이 겪는 고통과 차별보다 더 처참했다. 1945년 승리 후에 사회로 돌아온 소녀 병사들에게 쏟아진 부정적 시선. 바로 여기에서부터 당차고 발랄한 들국화가 꺾이고 함께 전장을 누볐던 남자들에게도, 같은 여성들에게도 따돌림을 받는 앙상한 등뼈의 소비에트 여성들이 등장한다. 그들은 다시 학교도 다니고 나름대로 원하는 직업도 갖지만, '전쟁터에서 온 여자'라는 딱지를 떼어내지는 못한다. 고사포 병사로서 싸웠던 클라라 바실리에브나 곤차로바는 민간인 신분으로 돌아왔을 때 들은 말을 전한다.

> 아픈 말을 들었어...... 독을 품은...... 돌처럼 차가운 말을...... 전쟁하러 가는 건 남자들의 욕망이라나. 그런데 여자가 사람을 죽여? 그런 여자들은 정상이 아니라는 거지. 결함이 있는 여자들일 뿐이라고......
> 아니! 천만 번 아니야! 그건 인간의 욕망이었어.(353쪽)

그렇지 않아도 전쟁터에서 참상을 목격한 소녀 병사들은 중년이 되어서도 트라우마에 시달린다. 자신들이 죽인 사람들, 그러나 직접 보지는 못한 그 사람들을 꿈에서 보기도 하고, 평생 그들을 위해 눈물 흘리며 기도를 한다. 이런 트라우마를 겪는 것은 남자들도 마찬가지다. 트라우마를 이기지 못하고 알코올 의존자가 되거나 가정 폭력을 일삼는다. 사람을 죽이는 것은 모든 인간에게 자연스러운 욕망이 아니었던 것이다. 그런데도 전쟁에 나간 여자들만을 가리켜 '정상이 아니라고', '결함이 있다고' 말한다. 그래서 곤차로바는 되받아친다. 내 가족과 친구들을 산 채로 태워 죽인 적들을 죽이려는 욕망은 인간의 욕망이라고. 극한에 몰린 인간이라면 누구나 품을 수 있는 정당한 욕망이라고. 그리고 가부장제의 깊숙한 요새인 가정으로 돌아온 소녀 병사들은 같은 여자들에게서 더욱 차별받는다. 다소 긴 인용문이지만 일화를 읽어보자.

> 저녁에 다들 둘러앉아 차를 마시는데 시어머님이 내 남편을 부엌으로 데려가더니 우시는 거야. '지금 누구랑 결혼하겠다는 거냐? 전쟁터에서 데려온 여자라니...... 너는 여동생이 둘이나 되잖아. 이제 누가 네 동생들하고 결혼하겠니?' 지금도 그때 일을 생각하면 눈물이 나. 어땠는지 알아? 시댁에 음반을 하나 가지고 갔거든. 내가 무척 아끼는 음반이었지. 그 노래 중에 이런 대목이 있었어. '당신은 가장 멋진 하이힐을 신고 다닐 권리가 있다오......' 전선의 여자 병사를 위한 노래였지. 내가 음반을 틀자 남편의 큰여동생이 오더니 내가 보는 앞에서 그걸 부숴버리는 거야. '당신들은 그 어떤 권리도 없다'면서. 남편 식구들은 전선에서 찍은 내 사진들도 모두 찢어버렸어...... 그 일에 대해선 뭐라 말을 할 수가 없어. 정말 아무 말도 못하겠어......(549쪽)

이 목소리의 주인공인 근위대 하사 타마라 스테파노브나 움냐기나가 언급하는 노래 〈널빤지 포장도로를 따라По мосткам тесовым〉를 찾아 들어본다. 알렉세이 파티야노프А. Фатьянов의 가사에 보리스 모크로우소프Б. Мокроусов가 곡을 붙인 이 노래에서 남성 화자는 전선에서 함께 싸우던 여성 병사를 새로운 눈으로 바라보며 감탄을 마지않는다. "그대 주변에 울려 퍼지는 건 오직 영광뿐. / 그대는 자유로이 살고자 불길을 뚫고 왔다네. / 그대는 가장 멋진 하이힐을 / 신고 다닐 권리가 있다네. // 나는 명령이라도 받은 듯 그대 뒤를 좇아 / 넓은 숲길을 따라 가네. / 전장에서는 내가 그대의 지휘관이었지만 / 이제 나는 그대의 병사." 타마라는 전선에서 만난 남편과 함께 이 노래를 들으며 얼마나 스스로를 자랑스러워했을까? 그 자부심은 가부장적 결혼 제도에 부딪쳐 산산조각난다. 전쟁터에서 이 남자 저 남자와 어울렸을지도 모를 여자를 집안에 들이다니...... 그렇고 그런 여자가 며느리라고 하니 그 집안도 말 다 했지. 전쟁터에서 굴러먹다 온 올케 때문에 혼삿길이 막힐지도 모르는데 속편하게 소녀 병사 노래나 듣자는 거야, 뭐야!

그래서 소녀 병사가 받아온 훈장, 군수품으로 나눠준 남자 속옷처럼 '얻어 입은' 훈장은 온전히 그의 것이 되지 못한다. 전쟁이 끝나자 해군 하사관으로 제대하고 빵공장에서 공장장으로 일했던 올가 바실리예브나 포드비셴스카야는 공장장 회의에서 무안당한 일을 이야기한다.

트러스트 회장이, 자기도 여자면서 나보고 '남자도 아니면서 무슨 훈장은 그렇게 주렁주렁 달고 다니느냐'고 핀잔을 주더라고. 모두 다 있는 자리에서. 그러는 자기도 노동훈장 받은 걸 자랑스럽게 재킷 위에 달고 다녔거든. 그런데 왠지 전쟁터에서 받은 내 훈장은 마음에 들지 않았던 모양이야. 언젠가 회장과 단둘이 사무실에 남게 되자 내가 해군에서 싸운 이야기를 들려줬어. 미안해하더군. 하지만 이상하게도 훈장을 달고 싶은 마음은 싹 사라져버리더라고.(199-200쪽)

파시스트 체제가 격파되어도, 전쟁이 끝나도 일상은 바뀌지 않는다. 전쟁터에까지 소녀 병사들을 따라가서 엉뚱함과 발랄함을 선사했던 일상의 힘은 인간미와 온기뿐 아니라 편견과 아집이 축적된 것이기도 하다. 이 일상의 손아귀는 여성 참전 용사들을 전후의 삶에서 밀어내려고 한다. 저 여자들은 분명 전쟁으로 인해 타락했을 거라고, 전쟁에서 죽음의 기운을 몰고 왔을 거라고. 전쟁은 여자의 일이 아닌데 괜히 전선에 다녀와서 우리 민간인의 법도를 파괴하려 한다고. 알렉시예비치는 인습의 관성으로 굴러가는 일상과 소녀 병사라는 독특한 존재의 떼려야 뗄 수 없는 관계가 지닌 양면성을 전쟁을 배경으로 해서 보여준다. 이는 전쟁의 승리 후에 찾아오는 새로운 전쟁, 소비에트 여성이 죽을 때까지 치러야 하는 일상의 전쟁이 히틀러와의 전쟁 못지않게 끔찍하다는 것을 말하기 위함이 아닐까? 그렇다면 여자의 얼굴을 하지 않은 것은 전쟁뿐만이 아니다. 일상은 여자의 얼굴을 하지 않았다.

우리는 물고기처럼

지금까지 이야기한 것과는 조금 다른 결의 목소리들을 들어보자. 대면하고 싶지 않아서인지 인간 몸들의 해체, 폭파, 절단에 대한 일화들은 잘 떠오르지 않는다. 오히려 말 못하는 동물들에 대한 이야기가 기억에 오래 남는다.

외과의로 복무한 베라 블라디미로브나 셰발디셰바 대위는 전장에서 수많은 수술을 집도해서인지, 빈에서 맞은 전승 기념일에 수용소가 아닌 동물원을 찾는다. 동물원도 동물들을 수용한 곳이니 나름의 수용소라고 할 수는 있지만, 그는 "뭔가 즐거운 걸 보고 싶어" 했고 "그게 무엇이든 다른 세상을 보고 싶어" 했다.(142쪽) 그런가 하면 어떤 이는 폭격을 맞아 물속에서 죽어가던 흰 철갑상어를 바라보며 고래고래 소리를 지르고 속상해서 눈물을 흘린다. "이렇게 물고기까지 고통을 당하는 게 너무 속상해서……"(142쪽) 다른 누군가는 독일군의 대포가 불을 뿜는 곳에 철새들이 몰려오는 것을 보고는 어찌할 바 몰라 발만 동동 구른다. "새들이 어떻게 비명을 지르겠어? 어떻게 새들에게 '이리로 오면 안 돼! 여기 오면 죽어!'라고 알려줘? 어떻게? 끝내 새들은 계속 땅으로 떨어졌어……"(249쪽) 그렇게 알렉시예비치에게 이야기를 들려준 사람들은 동물들을 가여워하고 좋아한다.

그런데 동물과 관련해 가장 기억에 남는 언급은 다른 것이다. "내가 부상당한 몸이라고 누구한테 털어놓겠어? 말했다가, 나중에 직장도 못 구하면 어떡하라고. 결혼은? 우리는 물고기처럼 입을 다물었어."(221쪽) 빨간색 수건을 포기하지 못하던 소녀 병사 발렌티나의 말이다. 발랄했던 그는 전쟁터에서 부상을 입어 허벅지까지 다리를 절단해야 했다. 이 대목에서 눈길을 끄는 것은 바로 '우리', 소녀 병사들을 동물에 빗대는 표현이다. 앞의 사례들이 인간의 심리를 동물에게 투사한 것이었다면, 발렌티나의 말에서는 소녀 병사들이 물고기가 된다.

'물고기처럼 입을 다문다молчать как рыба'라는 말은 무슨 뜻일까? 이 말은 원래 1967년에 발표된 코미디 영화 〈말리놉카의 결혼식Свадьба в Малиновке〉에 나온 대사로, 영화 흥행 이후 일상에서 흔히 쓰는 말이 되었다. 러시아어 화자들이 듣기에도 바로 이해되지 않는 이 표현의 전체 문장은 다음과 같다. '물고기가 얼음을 두드리듯 입을 다문다молчать как рыба об лёд.' 물고기가 물 밑에서 아무리 얼음을 두드려도 물 밖으로 나오지 못하듯, 입을 꼭 다물어서 그 어떤 이야기도 새어나가지 못하게 한다는 뜻이다. 발렌티나 또한 한쪽 다리가 없다는 것을 아무도 알지 못하도록 철저히 숨기고 살았다. 그뿐만 아니라 다른 소녀 병사들도 얼음에 갇힌 물고기가 되기로 했고, 그렇게 살았다.

알렉시예비치의 책에 담긴 목소리들이 집요하게 반복하는 말이 있다. "꼭 맞는 말을 찾고 싶어…… 어떻게 해야 그때 일을 다 표현할 수 있을까?", "어딘가 표현할 말이 있을 텐데…… 시인이 필요해…… 단테 같은 시인이……", "나? 말하고 싶지 않아…… 말하고 싶어도…… 한마디로…… 그건 말해선 안 되는 일이거든……", "아, 그 끔찍한 참상을 어떻게 말로 설명해. 말로는 못해."(217, 367, 368, 514쪽) 이미 50대가 된 소녀 병사들은 아직도 말을 하지 못한다. 자신들이 전선에서, 일상에서 겪은 일들을 말하고 싶어 하지만 적합한 말을 찾지 못한다. 말을 해서도 안 된다고 생각한다.

문학 이론에서는 전쟁과 관련된 작품에서 자주 관찰되는 이러한 수사법을 가리켜 '아뒤나톤adynaton', 즉 주제와 관련된 적절한 말을 찾지 못해서 생겨나는 과장법이라고 부른다.[9] 호메로스가 《일리아스》에서 내뱉는 말이 그 대표적인 예다. "하지만 신이 아닐진대, 내가 어찌 그것을 일일이 다 말할 수 / 있겠는가!"[10] 케이트 매클로플린Kate McLoughlin에 따르면, 아뒤나톤이란 "자신의 하찮음과 기량 부족을 커다란 규모로 고백하는 것"이다.[11] 전쟁이라는 어마어마한 사태를, 직접 목격한 그 참상을 유한한 인간의 언어로 표현하지 못하는 상황을 토로하는 것이다.

이 개념을 알렉시예비치의 목소리들에 적용해 볼 수 있을까? 표현할 수단을 찾지 못하겠다며 단테 같은 위대한 시인이 필요하다고 토로하는 말은 위에서 언급된 의미의 아뒤나톤이라고 부를 수 있을 듯하다. 하지만 소녀 병사들의 말은 언어적 수단을 찾지 못하는 데서 오는 아쉬움만으로 설명되지 못한다. 만약 그들이 수사법의 달인이라 하더라도, 플로베르처럼 '인간-펜'이라 하더라도 그들은 꼭 맞는 표현을 찾지 못했을 것이다. 어쩌면 적절한 표현을 찾기를 포기했을지도 모른다. 그들이 알렉시예비치에게 하는 부족한 말들, 영원히 부족할 말들은 전쟁의 참상을 세상에 알리는 일에 대한 두려움의 징후일 수도 있다. 자신이 겪은 일을 세상에 알리고 싶지만, 막상 알려지게 되면 전쟁터에 다녀온 여성으로서 전후의 일상을 안전하게 살아갈 수 없기 때문이다. 그래서 그들의 아뒤나톤은 거대한 전쟁의 참상을 말로 담지 못하는 데서 오는 유한성의 수사법 이상이 된다. 전쟁의 영향력이 여전히 맹위를 떨치는 삶으로 온전히 나오지 못하고, 항상 반쯤은 어딘가로 숨는 몸짓이 된다.

알렉시예비치에게 자신의 내밀한 모든 것을 실컷 이야기했다가 나중에는 원고에 수많은 줄을 그었던 니나 야코블레브나 역시 나름의 아

9
Kate McLoughlin, "War and Words," *The Cambridge Companion to War Writing*, ed. Kate McLoughlin (Cambridge University Press, 2009), 15, 22.

10
호메로스, 《일리아스》, 천병희 옮김(숲, 2009), 330(12권, 176-177행).

11
McLoughlin, "War and Words," 22.

뒤나톤을 행위로 실현했던 것 아닐까? 전쟁터에서 돌아온 타락한 소녀 병사라는 말을 듣지 않기 위해, 전후에 간신히 꾸린 가정을 지키기 위해, 목숨 걸었던 자신의 청춘을 모욕하지 않기 위해 승리와 공훈이라는 국가적 수사의 얼음장 아래로 기꺼이 들어갔던 것 아닐까? 역설적이게도 그는 자신의 하찮음을 부풀리는 일반적인 아뒤나톤과 다르게 "우리 아들한테 나는 영웅이야. 거의 신과 같아"라고 말한다. 그러나 자신의 존재를 신의 영역으로까지 팽창시키는 몸짓은 전후의 일상에서 언제든 하찮은 2등 시민으로 격하될 수 있는 소녀 병사의 위기감을 토로하는 것이었다.

그런 점에서 니나 야코블레브나의 행동을 가리켜 일상의 "평범한 온기를 차디찬 광채와 맞바꾸려는 욕망"(188쪽)이라고 말하며 그 욕망의 속됨 앞에서 전율하는 알렉시예비치의 판단은 다소 성급하다. 얼음장을 깨는 사람은 물고기가 왜 추위를 견디면서까지 국가 이데올로기의 광채를 유지하려 했는지도 헤아려야 한다. 그 스스로 말하듯 언제나 "창가"에 존재하는 '인간-귀'는 유리 같은 얼음 너머에서 뻐끔거리는 물고기의 입 모양을 읽는 복화술도 익혀야 한다. 죽음이 일과와 같던 공간에서 차별이 내재화된 삶으로 돌아온 소녀 병사들의 모든 말과 침묵, 긍정과 부정의 몸짓은 전후의 일상을 마주한 여성이 자신의 무력함을 고백하는 아뒤나톤이기 때문이다.

그럼에도 불구하고, 알렉시예비치는 니나 야코블레브나의 얼음 바깥에서 그의 목소리와 몸짓을 하나하나 관찰하고 기록한다. 때로는 답답한 나머지 절망의 눈물을 흘리지만, 그렇게 알렉시예비치의 '귀'는 시인 미하일 쿠즈민Михаил Кузмин이 언젠가 노래했듯 얼어붙은 "창가"를 묵묵히 지킨다. "얼음 위에 농부가 서 있다. / 송어는 얼음을 깬다."[12] +

12
М. Кузмин, *Стихотворения* (Академический проект, 1996), 531.

참고 문헌

심지은. 〈'붉은 인간'의 전쟁: 스베틀라나 알렉시예비치 5부작과 러시아혁명〉. 《러시아연구》 27권 2호(2017): 171-200.

호메로스. 《일리아스》. 천병희 옮김. 숲, 2009.

McLoughlin, Kate. "War and Words." *The Cambridge Companion to War Writing*. edited by Kate McLoughlin, 15-24. Cambridge University Press, 2009.

Алексиевич, С. *У войны не женское лицо*. Время, 2017.

Гиршман М. М. "ПРОИЗВЕДЕНИЕ." *Поэтика: слов. актуал. терминов и понятий*, гл. науч. ред. Н.Д. Тамарченко, 193-197. Издательство Intrada, 2008.

Данилова, Е. "Счастье – это потрясающий мир." *Коммерсантъ*. 26 февраля 2006 г. Дата обращения: 02. 03. 2023. https://www.kommersant.ru/doc/2296602.

Ермолаева, Н., П. Куприяновский. "В раздумьях о литературе о войне." *Вопросы литературы* № 6 (1976). Дата обращения: 02. 03. 2023. https://voplit.ru/article/v-razdumyah-o-literature-i-vojne/.

Кузмин, М. *Стихотворения*. Академический проект, 1996.

"Голос Левитана. 8 мая 1945 года." Дата обращения: 02. 03. 2023. https://www.youtube.com/watch?v=kYJ9uMtwbRI.

"Обращение Левитана 22 Июня 1941 года. Объявление о начале войны." Дата обращения: 02. 03. 2023. https://www.youtube.com/watch?v=ZAtRykr2vkg.

이종현

모스크바에서 20세기 러시아 서정시 장르론에 대한 논문으로 박사 학위를 받았다. 서교인문사회연구실 회원으로 웹진 《인-무브》에 〈러시아 현대시 읽기〉를 연재 중이다. 옮긴 책으로 LGBT 세계 시 선집 《우리가 키스하게 놔둬요》(공역), 마리나 츠베타예바 시 선집 《끝의 시》, 미하일 쿠즈민의 소설 《날개》가 있다.

이덕균

게이머는 병사로 다시 태어나는가

매슈 토머스 페인, 《전쟁 게임: 9·11 이후의 밀리터리 비디오 게임》, 진달용 옮김(한울, 2020)

Matthew Thomas Payne, *Playing War: Military Video Games after 9/11* (NYU Press, 2016)

전쟁 게임

9·11 이후의 밀리터리 비디오 게임

Playing War: Military Video Games after 9/11

매슈 토머스 페인 Matthew Thomas Payne 지음 | **진달용** 옮김

한울
아카데미

전쟁 게임
9·11 이후의 밀리터리 비디오 게임
매슈 토머스 페인 지음 | 진달용 옮김
한울
아카데미

2263

들어가며

글을 시작하기에 앞서 이 글을 읽는 독자분들께 먼저 양해를 구하려 한다. 나는 철학자이고, 비디오 게임 플레이어이며, 비디오 게임이 제기하는 여러 철학적 문제에 관심이 있다. 또한 나는 여느 사람들과 마찬가지로 정치와 경제에 관심이 있고, 문화가 정치 및 경제와 상호 작용하는 양상에도 관심이 있다. 따라서 나는 9.11 이후의 밀리터리 게임[1]에 9.11 테러 사건이 어떤 영향을 미쳤는가를 살펴보는《전쟁 게임: 9·11 이후의 밀리터리 비디오 게임》이 타깃으로 삼는 독서 인구에 속한다고 할 수 있다. 하지만 나는 문화연구의 방법론을 통해 게임을 연구하는 사람이 아니고, 그렇다고 문화연구에 익숙한 사람도 아니라는 점에서 9.11 이후의 밀리터리 게임을 문화연구의 방법론을 통해 분석하는 학술서인 이 책을 평가하기에 적합한 사람이 아니다. 따라서 문화연구로서 이 책이 거둔 성취와 한계가 무엇인지 알고 싶은 독자들은 이 서평에서 얻을 수 있는 것이 많지 않을 것이다. 이 서평에 가치가 있다면, 문화연구의 성과가 다른 분과 학문을 공부하는 사람의 눈에는 어떻게 비치는지를 보여준다는 데 있을 것이다. 우리 모두 자신과 다른 시각을 가진 타인이 숙고 끝에 내놓은 의견에서 배울 점이 있다는 평범한 사실이 나의 글에도 조금이나마 가치를 부여해 주길 바랄 뿐이다.

이 서평은 다음과 같은 순서로 전개될 것이다. 먼저 저자 매슈 페인이 밝힌 연구의 목적이 무엇인지, 그리고 총 6장으로 이루어진 이 연구에서 그가 구체적으로 어떤 주장을 하는지 소개할 것이다. 다음으로, 이 연구를 평가하기 위해 두 가지 물음을 제기할 것이다. 각 장에서 제시된 페인의 구체적인 주장들은 그의 연구 목적 달성에 어떤 기여를 하고 있는가? 그가 이 연구에서 사용하는 핵심 개념 및 방법론은 연구 목적에 적합한 도구인가? 독자들의 편의를 위해 결론을 미리 밝히자면, 나는 이 연구가 분명한 장점과 의의에도 불구하고 저자 자신이 밝힌 연구 목적의 달성에 실패했으며, 학술 개념을 오남용함으로써 미래의 게임 연구에 도움이 될 선례가 되는 데 실패했다고 본다. 마지막으로 나는 이 연구가 무엇 때문에 한계를 가지는지를 철학자의 시점에서 분석하고,

1
아래에서 나는 '비디오 게임' 대신 '게임'을 영어 단어 'video game'의 번역어로 사용할 것이다. 한국어에서 '게임'은 특별한 수식어가 붙지 않을 경우 비디오 게임을 가리키기 때문이다.

문화연구와 철학 간 생산적인 대화의 필요성을 제기할 것이다.

전쟁 게임과 미국인 정체성

페인은 서문에서 연구의 목적을 다음과 같이 밝힌다. "이 책은 21세기 초에 제작된 '밀리터리 FPS 게임'[2]들을 비판적으로 검토해, 이 게임들의 즐거운 플레이 경험을 만들어내는 바탕이 된 기술적, 문화적, 사회적 요인을 이해하는 것을 목적으로 한다."[3](1쪽) 이 연구가 중요한 이유는 "9.11 테러 이후 형성된 미국의 정치적 이미지의 중심에 있는 문화적 가치를 밀리터리 FPS 게임보다 더 생생하고 직접적으로 탐구하는 엔터테인먼트 장르는 없기 때문이다".(2쪽) 이러한 진술을 정당화하는 것은 9.11 이후 미국이 전개한 '테러와의 전쟁War on Terror'을 소재로 삼은 영화 중 〈라이언 일병 구하기〉(1998)나 〈진주만〉(2001)과 같이 2차 대전을 소재로 한 미국 영화에 필적할 만한 상업적 성공을 거둔 영화가 없는 반면, 테러와의 전쟁을 소재로 한 밀리터리 FPS 게임은 비슷한 시기에 출시된 2차 대전 소재의 밀리터리 FPS 게임들이 거두지 못한 성공을 이룩할 수 있었다는 사실이다. 페인이 잘 지적하듯이 전쟁과 전사에 대한 칭송은 미국 문화의 핵심 가치이며, 미국인, 특히 미국 남성의 국가적, 개인적 정체성 형성에서 중요한 역할을 해왔다. 그렇다면 테러와의 전쟁을 소재로 한 밀리터리 FPS 게임이 영화보다 훨씬 큰 상업적 성공을 거두었다는 사실은, 이들 게임을 분석함으로써 9.11 이후의 미국 사회와 미국인을 이해하기 위한 단서를 얻을 수 있음을 시사한다.

밀리터리 FPS 게임 연구의 중요성에 대한 이상의 설명을 통해 알 수 있듯이, 페인은 게임 그 자체가 아니라 게임으로 사회를 이해하는 데 관심이 있다. 따라서 그는 게이머들이 게임에 기대하는 바가 무엇인

---

2 원어는 'military shooter video game'이며 한국어판은 '밀리터리 슈팅 비디오 게임'이라는 표현을 사용했다. 그러나 'military shooter'라는 비디오 게임 장르는 한국에서 '밀리터리 FPS'라 불린다는 점, 그리고 한국에서 '게임'은 일반적으로 '비디오 게임'과 치환 가능한 단어로 사용된다는 점에서 이 서평은 '밀리터리 FPS 게임'이라는 역어를 사용할 것이다. 이때 'FPS'란 게임 캐릭터의 시점으로 진행되는 '1인칭 슈팅 게임First-Person Shooter'의 준말이다.

3 이하 본문에서의 직접 인용은 모두 서평자 본인의 번역문으로 하며, 표기된 쪽수는 모두 영어판 쪽수이다.

지, 게이머들이 게임과 어떻게 상호 작용하는지를 관찰하고 이를 바탕으로 게임의 상업적, 비평적 성공에 영향을 미치는 일반적 조건을 찾아내는 작업, 즉 즐거운 게임 플레이 경험을 만드는 것이 어떻게 가능한가를 해명하는 데에는 관심이 없다.[4] 왜냐하면 21세기에 제작된 밀리터리 FPS 게임들이 주는 게임 플레이 경험의 즐거움은 "헤게모니적 즐거움 hegemonic pleasures"으로서, 재생산해야 하는 즐거움이 아니라 비판적으로 이해해야 하는 즐거움이기 때문이다. 헤게모니적 즐거움이란 테러와의 전쟁 이후 제작된 밀리터리 FPS 게임을 플레이하는 게이머가 "규율 권력을 자신과 타인에게 행사"(18쪽)하고, 그 과정에서 "권력과 규율적 폭력을 내면화하고 폭넓은 순응성을 경험"(18쪽)하면서 얻는 즐거움이라는 점에서 미국 사회의 규율 권력이 게이머들을 사로잡는 방식이라 할 수 있다. 페인은 밀리터리 FPS 게임을 사례로 하여 미국 사회에서 규율 권력이 어떻게 작동하는지, 게이머들이 규율 권력에 어떻게 사로잡히는지를 밝혀내고자 하며, 이 점에서 《전쟁 게임》은 문화적 생산품에 대한 연구를 통해 그 생산을 가능하게 한 사회적, 문화적 조건들을 드러내고 이를 비판하는 '이데올로기 비판' 작업이라고 볼 수 있다. 페인의 연구 목표는 6개 장에서 다음과 같은 보다 구체적인 연구를 통해 수행된다.

1장에서 페인은 이 연구에서 채택할 연구 방법론 및 분석에 쓰일 핵심 개념들을 소개하고, 그의 구체적인 연구 대상이 무엇인지 개괄한다. 페인에 따르면, 밀리터리 FPS 게임이 헤게모니적 즐거움을 생산해내는 방식을 이해하기 위해서는 게임 그 자체(텍스트)에 대한 연구만이 아니라 게이머가 게임에 접근하는 틀을 제공하는 다양한 마케팅 요소들(파라텍스트)과 게이머들이 해당 게임을 플레이하면서 어떻게 사회적 관계를 형성하는가(컨텍스트)에 대한 연구 또한 이루어져야 한다. 이에 따라 나머지 5개 장은 게임 텍스트를 분석하는 장과 게임 마케팅을 분석하는 장, 그리고 게이머 공동체를 분석하는 장으로 구성된다. 이렇게 연구 대상을 폭 넓게 설정하는 것은 게임 플레이 경험이 다층적으로 결정된다는 사실을 생각하면 자연스러운 선택이라 할 수 있다. 영화나 소설과 구분되는 게임의 한 가지 중요한 특징은, 활발한 게이머 공동

4
15쪽에서 페인은 이런 작업과 거리를 두고 있다.

체의 존재가 게임의 흥행에 직접적인 영향을 미친다는 사실이기 때문이다.

그러나 연구 대상의 확장은 자연스럽게 '이 상이한 연구 대상들을 하나의 연구 틀 안에 포괄해 내는 것이 가능한가'라는 질문을 불러일으킨다. 게임 그 자체, 게임 마케팅, 게이머들의 공동체 형성 행위에 대한 연구 각각은 게임이 어떻게 헤게모니적 즐거움을 생산해 내는지를 이해하는 데 과연 도움이 될 것인가? 페인은 이 다양한 연구를 통합하는 분석적 개념으로 '모달리티modality'를 도입한다. 모달리티란 문화연구가 언어학에서 차용한 개념이다. 이는 화자가 자신이 주장하는 명제가 현실을 얼마나 정확히 반영하는지 판단하는 정도를 가리키는 동시에, 청자들이 화자의 판단은 얼마나 정확한가를 판단하는 정도를 가리킨다. 실제 전쟁을 모방해 제작된다는 점에서, 모든 밀리터리 FPS 게임은 자신이 얼마나 현실적인가에 대한 주장을 간접적으로 담고 있다고 볼 수 있다. 게이머들이 이를 소비할 때 취하는 태도 중 하나는 이 현실성 주장의 타당성에 대한 평가이다. 우리는 모달리티를 사용해 밀리터리 FPS 게임들이 테러와의 전쟁이라는 현실을 어떻게 이해하고 재현하는지, 게임 마케팅은 어떻게 게임이 재현하는 전쟁을 게이머가 현실과의 관계 속에서 이해하도록 하는지, 마지막으로 게이머들은 게임을 플레이하며 게임 속 전쟁과 현실의 관계를 어떻게 파악하는지를 분석할 수 있다.

이처럼 모달리티라는 단일한 개념을 사용해 게임 그 자체, 게임 마케팅, 게이머들의 사회적 행위라는 다양한 연구 대상을 분석할 수 있으며, 이를 통해 밀리터리 FPS 게임이 어떻게 게이머들에게 헤게모니적 즐거움을 주는가를 해명할 수 있다는 것이 1장의 핵심적인 이론적 주장이다.

2장부터 4장은 밀리터리 FPS 게임이 테러와의 전쟁을 재현하는 상이한 세 가지 방향을 대표하는 다양한 게임을 분석한다. 2장은 공전의 흥행을 기록한 밀리터리 FPS 게임인 〈콜 오브 듀티: 모던 워페어*Call of Duty: Modern Warfare*〉 시리즈(2007-2011)[5]를 통해 테러와의 전쟁 과정에서 미국인에게 어떠한 정치적 정체성이 형성되었는지를 검토한다. 3장

5 이하 〈모던 워페어〉 시리즈.

은 〈콜 오브 듀티〉 시리즈보다 덜 대중적이며 밀리터리 FPS 게임의 '현실성'에 보다 큰 흥미를 느끼는 게이머들을 타깃으로 하는 〈톰 클랜시의 레인보우 식스: 베가스*Tom Clancy's Rainbow Six: Vegas*〉(2006)와 〈톰 클랜시의 고스트 리콘: 어드밴스드 워파이터 2*Tom Clancy's Ghost Recon Advanced Warfighter 2*〉(2007)를 분석한다. 이 게임들은 미국의 군사적 패권주의에 대한 보다 노골적인 프로파간다로 이해할 수 있다. 마지막으로 4장은 대규모 예산이 투입된 〈콜 오브 듀티: 블랙 옵스 2*Call of Duty: Black Ops 2*〉(2012)와 〈스펙 옵스: 더 라인*Spec Ops: The Line*〉(2012) 같은 상업적 게임들이 미국의 패권주의를 옹호하는 프로파간다로 전락하지 않기 위해 어떤 전략을 취하는지를 살펴 본다.[6]

먼저 페인이 분석하는 게임들 중 가장 큰 대중적 성공을 거둔 〈모던 워페어〉 시리즈에 대한 논의부터 살펴 보자.[7] 〈모던 워페어〉 시리즈는 밀리터리 FPS 게임이 어떻게 9.11 이후 미국인들의 정치적 정체성의 핵심이 된 "희생적 시민성sacrificial citizenship"을 정당화할 수 있는지를 잘 보여준다. 9.11 이후 미국인들은 언제 어디서든 벌어질 수 있는 테러에 맞서기 위해 필요하다면 개인적 희생을 감수해서라도 국가를 위해 싸우는 병사가 되어야 한다는 정체성을 부여받았으며, 〈콜 오브 듀티 4: 모던 워페어〉는 미국 시민들이 이런 정체성을 의구심 없이 수용하게끔 하는 장치로 가득 차 있다는 것이 페인의 주장이다.

페인이 주목하는 〈모던 워페어〉 시리즈의 특징 중 하나는 게이머가 다양한 입장에서 테러를 경험하게끔 한다는 것이다. 예컨대 〈모던 워페어 4〉의 첫 레벨에서 게이머는 테러의 희생양이 되는 무력한 민간인의 시점으로 테러를 경험하며, 그 후 게임의 여러 레벨에서 테러로 인해 발발한 정규군 간 전면전에 참여하는 병사, 국제 테러 조직에 침투한 스파이, 그리고 테러 음모를 저지하는 엘리트 병사의 시점에서 테러와

6
편의를 위해 이하 이 게임들은 〈모던 워페어〉 시리즈, 〈레인보우 식스: 베가스〉, 〈어드밴스드 워파이터 2〉, 〈블랙 옵스 2〉, 〈스펙 옵스〉로 지칭한다.

7
2003년에 2차 세계 대전을 소재로 시작된 〈콜 오브 듀티〉 시리즈는 게임 역사상 세 번째로 많이 팔린 시리즈이며, 이 시리즈의 네 번째 작품이자 시리즈 최초로 2차 세계 대전이 아닌 현대전을 소재로 한 〈모던 워페어〉 시리즈는 〈콜 오브 듀티〉 시리즈 중에서도 압도적인 상업적 성공을 거두었다.

그 여파를 경험하게 된다. 〈모던 워페어 4〉는 이처럼 '게이머의 시점을 끊임없이 바꾸는 모달리티interpersonal modality'를 통해 테러의 현실(이라고 제작자들이 믿는 것)을 게이머들에게 각인시키는 동시에, 이런 테러를 막기 위해 자신을 희생할 준비가 된 시민 또는 군인이 필요함을 역설한다.

이 점에서 〈모던 워페어〉 시리즈는 9.11 이후 미국 정부가 필요로 하는 이데올로기적 정당화 작업을 수행한다고 할 수 있다. 이런 작업이 필요한 이유는 테러와의 전쟁이 지닌 도덕적, 군사적 정당성이 2차 대전만큼 명백하지 않기 때문이다. 미국인들은 테러와의 전쟁이 정당하다고 확신하지 못하며, 이는 용맹하고 정의로운 전사라는 미국인의 정체성에 혼란을 일으켜 이들을 불안케 한다. 한편 게이머들은 테러와의 전쟁을 소재로 한 게임을 플레이하며 헤게모니적 즐거움을 얻기 위해서, 테러와의 전쟁이 정당하며 따라서 게임 속에서 적들을 학살하고 다니는 것에 아무런 문제가 없다고 믿을 필요가 있다. 〈모던 워페어〉 시리즈의 플레이어는 테러와의 전쟁에 시민들이 헌신적으로 참여하지 않을 경우 생길 수 있는 다양한 문제들을 게임 속에서 '체험'함으로써 테러와의 전쟁이 지닌 정당성과 필요성에 대한 확신을 얻고, 헤게모니적 즐거움에 몰두할 수 있다. 이런 점에서 미국 정부의 정치적 이해와 〈모던 워페어〉 시리즈 제작사의 상업적 이해는 일치한다.

이처럼 게이머가 게임 속에서 어떤 사건을 직접 '체험'해 볼 수 있다는 것은 영화가 아닌 게임이 테러와의 전쟁을 소재로 한 엔터테인먼트 매체로서 더 적합한 이유를 설명해 준다. 미국이 아프가니스탄과 이라크를 침공하며 개시한 테러와의 전쟁은 시작부터 그 정당성에 대한 분분한 논쟁을 낳았으며, 20년이 지난 지금 돌이켜 보면 이 전쟁의 부당성은 더욱 명백하다. 따라서 테러와의 전쟁을 정당화하기 위해서는 〈라이언 일병 구하기〉처럼 전쟁의 스펙터클과 그 속에서 피어나는 가족애와 전우애를 관객들에게 보여주는 것만으로는 부족하다는 것이 페인의 주장이다. 게임은 게이머가 게임 속 세계에서 행위할 수 있도록 한다는 점에서 참여적 성격을 띠며, 〈모던 워페어〉 시리즈에서 게이머는 테러의 희생양부터 테러를 막는 영웅의 역할 모두에 참여해 봄으로써 테러와의 전쟁이 정당하며 희생적 시민성이 필요하다는 주장에 보다 쉽게 설득된다. 페인이 명시적으로 제기하는 주장은 아니지만, 그는 이런 분석을 통해 〈모던 워페어〉 시리즈가 상업적으로 성공한 원인 중 하나가 이런 프로파간다 기능의 수행에 있음을 지적한다고 할 수 있다.

3장에서 다루는 〈레인보우 식스: 베가스〉, 〈어드밴스드 워파이터 2〉는 원제가 인기 있는 테크노 스릴러[8] 소설가 톰 클랜시Tom Clancy의 이름을 따온 데서 알 수 있듯, 보다 전략적이고 군사적 '현실감'을 주는 게임 경험을 원하는 게이머를 타깃으로 한다. 더욱 전략적인 플레이를 요구하는 이 게임들에서 플레이어는 미국의 우월한 기술력과 병사 개개인의 뛰어난 능력을 활용해 고도로 정밀한 작전을 성공시켜야 한다. 이는 미국의 우월한 국방 기술력을 선전하는 역할을 한다. 하지만 이 게임들은 단순히 미국의 기술적, 군사적 우위를 찬양함으로써 테러와의 전쟁으로 인해 불안에 시달리는 미국인들에게 도피적 쾌락만을 제공하는 것은 아니다. 게임의 무대를 라스베이거스(〈레인보우 식스: 베가스〉)와 미국-멕시코 국경 지대(〈어드밴스드 워파이터 2〉)로 설정하고, 고도로 훈련된 테러리스트들이 미국을 공격하는 상황을 그려냄으로써 이 게임들은 미국이 그 우월한 군사적 능력을 선제적으로 사용해 미국인에게 일어날 수 있는 어떤 위협도 사전에 차단할 필요가 있다는 메시지를 전달한다. 이러한 선제 타격론이 수반하는 모든 도덕적 우려는, 미국은 첨단 기술과 우수한 병사를 활용해 무고한 시민에게는 아무런 피해도 입히지 않고 오직 테러리스트만을 정밀하게 제거해 낼 수 있다는 이 게임의 전제에 의해 불식된다.

톰 클랜시 브랜드의 밀리터리 FPS 게임들이 이처럼 미국의 군사력 사용을 맹목적으로 찬양함으로써 미국 매파의 이데올로기에 복무하는 역할을 한다면, 4장에서 다루는 게임들은 이런 태도에 대해 밀리터리 FPS 게임이 비판적 태도를 취할 수 있는 가능성을 탐구한다. 예컨대 3장에서 군용 드론은 미국의 최첨단 군사 기술의 상징으로서 정밀한 군사 작전을 가능하게 하는 도구로 그려진다. 그러나 4장에서 분석되는 게임들에서 드론은 미국의 든든한 방패가 아니라 지금껏 존재하지 않았던 새로운 안보 위험과 윤리적 난점을 제기하는 문제적 기술이다. 〈블랙 옵스 2〉는, 제작과 사용이 간단한 드론은 막대한 예산을 갖춘 미

8 첨단 기술을 둘러싼 첩보전을 소재로 하는 밀리터리 소설의 하위 장르. 톰 클랜시는 이 분야에서 상업적으로 아주 성공한 작가로 꼽히며, 그의 작품은 많은 영화와 게임의 소재로 사용되고 있다.

국뿐 아니라 테러리스트들도 얼마든지 사용할 수 있으므로 우리가 드론을 필두로 한 군사 기술 발달을 경계해야 함을 보여준다.

한편 메이저 밀리터리 FPS 게임이면서도 전쟁을 비판하는 성격이 짙은 〈스펙 옵스〉의 경우, 원격 통신 기술로 전장을 조망해 아군과 민간인에게 피해를 입히지 않고 정교하게 전쟁을 수행하는 일이 환상에 지나지 않을 수 있다는 의문을 적극적으로 제기한다. 드론 및 첨단 감시 기술은 전장의 한 단면만을 포착할 수 있을 뿐이며, 첨단 감시 기술이 누락한 정보는 현대 무기의 막강한 살상 능력과 합쳐져 끔찍한 비극을 초래할 수 있다. 즉, 전장에서 병사를 제거하고 그들이 스스로 도덕적, 군사적 판단에 기초해 작전을 수행할 수 없게 만듦으로써, 첨단 감시 기술은 새로운 종류의 군사적 파국을 낳을 단초가 된다. 이처럼 〈스펙 옵스〉는 미국의 주류 군사 이데올로기를 비판하고 있는데, 공교롭게도 이 게임은 상업적으로 큰 실패를 맛보았다. 역시 페인이 직접 제기하는 주장은 아니지만, 맥락상 그는 이 게임의 실패 요인 중 하나로 이 게임이 게이머들에게 도피적 즐거움을 허용하지 않는다는 사실을 꼽는 듯하다.

마지막으로 페인이 게임 외적 요소인 마케팅과 게이머 커뮤니티를 어떻게 분석하는지 간략히 정리해 보자. 위에서 몇 번 언급했듯이 테러와의 전쟁은 미국인에게 불안감을 불러일으키는 소재다. 그러므로 상업적 성공을 거두고 싶은 문화 상품은 이런 불안감을 굳이 자극할 유인이 없다. 그런가 하면, 미국인들이 테러와의 전쟁으로 인해 정체성의 혼란을 겪고 있다는 사실은 상업적 성공을 추구하는 게임 제작자에게는 기회이기도 하다. 미국인들이 정체성의 혼란을 극복하고, 다시금 용맹하고 정의로운 전사라는 정체성을 획득하도록 돕는 문화 상품을 제작할 유인이 되기 때문이다.

밀리터리 FPS 게임에 대한 마케팅을 분석하는 5장은 이 마케팅의 가장 중요한 목표가 테러의 트라우마를 일깨우지 않으면서도 테러와의 전쟁은 정당하고 우리는 이에 참여할 의무가 있다는 미국인의 무의식을 자극하는 데 있었음을 보여준다. 예컨대 지하철역에서 갑작스럽게 시작되는 장난감 총 싸움을 소재로 한 게임 광고는 유럽에서는 방영되었지만 미국에서는 방영되지 않았다. 이는 테러와의 전쟁을 소재로 한 게임을 제작하면서도 정작 테러에 대한 미국인의 공포를 자극하는 일은 꺼리는 게임 제작사의 의도를 보여준다. 그러나 이는 미국인들이 밀리터리 FPS 게임으로부터 얻어내는 즐거움이 어디까지나 도피적인 것임을 시사하기도 한다. 테러리스트들을 선제적으로 타격하며, 세계 어디에서나 마음껏 우월한 무력을 행사하고 싶어하는 미국인들은 이러한 군사적 지배력 행사가 테러를 불러들이는 요인이 될 수 있다는 사실을 마주하려 하지 않는다.

마지막으로 6장은 미국의 PC방 체인 '래노폴리스LANopolis'에서 〈모던 워페어〉를 플레이하는 게이머들에 대한 페인의 참여 관찰 연구를 소개한다. 그는 약 한 달 동안 이곳의 게이머들과 같이 비디오 게임을 플레이하며 이 게이머 공동체에서 문화적, 상징적 자본의 역할을 하는 것이 무엇인지, 그리고 게이머들이 비디오 게임의 '현실성'을 어떻게 인지하는지를 관찰했다. 그가 확인할 수 있었던 것은 게이머 공동체 내에서 동료 게이머들의 인정을 받기 위해 따라야 하는 규칙과 지식이 존재한다는 것(어떤 무기의 사용이 금지되는지, 협동 플레이에서 승리하기 위해 해야 하는 역할들을 잘 이해하고 있는지), 그리고 게이머들이 스스로를 밀리터리 FPS 게임이 그려내는 테러와의 전쟁과 실제 테러와의 전쟁을 구분할 수 있는 비판적 수용자로 인식하고 있다는 사실이었다.

평가: 방법론적 혼란과 개념의 오남용

과연 페인은 6장에 걸친 연구를 통해 그가 서문에서 제시한 연구의 핵심 목표를 달성하는 데 성공했다고 할 수 있을까? 나는 그렇지 않다고 생각한다. 그의 연구 결과를 요약하는 데 이처럼 많은 페이지를 써야 했지만 6장을 요약하는 데는 아주 짧은 한 문단이면 충분했다는 사실은 그의 연구가 품은 문제를 간접적으로 드러낸다. 2장과 4장에 걸쳐 이루어진 게임 분석은 상당히 재미있으며, 게임 제작자의 의도를 해석한 작업으로서 나름의 설득력이 있다. 테러와의 전쟁이 내포한 도덕적, 군사적 모호성은 미국인에게 정체성 혼란과 불안을 야기했고, 테러와의 전쟁을 소재로 한 밀리터리 FPS 게임은 이러한 불안을 해소함으로써 게이머에게 헤게모니적 즐거움을 준다. 이것이 페인의 핵심 주장이다. 특히 2장에서 이루어진 〈콜 오브 듀티 4: 모던 워페어〉에 대한 텍스트 분석은 이 게임에 이런 역할을 할 수 있는 요소들이 들어 있음을 설득력 있게 제시한다. 그러나 페인은 이런 분석에서 얻은 통찰을, 커뮤니티에서 이루어지는 게이머들의 상호 작용을 분석하는 데 전혀 사용하지 않는다.

가령 페인은 이런 질문을 던져 밀리터리 FPS 게임의 다양한 장치가 게이머들에게 어떤 영향을 미치는지를 살펴볼 수 있었을 것이다. '게이머들은 래노폴리스에서 게임을 하며 자신을 미래의 군인으로 상상하는가?' '래노폴리스의 게이머들은 테러와의 전쟁에서 미국이 하는 역할을 긍정적으로 바라보고 있는가?' '그들은 소수 엘리트 군인의 초법적 군사 활동으로 인해 세계 평화가 달성될 수 있다고 믿는가?' 역설적으로 페인의 참여 관찰 연구는 그가 게임 내적 분석으로 제기한 주장을 반증하는 사례처럼 보인다. 게이머들은 스스로를 게임과 현실을 구분할 줄 아는 비판적 수용자로 인식하고 있기 때문이다. 게이머들의 자기 보고를 온전히 신뢰할 수는 없지만, 이런 자기 보고는 과연 밀리터리 FPS 게임들이 페인의 생각처럼 게이머들의 정체성 형성에 큰 영향력을 행사하고 있는 것인지 의구심을 주기에 충분하다.

페인의 연구에서는 이처럼 게임 내적 요소에 대한 분석과 게임 외적 요소인 게이머들의 자기 이해 및 행위 양식에 대한 분석이 괴리된다. 이러한 한계는 게임 연구 전통 내에 존재하는 상이한 두 연구 방식 사이의 보다 근본적인 갈등을 반영하는 듯하다. 초창기 게임 연구는 게임에 전통적인 서사 분석의 기법을 적용하는 '내러톨로지narratology'와, 게임을 기존의 서사 중심 매체와는 전혀 다른 종류의 매체로 다루는 '루돌로지ludology'로 구분할 수 있다.[9] 예컨대 〈테트리스〉를 삶의 여유를 전혀 누릴 수 없는 공업화된 현대 사회에 대한 논평으로 읽는 것[10]이 전통적인 서사 분석 기법을 게임에 적용하는 내러톨로지에 해당한다면, 테트리스의 규칙은 무엇인지, 게이머의 행위에 영향을 미치는 테트리스 플레이의 목적은 무엇인지를 살피는 연구는 게임을 새로운 분석 방법을 요구하는 새로운 매체로 다루는 루돌로지에 해당한다.

페인은 자신의 연구가 게임 연구에 존재하는 이런 서로 다른 경향의 불완전한 혼합물이 될 위험이 있음을 인식하고 있다. 예컨대 매슈 페인은 "우리는 '텍스트 내의' 의미 또는 비디오 게임 그 자체라는 대상

9

C. Thi Nguyen, "Philosophy of Games," *Philosophy Compass* 12 no. 8 (2017): 4.

10

Janet H. Murray, *Hamlet on the Holodeck: The Future of Narrative in Cyberspace* (Simon and Schuster, 1997).

에서 의미를 찾기보다는 공적으로 관찰 가능한 행위들을 분석해야 한다"(12쪽)는 일부 학자의 주장에 타당한 측면이 있음을 인정한다. 그러나 게임이 전파하는 이데올로기, 헤게모니적 즐거움, 서사 등에 대한 분석은 게이머들의 행위에 대한 관찰을 통해 얻을 수 없으므로 서사 분석 기법을 버릴 수는 없다. 게임 플레이 경험은 다양한 사회적 요소와 게임이 상호 작용한 결과물이기 때문에, 전통적인 서사 분석 기법을 사용해 게임의 의미를 이해하는 작업은 게임 연구의 중요한 구성 요소여야만 한다는 것이 그의 입장이다.

페인의 주장에는 원칙적으로 아무런 문제도 없어 보인다. 현대의 게임 연구 역시 루돌로지냐 내러톨로지냐 하는 단순한 대립 구도를 넘어 보다 복잡한 연구 틀을 받아들이는 방향으로 발전해 왔다.[11] 문제는 그가 서사 분석 기법과 게이머들의 행위를 관찰한 연구를 종합해 밀리터리 FPS 게임이 어떻게 헤게모니적 즐거움을 생산해 내는지 분석하는 데 실패했다는 것이다.

이 책에서 연구 목적과 방법론이 조화를 이루지 못한 사례는 루돌로지의 접근법과 내러톨로지의 접근법을 종합하는 데 실패한 것뿐만이 아니다. 페인이 〈모던 워페어〉 시리즈를 연구의 중심 사례로 삼은 이유는, 테러와의 전쟁이라는 새로운 정치경제 질서를 정당화하는 데 게임이 전통적 매체인 영상물보다 더 적합한 매체임을 이 게임의 상업적 대성공이 시사하기 때문이다. 테러와의 전쟁을 정당화하는 영화 가운데 〈라이언 일병 구하기〉와 같이 상업적 성공을 거둔 작품이 존재했다면 〈모던 워페어〉 시리즈를 중심 사례로 삼을 이유도, 밀리터리 FPS 게임이라는 장르를 통해 9.11 이후의 미국 사회를 이해할 이유도 없다. 그러나 상업적 성공이 장르의 속성과 관계가 있다는 전제는 페인의 연구 어디에서도 정당화되지 않는다.

〈모던 워페어〉 시리즈에 테러와의 전쟁으로 인한 미국인의 정체성 혼란과 불안을 해소할 수 있는 장치들이 심어져 있다는 그의 주장에는 설득력이 있다. 이 주장은 근본적으로 게임 디자이너가 게임을 제작하고, 게임을 통해 전쟁을 재현함으로써 게이머들에게 어떤 메시지를 전달하고자 의도했는지를 추론한 데 기반한다.[12] 이런 종류의 추론은 경험

11
Nguyen, "Philosophy of Games," 4.

적으로 검증할 수 없지만, 그렇다고 해서 아무런 설득력도 없는 것은 아니다. 에어컨으로 냉방을 하는 곳에서 우리는 "방이 너무 춥지 않아?"라는 말을 방의 온도를 어떻게 생각하느냐를 묻는 질문이 아니라 냉방 세기를 낮춰 달라는 부탁으로 이해할 수 있다. 이처럼 화자의 의도에 대한 일종의 '마음 읽기'에 기반한, 경험적 검증이 불가능한 주장이라 해서 설득력이 없다고 할 수는 없다.

하지만 게임 제작자의 의도에 대한 추론에 기반을 둔 이런 주장으로 〈모던 워페어〉 시리즈가 성공한 원인을 설명하려면, 많은 게이머가 게임 디자이너의 의도를 포착해 낼 수 있으며 나아가 디자이너가 의도하는 바를 무비판적으로 수용한다는 추가적인 주장이 뒷받침되어야 한다. 게다가 설령 〈모던 워페어〉 시리즈가 실제로 미국인 게이머들의 정체성 혼란과 불안을 해소하는 기능을 했다는 주장을 확고하게 입증하더라도, 〈모던 워페어〉 시리즈가 이러한 기능으로 인해 상업적으로 성공했다는 주장을 정당화할 수 있는 것도 아니다. 한 문화 상품의 상업적 성공에 영향을 미치는 다양한 요인이 있을 수 있으므로, 다른 요인들과의 비교 검토를 통해 이데올로기적 기능이 어느 정도의 영향력을 행사했는가를 결정하는 작업이 이루어져야 한다. 〈모던 워페어〉 시리즈가 성공한 배경에 그 이데올로기적 정당화 기능이 있다는 전제가 정당화되지 않는 이상, 〈모던 워페어〉 시리즈를 분석해 9.11 이후 미국 사회를 이해하겠다는 시도 또한 정당화되지 않는다. 게임 제작 및 마케팅에 참여한 사람들의 의도를 이해하여 간접적으로 미국 사회를 이해하는 것은 가능하겠지만 말이다.

결과적으로 나는 페인이 자신의 연구 목적을 달성하는 데에 실패했으며, 그 과정에서 여러 방법론적 오류를 범했다고 본다. 글을 마무리하기 전에 그의 연구 전체를 관통하는 문제를 한 가지 더 지적하고자 한다. 1장에서 페인은 자신의 연구 방법론과 이 연구 방법론을 실행에 옮기기 위한 분석 도구로서 '모달리티'라는 개념을 소개한 바 있다. 이 책에서 '모달리티'는 페인이 이미 인식하고 있는 연구 방법론의 어려움을

12
문장을 포함한 문화 생산품의 의미를 해석하는 작업을 화자 및 제작자의 의도를 파악하는 작업으로 이해하는 것은 영국의 철학자 그라이스Herbert Paul Grice의 비자연적 의미에 대한 이론을 따른 것이다. Herbert Paul Grice, "Utterer's Meaning and Intentions," *The Philosophical Review* 78 no. 2 (1969): 147-177.

극복하기 위한 도구로 쓰인다. 이 점에서 그가 방법론적 오류를 범한 이유는, '모달리티' 개념이 적합한 도구가 아니었거나 그가 이 개념을 제대로 사용하는 데 실패했기 때문일 것이다. 나의 입장은 둘 모두라는 것이다.

저자는 '모달리티'가 정확히 무엇을 의미하는지 어떠한 정의도 내리지 않은 채 굉장히 다양한 맥락에서 이 개념을 사용하고 있어서, 용례로부터 개념의 의미를 추측해 내기가 거의 불가능하다. 예컨대 모달리티는 게이머의 "협상" 대상이 될 수 있는 것이자(34쪽), "서사 전달이 이루어지는 양식"이자(46쪽), "경험"이자(46쪽), "주장"이며(52쪽), 사람들의 불안감과 "공명"할 수 있는 것이고(67쪽), "판매"될 수 있는 것이다.(145쪽) 이 가운데 가장 도움이 되는 서술은 '모달리티'가 "어떠한 행위에 대해 사람들이 취하는 특정한 태도 및 현실이라고 여겨지는 것과의 관계 속에서 그 행위가 어떻게 위치지어지는지를 이해하는 데" 도움이 되는 개념이라는 것(46쪽), 그리고 이것이 언어학에서 유래한 개념이라는 것이다.

과연 언어학에서 '모달리티'가 어떤 의미로 쓰이기에 이 책 안에서 이처럼 다양하게 사용될 수 있는 것일까? 현대 언어학에서 '양태modality' 개념은 '~인 것 같다', '~임에 틀림없다', '~것 아냐?' 등과 같은 표지를 통해 드러나는 화자의 주관적 확신의 정도를 가리키기 위해 쓰인다. 이런 표현들은 한 명제를 표현하는 문장과 결합해 화자가 그 명제가 얼마나 사실에 부합한다고 생각하는지를 나타낸다. 예컨대 '~인 것 같다'와 '~임에 틀림없다'는 '비가 온다'라는 문장과 결합해 '비가 오는 것 같다'와 '비가 오고 있음에 틀림없다'라는 문장이 된다. 이 두 문장의 의미 차이는, 전자보다 후자의 문장에서 화자가 '비가 온다'라는 명제가 사실일 가능성이 더 높다고 믿고 있다는 것이다. 이처럼 페인이 사용하는 '모달리티'라는 개념은 일차적으로 화자의 믿음을 표현하기 위한 언어적 장치이다.

이와 같은 언어학 개념을 문화적 생산품에 적용할 경우, '모달리티'는 예컨대 영화나 게임의 제작자가 자신이 작품 속에서 재현하는 세계가 얼마나 현실 세계에 가깝다고 생각하는지를 가리키는 개념으로 쓰일 수 있다. 언어에서 '~일 것이다'나 '~임에 틀림없다' 같은 표현이 양태의 표지가 된다면, 게임이나 영화에서는 용이나 마법 같은 환상적 요소가 '모달리티'의 표지가 될 수 있을 것이다. 같은 가상의 세계를 다룬 작품이어도 용이나 마법이 등장하는 작품의 '모달리티'는 자동차와 총이 등장하는 작품의 '모달리티', 즉, 제작자가 자신이 재현해 낸 세계가 현실 세계를 정확히 반영한다고 생각하는 정도가 다를 것이기 때문이다. 이처럼 '모달리티'를 제작자가 판단하기에 작품이 얼마나 사실적인지를 가리키는 개념으로 확장한다면, 엔터테인먼트 매체 일반을 이해하기 위한 개념적 도구로 사용하기에도 큰 무리는 없어 보인다.

그런데 페인의 연구에서 '모달리티'는 수용자의 태도와 관련된 개념으로도 사용된다. 예컨대 그가 '모달리티'를 서사 전달이 이루어지는 양식으로 이해할 때, 언어학에서 사용되는 양태 개념에 비추어 그가 말하고자 하는 바를 이해하기는 쉽다. 그런데 그가 이 개념을 게이머들이 수행하는 게임 플레이 경험과 관련해 사용할 때는 무엇을 말하고자 하는지 파악하기 어렵다. 추측컨대 그는 이 개념을 통해 게임에 재현된 전쟁이 얼마나 현실에 가까운지에 대한 게이머의 판단을 가리키고자 하는 것 같다.

'모달리티'는 문장이나 문화 생산품을 통해 표현되는 것이다. 이 개념을 청자나 수용자에게 확장 적용하는 것이 가능할지도 모른다. 그러나 이러한 확장을 위해서는 청자나 수용자의 '모달리티'를 나타내는 표지가 무엇인지 정의해야 한다. 예컨대 게이머들이 자신들이 플레이하는 전쟁 게임이 어느 정도로 현실을 반영한다고 느끼는지, 이와 같은 게임을 플레이함으로써 자신들이 일종의 준군사 훈련을 받고 있다고 생각하는지 등을 심층 인터뷰를 통해 밝혀낼 수 있다면, 이를 화자나 제작자의 '모달리티'와는 다른 종류의 '모달리티'로 정의하고 밀리터리 FPS 게임 분석에 활용할 수 있을 것이다. 그러나 저자는 이러한 노력 없이 '모달리티' 개념을 사용하고 있으며, 이는 결국 이 개념이 그의 의도와는 달리 다양한 연구 대상을 통일시키기보다는 오히려 그의 연구에 대한 포괄적 이해를 거의 불가능하게 만드는 결과로 이어진다. 예컨대 게이머 공동체 내 게이머들의 행위를 분석하는 6장에서 '모달리티'는 게임의 규칙에 대한 이해를 가리키기 위해 사용될 정도로 본래의 의미를 잃고 형해화된다.

나오며

페인의 《전쟁 게임》은 2016년에 출간되었다. 학술 연구로서는, 특히 인문학 연구로서는 결코 오래된 연구라 할 수 없다. 하지만 《전쟁 게임》

은 마치 골동품에 대한 연구처럼 읽힌다. 이 게임의 두 가지 연구 대상인 게임 산업과 미국의 정치경제적 질서에 2016년 이후 아주 큰 변화가 일어났기 때문일 것이다. 우선 밀리터리 FPS 게임은 지금도 여전히 미국에서 가장 인기 있는 게임 장르 중 하나지만, 정작 지금 미국에서 가장 인기 있는 게임은 〈포트나이트*Fortnite*〉(2017)와 〈마인크래프트*Minecraft*〉(2011)다. 둘 모두 '현실감 있게' 전쟁을 체험하게 해주는 게임과는 거리가 멀고, 가벼운 마음으로 부담 없이 즐기도록 설계되었다. 이는 스마트폰 등의 보급으로 인해 게이머 인구가 폭발적으로 증가했으며, 게임이 보다 대중적인 문화 상품이 되었다는 사실을 반영하는 것이다. 과거에 비해 남성이 아닌 게이머의 비율이 크게 증가했으며, 전쟁과 전투를 소재로 삼지 않는 게임 역시 많이 개발되고 있다. 이처럼 미국에서 게임은 전사 정체성만이 아니라 다른 많은 정체성을 표현하고 체험할 수 있는 매체로 진화하고 있다.

한편 현실 정치에서는, 미국 대외 정책의 중심이 중동에서 동아시아로 이동함에 따라 테러와의 전쟁이 실질적인 결말을 맞이했다. 2021년 미군의 아프가니스탄 철수와 탈레반의 재집권이 이를 상징적으로 보여주는 사건이겠지만, 2011년 오사마 빈 라덴Osama bin Laden이 사살된 이후 미국인의 마음속에서 테러와의 전쟁은 희미해지기 시작했으다. 결정적으로 2018년 트럼프 정부가 중국산 수입품에 관세를 부과하며 시작된 미국과 중국 간 패권 경쟁은 테러와의 전쟁을 아득히 오랜 과거의 일로 기억되게 만들었다. 미국은 중국과의 패권 경쟁을 전체주의 체제 대 자유 민주주의 체제의 대결이라는 유구한 전통을 가진 틀로 정당화하려고 하며, 이것이 미국인들에게 아주 익숙한 정체성 형성의 바탕이 될 수 있다는 사실에는 의문의 여지가 없다.

이러한 두 가지 변화는 테러와의 전쟁을 소재로 한 밀리터리 FPS 게임을 다루는 페인의 연구가 안타깝게도 시대에 뒤처진 연구라는 인상을 만들어 낸다. 물론 학술 연구는 현실의 변화를 실시간으로 따라잡지 못하며, 지금 우리가 직면한 현실을 얼마나 잘 설명할 수 있느냐에 따라 그 가치가 결정되는 것이 아니므로 세상이 변했다는 사실만으로 페인의 연구가 지닌 가치가 깎이는 것은 아니다. 페인의 연구는 테러와의 전쟁 기간 내 미국 사회와 문화에 대한 연구로서 의의를 지니며, 이 연구가 출간된 이후 일어난 세상의 변화는 연구에 추가적인 가치를 부여할 수는 있을지언정 그 가치를 줄이지는 못할 것이다. 예컨대 우리는 페인의 연구를 바탕으로 새로운 정세 속에서 어떤 새로운 문화적 현상을 목격하게 될지 예측해 볼 수 있다.

페인에 따르면 테러와의 전쟁은 정의의 편에서 용맹하게 싸우는 전사라는 미국인의 정체성을 교란하는 것이었으며, 〈모던 워페어〉 시리즈는 미국인이 정체성 상실로 인한 불안감을 극복하고 다시금 전사로서 헤게모니적 즐거움을 누리도록 돕는 장치들로 채워져 있다. 이런 분석이 타당하다면, 2020년대의 엔터테인먼트 매체들은 〈모던 워페어〉 시리즈가 대표했던 테러와의 전쟁 시기 엔터테인먼트 매체들과는 다른 특징, 중국과의 패권 경쟁이라는 상황을 통해 설명될 수 있는 특징을 보일 것이다. 예컨대 페인이 주장하듯 테러와의 전쟁에 적합한 엔터테인먼트 매체가 영화가 아닌 게임이 된 이유가 이 전쟁에 도덕적, 군사적 정당성이 부족했기 때문이라면, 미중 패권 경쟁을 소재로 하기에 더 적합한 엔터테인먼트 매체는 무엇일까? 영화 〈전랑战狼 2〉(2017)나 〈장진호长津湖〉(2021)가 중국에서 기록적인 흥행을 했다는 사실[13]은 두 국가 사이의 국가주의적 패권 경쟁을 다루는 데에는 영화가 게임보다 더 적합한 매체임을 보여주는 것일까? 미국에서도 미중 패권 경쟁이나 우크라이나-러시아 전쟁을 소재로 〈라이언 일병 구하기〉에 버금가는 상업적 성공을 거두는 전쟁 영화가 제작될 것인가?

한 시대의 문화를 결정하는 요인은 무수히 많기 때문에, 밀리터리 FPS 게임 및 테러와의 전쟁에 대한 페인의 설명이 앞으로 우리가 경험하게 될 것을 예측하는 데 도움이 될 가능성은 그리 높지 않아 보인다. 문화연구의 목표가 현상에 대한 설명과 이해뿐 아니라 미래에 대한 예측이나 가설 생산까지 포함하는지도 불분명하다. 그렇지만 어떤 연구가 되었든 미래를 예측하는 데 도움이 된다면, 그 사실이 그 연구에 가치를 더하면 더했지 떨어뜨리지는 않는다는 것은 자명한 사실일 것이다. 그러므로 페인의 연구에 담긴 통찰을 바탕으로 앞으로 우리가 목도할 문화의 변화상을 예측해 보는 일 또한 흥미로운 작업이 될 것이다.

이 서평에서 《전쟁 게임》의 여러 한계를 지적했지만, 나는 이 한계

---

13 다음 출처에 따르면 〈장진호〉는 약 58억 위안, 〈전랑 2〉는 약 57억 위안의 흥행 수입을 기록하며 역대 중국에서 개봉한 모든 영화들 중 흥행 수입 1, 2위를 차지했다. "内地总票房排名", 艺恩, 2023년 4월 3일 접속, https://www.endata.com.cn/BoxOffice/BO/History/Movie/Alltime-domestic.html.

가 단지 저자의 역량 부족에 기인한 것이라고 생각하지 않는다. 오히려 이 연구의 한계는 동시대 문화를 연구하는 작업의 어려움을 보여주는 것이 아닌가 한다. 우리에게는, 특히 한국인 독자에게는 21세기의 급박한 문화적 변동을 이해하는 데 필요한 자료가 아직 충분하지 않다. 하지만 문화적 변동이 보다 큰 사회적, 정치적 변동과 서로 영향을 주고 받으며 발생하는 것이라면, 오늘날은 우리 주위에서 벌어지는 문화적 변동에 깊은 관심을 두고 이를 이해하려는 노력이 그 어느 때보다도 필요한 시기일 것이다. 그 중요성에도 불구하고 학술적으로 충분히 논의되지 못한 매체인 비디오 게임에 대한 매슈 페인의 연구에 우리가 관심을 가져야 할 이유다. +

참고 문헌

Grice, Herbert Paul. "Utterer's Meaning and Intentions." *The Philosophical Review* 78 no. 2 (1969): 147-177.

Halliday, Michael and Christian Matthiessen. *Halliday's Introduction to Functional Grammar*. Routledge, 2013.

Murray, Janet H. *Hamlet on the Holodeck: The Future of Narrative in Cyberspace*. Simon and Schuster, 1997.

Nguyen, C. Thi. "Philosophy of Games." *Philosophy Compass* 12 no. 8 (2017): e1-e18.

"内地总票房排名". 艺恩. 2023년 4월 3일 접속. https://www.endata.com.cn/BoxOffice/BO/History/Movie/Alltimedomestic.html.

이덕균

미국 텍사스 주립대학교 오스틴 캠퍼스 박사 후보. 한국에서 독일 문학으로 학사를, 칸트 철학으로 석사 학위를 받았으나 분석철학에 더 큰 매력을 느껴 미국에서 철학을 공부하고 있다. 연구 관심사는 언어 철학, 행위 철학, 그리고 사회적인 것의 존재론이다. '집단적 언어 행위를 어떻게 이해해야 하는가'를 주제로 박사 논문을 쓰고 있다.

서명삼

이라크 전쟁 20주년을 맞아 돌아본 종교와 폭력의 관계

브루스 링컨, 《거룩한 테러: 9·11 이후 종교와 폭력에 관한 성찰》,
김윤성 옮김(돌베개, 2005)
Bruce Lincoln, *Holy Terrors: Thinking About Religion after September 11*
(University of Chicago Press, 2003)

거룩한 테러

9.11 이후 종교와 폭력에 관한 성찰

거룩한 테러

HOLY TERRORS

브루스 링컨 지음 / 김윤성 옮김

돌베개

9.11 사태와 그 여파

9.11 사태가 일어난 지 어느덧 20여 년의 세월이 흘렀다. 브루스 링컨의 《거룩한 테러: 9·11 이후 종교와 폭력에 관한 성찰》는 바로 이 사건을 계기로 쓰인 만큼, 기억을 되살리기 위해서라도 그동안 무슨 일이 있었는지 다시 짚어보자. 2001년 9월 11일 아침, 이슬람주의 무장 단체 알카에다 소속의 단원 19명은 민간 여객기 여러 대를 동시다발적으로 납치한 후 그 비행기들을 몰고 가 미국의 주요 건물과 시설을 들이받았다. 이로 인해 뉴욕 한복판에 위치한, 당시까지만 해도 미국 경제의 상징이나 다름없던 세계무역센터, 일명 쌍둥이 빌딩이 둘 다 폭삭 주저앉았고, 마찬가지로 버지니아주에 있는 미 국방성 본부 펜타곤 건물 역시 심각한 손상을 입었다. 그 결과 납치범 당사자, 비행기 승객, 건물 안에 있던 사람 그리고 소방관과 구조 요원을 포함해 거의 3천 명에 달하는 사람들이 현장에서 목숨을 잃었고, 그 외에도 수천 명이 부상을 입거나 직간접적인 피해를 당했다. 사건의 의외성이나 사상자의 규모로 볼 때 9.11은 실로 시대의 전환epoch-changing을 알리는 분수령적 사건이라 할 수 있다.

실제로 9.11 사태로 인해 세계 정세는 크게 요동치기 시작했다. 사건이 일어난 지 얼마 되지 않아 당시 조지 W. 부시George W. Bush 대통령은 일명 '테러와의 전쟁'을 선포함으로써 미국의 국가 안보 전략을 전면적으로 수정했다. 그때부터 미국은 군대나 경찰력 등 소위 '억압적 국가기구'를 제대로 갖춘 국가뿐만 아니라 알카에다처럼 초국적 네트워크를 기반으로 세계 도처에 흩어져 활동하는 무장 세력을 대상으로도 (심지어 때로는 개인의 인권과 타국의 주권을 무시하면서까지) 전쟁을 벌여나가게 되었다. 미국이 상시적인 '예외 상태state of exception'에 들어가면서 개인에 대한 감시와 통제는 대폭 강화되었다. 에드워드 스노든Edward Snowden이 폭로했듯이, 이제 컴퓨터나 핸드폰 그리고 인터넷에 연결된 가전 제품을 가진 사람들은 모두 부지불식간에 감청을 당할 수 있게 되었다. 더불어 전통적인 의미에서의 전쟁도 더 이상 의미 없는 것이 되고 말았다. "우리와 함께할 것인가, 테러범들과 함께할 것인가Either you are with us, or you are with the terrorists"라는 말로 부시는 자기 편에 붙지 않는 모두를 적으로 간주하겠노라고 공공연하게 으름장을 놓았다.[1] 실제로 9.11이 일어난 지 채 한 달도 안 된 2001년 10월 7일, 미국은 당시 알카에다 조직의 수뇌부가 숨어있던 곳으로 알려진 아프가니스탄을 침공해 당시 수니파 이슬람주의에 기반해 정권을 쥐고 있던 탈레반 세력을 축출해버렸다.

해가 바뀐 2002년 1월, 부시는 다시 유명한 (혹은 악명 높은) 연두年頭 국정 연설에서 소위 '대량 살상 무기'를 개발해 잠재적으로 미국과 그 우방국들에게 위협을 줄 수 있다는 이유로 북한, 이란 그리고 이라크 3개국을 '악의 축Axis of Evil'으로 호명했다.[2] 다시 말해 아프가니스탄뿐만 아니라 이들 3개국을 대상으로 또 다른 전쟁을 벌이겠다는 의지를 드러낸 것이다. 그리고 그로부터 1년여 뒤인 2003년 3월, 미국은 결국 이라크를 침공해 사담 후세인 정권을 무너뜨렸다.

그러고 보면 제법 오래된 일인 듯도 하지만, 9.11과 그로 인해 촉발된 일련의 무력 충돌은 오늘날의 국제 정세에도 여전히 짙은 그림자를 드리우고 있다. 물론 9.11이라는 사건 자체는 일단락되었다고도 할 수 있다. 일단 2001년 아프가니스탄에 침공해 들어간 미군은 알카에다와 탈레반 세력을 거의 궤멸 상태로 몰아넣은 뒤, 수도 카불을 중심으로 새로운 친서방 정부를 세우는 데 성공했다. 그리고 2011년 오바마 정부는 비밀리에 미 해군 특수 부대를 파견해 당시 파키스탄에 숨어지내던 알카에다의 수장이자 9.11 사태의 배후 조종자인 오사마 빈 라덴을 사살하기까지 했다. 하지만 이 같은 성과에도 불구하고 미국의 대아프가니스탄 전쟁은 실패로 귀결되었다고 볼 수 있다. 미국은 지난 20년 동안 아프가니스탄의 새 정부와 함께 탈레반 세력을 상대로 밀고 밀리는 전투를 이어오다가 시간이 지나도 전쟁이 끝날 기미가 보이지 않자 결국 2021년 아프가니스탄에서 철수해 버렸고, 그러자 탈레반 세력은 별 어려움 없이 다시 정권을 잡게 되었다. 아프가니스탄은 결국 2001년 이전의 탈레반 체제로 돌아가게 된 것이다.

한편 미국 대 이라크 전쟁의 결과는 그보다 훨씬 더 복잡하게 전개

1

조지 W. 부시가 2001년 9월 20일 미국 상하원이 합동으로 모인 자리에서 행한 연설문을 참조하라. "Text: President Bush Addresses the Nation," *The Washington Post*, September 20, 2001, https://www.washingtonpost.com/wp-srv/nation/specials/attacked/transcripts/bushaddress_092001.html.

2

이 연설문의 전문은 다음의 링크를 참조하라. "Text of President Bush's 2002 State of the Union Address," *The Washington Post*. January 29, 2002, https://www.washingtonpost.com/wp-srv/onpolitics/transcripts/sou012902.htm.

되었다. 일단 2003년 이라크를 침공해 들어간 미국은 사담 후세인이 이끄는 바트Baath당 정권과 그 군대를 패퇴시키고 새로운 정부를 세울 수 있었다. 그러나 미국의 승리는 민주주의에 기반한 평화와 번영을 이라크에 가져다주지 못했다. 수니파를 대변하던 후세인이 실각하면서 그때까지 상대적으로 소수였던 시아파와 쿠르드족이 정치적 영향력을 확대할 수 있었지만, 수적으로 여전히 다수를 차지하던 수니파 세력이 이에 반발하고 나선 것이다. 그러다 보니 포스트 후세인의 이라크에서는 이슬람의 여러 분파들 및 인종적으로 다른 여러 부족 간의 갈등이 한층 더 격화되었다. 이라크에서의 이 같은 혼란스러운 정국은 중동과 북아프리카 전체를 다시금 군사적 긴장 상태로 몰아넣었고, 덕분에 수니파 무장 단체 ISILIslamic State of Iraq & the Levant은 그 세력을 급속히 확장할 수 있었다. 2010년대 중반에 들어서 그 심각성이 집중 조명된 유럽의 난민 사태나, 비슷한 시기 파리와 브뤼셀을 비롯해 세계 여러 주요 도시에서 발생한 테러 공격 역시 어떤 의미에서는 9.11 사태에서 비롯된 날갯짓 효과의 부산물이라고 할 수 있다.

《거룩한 테러》의 중층적 콘텍스트

이제 《거룩한 테러》를 좀더 자세히 들여다 보자. 먼저 한 가지 분명히 해둘 것이 있다. 링컨이 이 책을 집필하게 된 동기에는 분명 9.11 사태가 크게 작용한 것이 사실이다. 하지만 이 책은 종교와 폭력이라는 주제와 오랫동안 씨름해온 저자가 이 사건을 계기로 다시 한 번 자신의 생각을 가다듬고 정리해 낸 결과물이기도 하다. 그렇기에 이 책은 하나의 논제를 중심으로 하는 단행본monograph이라기보다는, 서로 관련이 있으면서도 각자 완결성을 지닌 여러 편의 소논문이 합쳐진 선집anthology의 성격이 강하다. 그래서 저자가 이 책에서 말하고자 하는 바를 한두 마디로 요약하기란 쉽지 않다. 그보다는 각각의 소논문이 집필된 시기 및 그 당시의 주요한 문제의식에 주목하면서 차근차근 전체적인 윤곽을 그려보는 방식이 더 효과적인 독법일 것이다.

링컨이 서문에서 밝히듯 이 책에서 시기적으로 가장 앞선 글은 6장 '종교, 반란, 혁명'으로, 이 연구에 착수하게 된 계기는 1970년대 후반에 일어난 이란 혁명이라고 한다. 후에 보다 자세히 서술하겠지만, 그때까지만 해도 종교학과 인문 사회 과학 전반에서는 소위 '세속화 테제'가 지배적인 사조로 자리 잡고 있었다. 그러나 이러한 시각에 머무는 한 팔

레비 왕조의 통치하에 근대화의 경로를 착실히 밟아갈 것만 같던 이란에서 종교에 기반한 정치 혁명이 성공하게 된 경위를 제대로 설명할 방법이 없었다. 이론과 현실의 괴리 앞에서 링컨은 기존의 종교 이론을 전면적으로 재검토하기 시작했다. 이때의 고민을 담은 것이 《거룩한 테러》의 6장에 실린 '종교, 반란, 혁명'이며, 이 글은 1985년에 이미 링컨이 동명의 편저 일부로 출간한 바 있다.[3] 즉 링컨은 1980년대 초에 이란 혁명의 성공을 곱씹으면서 종교와 정치의 관계를 설명하는 이론을 재정립하려고 했고, 2001년 9.11 사태를 맞아 《거룩한 테러》를 작업하던 중에 과거에 자신이 발표한 소논문을 다시 꺼내놓게 된 것이다.

그다음으로 4장 '종교와 문화의 관계에 대하여'와 5장 '종교적 갈등과 후기식민 국가'는 1990년대 후반 동·서유럽 사이의 냉전이 종식된 상황 속에서 집필되었다. 전자는 서구 계몽주의의 유산인 세속주의와 종교 사이의 길항 관계를 설명하는 이론적 작업이고, 후자는 근대 유럽에서 시작된 정교 분리 원칙이 제대로 작동하지 않는 오늘날의 후기 식민지 사회에서 종교로 인해 발생할 수 있는 다양한 갈등의 시나리오를 유형화하는 작업이다. 이 두 텍스트 중 포스트 냉전의 지정학적 상황을 보다 명시적으로 반영하는 글은 5장이다. 여기서 링컨은 "근대적인 민족-국가가 명백히 포스트모던적 방식으로 해체되는 상황"(152쪽)을 고찰하면서, 1990년대 들어 구소련과 구유고슬라비아에서 일어난 일련의 무력 충돌이 종교 갈등과 연동되는 상황을 검토한다.

《거룩한 테러》의 4-6장이 1980-1990년대에 쓰였다면, 2001년의 9.11 사태를 계기로 작성된 텍스트는 책 앞부분의 1-3장과 맨 뒤에 부록으로 수록된 총 4편의 1차 문헌이다. 일단 강조하고 싶은 것은, 이들 부록이 단순한 부록에 그치지 않는다는 점이다. 이 문헌들은 9.11 사태와 직접 관련이 있거나(부록 A: 9.11 비행기 납치범들에게 내려진 최후 지령), 사건 직후인 2001년 9월과 10월에 각계각층에서 발표된 날 것 그대로의 반응을 담고 있다.(부록 B: 조지 W. 부시의 대국민 연설, 부록 C: 오사마 빈 라덴의 비디오테이프 연설, 부록 D: 팻 로버트슨과 제리 팔

---

3 원래 이 소논문은 1981년 미네소타 대학교에서 '종교와 혁명'이라는 주제로 학술 회의가 열렸을 때 발표되었고, 후일 이 자리에서 발표된 다른 글들과 함께 Bruce Lincoln, ed., *Religion, Rebellion, Revolution: An Inter-Disciplinary and Cross-Cultural Collection of Essays* (Palgrave Macmillan, 1985)으로 묶여 출간되었다.

웰의 〈700 클럽〉 인터뷰) 《거룩한 테러》 1-3장에서 링컨은 부록에 실린 바로 이 4편의 1차 문헌을 세밀히 독해하면서 그 안에 담긴 미묘한 종교적, 정치적 뉘앙스를 비교 분석하는 데 상당한 공을 들인다. 특히 부록 A와 부록 C의 경우 원문이 아랍어로 되어 있기도 하거니와 9.11 사태를 일으킨 장본인들의 입장을 담고 있다는 이유로 미국 주류 언론에서 암암리에 검열의 대상이 되기도 했기에, 비아랍어권 독자들이 이들 문헌 전체를 편집되지 않은 형태로 접하는 것 자체가 쉽지 않았다고 한다. 이런 상황에서 링컨은 "민주 사회의 토대와 정책 결정의 올바른 근거는 바로 이런 정보에 있"(54쪽)다는 신념에 따라 이들 문헌의 번역본 전문을 부록에 실음으로써, 독자들이 직접 자신들의 눈으로 양측의 입장을 살펴보고 충분한 숙의熟議 과정을 거쳐 현명한 판단을 내릴 수 있기를 희망했던 것이다.

마찬가지로 《거룩한 테러》의 본문에는 포함되지 않았지만 그에 못지 않게 중요한 텍스트는 한국어판 서문 마지막 부분에 실린 '종교와 폭력에 관한 테제'이다.(8-12쪽) 여기서 《거룩한 테러》 자체의 역사를 잠시 짚어보자면 영문 초판은 2002년에 처음 출간되었고, 2005년에 한국어 번역본이 나왔으며, 그보다 1년 뒤인 2006년에 영문 재판본이 나왔다. 그런데 초판이 나오고 약 2년 후인 2004년 말에 링컨은 네덜란드에서 일어난 이슬람주의자의 또다른 피습 사건과 이라크에서 지속되고 있던 '테러와의 전쟁'에 대한 반응으로, 《거룩한 전쟁》에서 씨름했던 문제 의식을 다시 한 번 가다듬어 14개 항으로 이루어진 '종교와 폭력에 관한 테제'를 정리했다고 한다.[4] 그러다보니 이 테제는 초판에는 없고 재판에만 포함되어 있다. 다행히 한국어판에는 저자가 한국 독자를 위해 따로 서문을 쓰는 과정에서 당시 자신이 가장 최근에 작업한 글을 함께 보내와 이 테제가 실릴 수 있었다. 이로 미루어 볼 때 링컨에게 있어서 종교와 정치 그리고 폭력이라는 주제와 관련해 최종적이면서도 가장 정련된 생각은 바로 이 '종교와 폭력에 관한 테제'라는 짧은 글에 함축되어 있다고 봐도 무방할 것이다.

4
이 텍스트의 원문은 다음에서 찾아볼 수 있다. Bruce Lincoln, "Theses on Religion & Violence," *ISIM Review* 15 iss. 1 (2005): 12.

논쟁의 재구성

이처럼 《거룩한 테러》의 개별 장들이 탄생한 정황을 고려해 보면, 링컨은 9.11 사태로 인해 불거진 다양한 이론적, 실천적 논쟁에 참여하기 위해 기존에 발표한 소논문들을 정리하고 또 새롭게 글을 집필하면서 이 책을 엮어냈다고 할 수 있다. 이제부터는 링컨이 명시적으로 혹은 간접적으로 참여하고 있는 논쟁들을 재구성하면서 그가 《거룩한 테러》에서 주장하는 내용을 살펴보겠다.

1. 종교와 폭력

9.11 사태 후 가장 첨예하게 대립하던 주제 중 하나는 종교에 기반한 알카에다의 폭력 행위를 어떻게 해석할 것인가 하는 문제였다. 《거룩한 테러》의 한국어판 서문에서 링컨은 이 논쟁을, 왜곡을 무릅쓰고 단순화시켜본다면, 일종의 종교 과잉주의 대 종교 과소주의적 해석 사이의 대결 구도로 표현한다.

좀더 풀어서 설명해보자면, 종교 과잉주의적 관점은 9.11 사태의 근저에 이슬람에 기반한 종교적 동기가 무엇보다도 강하게 자리 잡고 있다고 본다. 이들에게는 새뮤얼 헌팅턴Samuel Huntington이 주창한 '문명 충돌론'이 9.11 사태를 이해하는 주요한 참조점이 된다.[5] 일찍이 1990년대에 헌팅턴은 이데올로기 간의 대립이 종결된 포스트 냉전 상황 속에서, 앞으로의 국제 분쟁은 오랜 세월에 걸쳐 형성된 종교적, 문화적 차이로 인해 서로 다른 가치 체계를 가진 문명들이 서로 반목하는 양상으로 전개될 것이라고 예상했다. 이에 영향을 받은 서양의 많은 보수 논객들은 9.11 사태를 헌팅턴이 《문명의 충돌》에서 한 예언(?)이 현실화된 것으로 보았다.[6] 그래서 버나드 루이스Bernard Lewis 같은 오리엔탈리스트는 한때 정치적, 경제적, 과학적으로 찬란한 문화를 꽃피웠던 이슬람 세계가 19-20세기 들어 유럽 제국주의의 침략 앞에 무릎을 꿇은 후 오늘날에도 서방 세계 및 이들이 상징하는 '근대성' 자체에 깊은 반감을

---

5 새뮤얼 헌팅턴, 《문명의 충돌》, 이희재 옮김(김영사, 1997).

6 9.11 사태 이후 미국의 공론장에서 '문명 충돌론'이 전면적으로 재소환된 양상에 대해서는 다음의 글을 참조하라. Ervand Abrahamian, "The US media, Huntington and September 11," *Third World Quarterly* 24 no. 3 (2003): 529-544.

갖고 있기에 9.11 같은 사태가 일어났다고 주장했다.[7] 전투적 이슬람주의자의 경우 이처럼 뿌리 깊은 역사적 원한을 품고 있기에 미국과 서방세계 전체와 대적할 생각을 갖게 되었다는 것이다. 이러한 시각에서 보면, 전투적 이슬람주의자들은 외교나 협상의 대상이 아니라 오직 힘의 논리에 의해서 제압하고 굴복시켜야 할 대상이 되고 만다.

반면 종교 과소주의적 해석을 택하는 이들은 9.11 사태를 종교와 전혀 상관 없는 것으로 치부하려고 노력한다. 물론 이들 역시 알카에다를 극악무도한 범죄 집단으로 보는 것은 마찬가지다. 그러나 링컨이 보기에, 종교 과소주의적 입장을 가진 이들은 기본적으로 참된 종교란 평화와 사랑, 자비 등 인류 보편의 가치에 기반을 두어야 한다는 전제를 갖고 있다. 이러한 시각에서 보면 아무리 9.11 사건의 납치범들이 최후의 순간까지도 "하나님 외에 다른 신은 없으며, 무함마드는 그의 사자다"라고 외쳤다 해도, 신의 이름을 들먹이며 자신과 타인을 해하는 행위는 제대로 된 종교에 기반한 것일 수 없다. 기껏해야 9.11 사태는 망상에 빠진 광신도들이 자신들의 정치적 목적을 종교의 명분으로 그럴싸하게 포장한 데 불과하다는 것이다.

언뜻 보기에 종교 과잉주의적 해석은 문명 충돌론에 기반해 미국 부시 정권의 '테러와의 전쟁'에 힘을 실어준 반면, 종교 과소주의적 해석을 택한 이들은 이슬람 자체를 '악'이라는 틀에 가두려는 오리엔탈리즘적 편견을 거부했다는 점에서 좀더 '정치적 올바름'에 부합한다고 볼 수 있을지 모르겠다. 그러나 링컨은 전자의 위험성을 인정하면서도 후자의 종교관 역시 별로 탐탁하게 여기지 않는다. '종교와 폭력에 관한 테제' 11번에서 밝히듯이 링컨은 아마도 쇠렌 키르케고르Søren Kierkegaard가 '침묵의 요하네스'라는 가명으로 '아케다Akedah' 사건에 대해 논의한 것에서 영감을 받아,[8] 인간의 윤리는 종교적 의무 앞에서 언제든 중지

7

Bernard Lewis, *What Went Wrong? The Clash between Islam and Modernity in the Middle East* (Harper Perennial, 2003).

8

히브리 성서의 〈창세기〉 22:1-14에 따르면 여호와 하나님은 아브라함의 신심을 시험하기 위해 그의 자식 이삭을 희생 제물로 바치라고 명령한다. 윤리적으로 도저히 납득할 수 없는 명령임에도 불구하고, 아브라함은 묵묵히 이삭을 데리고 산으로 올라가 그를 결박Akedah하고 실제로 그의 목숨을 끊으려 한다. 그러나 그 순간 다시 여호와가 개입해 아브라함의 행위를 중

내지는 유예될 수 있다고 주장한다.(11쪽) 그가 보기에 기본적으로 "종교와 폭력 사이에는 아무런 필연적 관계도 없"지만(11쪽), 그럼에도 불구하고 이슬람뿐만 아니라 세상의 모든 종교는 "잔인한 폭력을 성스러운 의무로 둔갑"시킬 수 있는 가능성을 내포하고 있다.(7쪽) 따라서 링컨에게 정작 중요한 화두는 이슬람 혹은 그리스도교가 본질적으로 폭력적이다 아니다를 따지는 것이 아니라, 어떤 역사적, 사회적 조건 속에서 종교가 폭력을 정당화하거나 심지어 조장할 수 있는가 하는 문제다. 결국 링컨은 종교 과잉주의나 종교 과소주의적 해석 둘 다를 지양하면서 일종의 종교 현실주의라 부를 만한 입장을 취하고 있다. 그에게 있어 종교는 "성스럽다고 여겨지지만 그 자체로는 순수하거나 성스럽기는커녕 다른 모든 것과 똑같이 실패와 한계와 모순을 지닐 수밖에 없는 인간적 시도" 그 이상도 이하도 아닌 것이다.(7쪽)

이 시점에서 링컨의 입장을 보다 심층적으로 이해하는 데 도움이 될 만한 정황을 하나 소개하고자 한다. 링컨은 1990년대 중반부터 자신이 학위를 받았던 시카고 대학교 종교학부Divinity School로 돌아와 가르치기 시작했는데, 비슷한 시기에 윤리학자이자 정치철학자인 진 엘쉬타인Jean B. Elshtain 역시 시카고로 옮겨와 링컨과 함께 동료로 일하게 되었다. 그런데 9.11 사건이 터지고 난 후 링컨이 《거룩한 테러》의 1-3장을 한참 집필하고 있던 바로 그 시기에, 엘쉬타인은 백악관으로 초대되어 부시 대통령에게 정치적, 윤리적 조언을 했을 뿐 아니라 "우리가 싸우는 이유: 미국에서 온 편지What We're Fighting For: A Letter from America"라는 성명서를 공동 기초해 동료 학자와 지식인들으로부터 연명連名을 받는 데 주도적 역할을 한 것으로 알려져 있다.[9] 여기서 주목해야 할 것은 이 성명서가 유대-그리스도교 전통에 내려오는 '정의로운 전쟁론'에 입

지시킨 후 아브라함의 믿음을 칭찬하고 복을 약속한다. 이 사건으로 인해 아브라함은 '믿음의 조상' 혹은 '신앙의 기사'로 불리게 되었다. 이 사건에 대한 키르케고르의 논의는 다음을 참조하라. 쇠렌 키르케고르, 《두려움과 떨림: 변증법적 서정시》, 임규정 옮김(지식을 만드는 지식, 2009).

9

엘쉬타인은 2001년 9월 20일 다른 종교 지도자들과 백악관으로 초대되어 약 2시간 동안 부시 대통령과 대화를 나누었다. 후일 엘쉬타인은 당시의 상황을 정리한 글을 시카고대 종교학부 내의 온라인 정기간행물 《사이팅스*Sightings*》에 기고한 바 있다. Jean Bethke Elshtain, "An Extraordinary Discussion," *Sightings*, October 3, 2001, https://divinity.uchicago.edu/sightings/articles/extraordinary-discussion-jean-bethke-elshtain.

각해 '테러와의 전쟁'을 옹호하는 한편, 9.11을 이해하는 데 있어 참된 '이슬람'과 잘못된 '(급진적) 이슬람주의'를 갈라치는 방식으로 일종의 종교 과소주의적 해석을 채택한다는 점이다.[10] 당시 엘쉬타인과 같은 학교, 같은 단과 대학에 몸담고 있던 링컨이 저간의 상황을 충분히 파악하고 있었다면, 《거룩한 테러》는, 그중에서도 특히 2장의 내용은 겉으로는 '조지 W. 부시'의 정치 신학을 비판적으로 분석하고 있으나 실제로는 그 배후에 있는 엘쉬타인의 '정의로운 전쟁론'을 타겟으로 삼고 있었는지도 모르겠다는 생각이 든다. 실제로 2004-2005년 무렵 링컨과 엘쉬타인은 시카고 대학교 종교학부에서 각각 '조지 W. 부시의 신학Theology of George W. Bush'와 '정의로운 전쟁론Just War Theory'이라는 제목의 수업을 개설해 9.11 사건에 대해 정반대의 시각을 갖고 있음을 공공연히 드러내기도 했다.[11]

2. 종교 개념의 정의 문제

9.11 사건이 터진 후 링컨은 2001년 말과 2002년 초 몇 달에 걸쳐 《거룩한 테러》의 1-3장을 집중적으로 집필했다고 한다. 그만큼 이 텍스트들은 사건이 가져다준 충격의 여파가 아직 한창일 때 쓰였다고 할 수 있다. 그런데 조금은 의아스러울지 모르겠으나, 링컨은 1장 '현대 정치 상황 속의 종교 이해'의 첫머리를 종교 개념에 대한 논의로 시작하고 있다. 당면한 현실 상황을 고려하면 얼핏 너무나도 한가하고 심지어 고리타분해 보일 수 있는 주제로 서두를 장식한 것이다. 그런데 사실 1980-1990년대부터 지금까지 종교학에서 진행되고 있는 논쟁을 되돌아보면,

---

10

이 문서의 전문은 《워싱턴포스트》에 실린 바 있다. 이에 관련해서는 다음의 웹사이트를 참조하라. Jean B. Elshtain, et al., "What We're Fighting For: A Letter from America," *Washington Post*, February 13, 2002, https://www.washingtonpost.com/wp-srv/nation/specials/attacked/transcripts/justwar_letter020102.html.

11

참고로 엘쉬타인은 2003년에 이와 관련된 다음의 책을 발표했다. Jean Bethke Elshtain, *Just War against Terror: The Burden of American Power in a Violent World* (Basic Books, 2003). 반면 링컨은 "부시의 신 담론Bush's God Talk"이라는 제목의 글을 잡지 《크리스찬 센추리*The Christian Century*》에 기고했다. 이에 관련해서는 다음의 웹사이트를 참조하라. Bruce Lincoln, "Bush's God Talk," Religion Online, accessed March 31, 2023, https://www.religion-online.org/article/bushs-god-talk/.

종교 개념의 정의는 링컨이 반드시 짚고 넘어가야 하는 문제라고 할 수 있다. 특히나 그가 이 책에서 이슬람과 개신교 전통을 비교하는 가운데 종교와 정치의 관계를 비판적으로 숙고하려고 한다면 더욱 그렇다.

우선 지난 수십 년간 종교학계에서 종교 개념의 정의가 뜨거운 논쟁 주제로 부상하게 된 경위부터 살펴보자. 주지하다시피 종교학은 본래 19세기에 유럽이 식민주의를 통해 세계 전체로 세력을 넓혀가는 중에 비유럽권의 '타자'를 이해하려는 과정에서 태동했다. 그런 만큼 종교학은 기본적 개념이나 이론틀 그리고 연구 방법론에 있어 아무래도 서구 기독교를 참조해 생겨난 것이 많았다. 그런데 20세기 후반에 들어 여러 '포스트 담론'들이 등장하면서, 종교학은 기존의 편견과 한계를 비판적으로 점검하고 성찰하는, 소위 "자기반성적 전환reflexive turn"을 맞이하게 되었다.[12] 기존 종교학에 내재한 서구-기독교적 한계를 넘어서야 한다는 비판적 목소리들이 터져나온 것이다. 그리고 이런 비판의 화살은 결국 종교학의 주된 연구 대상이라 할 수 있는 '종교', 좀 더 정확하게 말하자면 'religion'이라는 개념에 집중되었다. 이 단어 자체에 개신교라는 특정 종교 패러다임에 기반한 서구 권력-지식의 영향력이 짙게 배어 있다는 것이다. 그래서 1980년대 초에 이미 (링컨의 대학원 시절 선생 중 하나이자 후에 동료가 된) 종교학자 조너선 스미스Jonathan Smith는 《종교 상상하기*Imagining Religion*》의 서문에서 다음과 같은 도발적 선언을 하기도 했다. "[보편적 개념으로서의] 종교는 순전히 [서양] 학자들이 연구하는 과정에서 만들어낸 것이다. [...] 종교는 학술장을 떠나 독립적으로 존재할 수 없다."[13]

《거룩한 테러》 1장이 종교 개념의 정의 문제로 시작되는 배경에는 종교학의 이론과 방법론을 둘러싼 이런 논쟁이 다분히 깔려 있다. 책의 부제에 명시되어 있듯이 이 책에서 링컨이 수행하려는 작업이 '9.11 이후 종교[와 폭력]에 대하여 생각하기'라고 한다면,[14] 오늘날 종교학계에서 열띠게 논의되는 주제에 대해서 자신의 입장을 어느 정도 피력할 필

12

Kevin Schilbrack, "What Does the Study of Religion Study?," *Harvard Theological Review* 111 iss. 3 (2018): 451-458.

13

Jonathan Smith, *Imagining Religion: from Babylon to Jonestown* (University of Chicago Press, 1982). xi.

요를 느꼈으리라. 그래서 링컨은 책의 서두에서 그동안 종교인류학계에서 오랫동안 지배적인 영향력을 갖고 있었던 클리퍼드 기어츠Clifford Geertz의 종교 정의를 소개한 뒤, 이에 대한 탈랄 아사드Talal Asad의 비판을 두 가지 논점으로 요약 정리한다. 첫째, 기어츠의 종교 정의는 상징이나 동기 등 인간 내면에 초점이 맞추어져 있는데, 이는 암묵적으로 개신교적 편견에 기반한 것이다. 이러한 정의는 인간의 외적인 측면, 즉 의례나 제도를 중요시하는 다른 종교 전통과 잘 들어맞지 않는다. 둘째, 특정한 역사적, 사회적 맥락을 무시한 채 종교가 다른 분야, 그중에서도 특히 정치적인 것과 구분되어 따로 정의될 수 있다는 발상 자체가 근대 서구 계몽주의의 역사적 산물이다.

이러한 비판을 다른 말로 풀이해보자면, 아사드는 (미셸 푸코Michel Foucault의 영향 하에) 계보학적 입장에 입각해 기어츠로 대표되는 현상학적, 해석학적 종교인류학의 한계를 지적한 것이라고 할 수 있다. 그런데《거룩한 테러》에서 주의깊게 봐야 할 것은, 링컨이 아사드의 비판을 어느 정도 수긍하면서도 계보학 전통과는 일정한 거리를 두고 있다는 점이다. 아사드의 경우 어떠한 '종교' 개념도 결국 특정한 역사적 맥락에서 구성된 담론일 수밖에 없다는 이유로 "보편적인 종교 정의란 있을 수 없다"라고 단언한 바 있다.[15] 그런데 링컨은 담론이 가진 한계를 인정하면서도, 연구자가 겸손하고 열린 자세를 유지하는 한 '종교' 개념에 대한 작업 가설적 정의를 내리는 것은 가능할 뿐만 아니라 어느 정도는 필요 불가결하다는 입장을 취한다. 하지만 그럼에도 불구하고,《거룩한 테러》 그 어디에서도 'religion/종교' 개념이 한 문장으로 정리된 서술은 찾을 수가 없다. 다만 '종교' 개념을 정의하기 위해서는 '담론'뿐만 아니라 그간 상대적으로 무시되거나 부차적으로 취급되었던 실천, 공동체, 제도까지 총 4가지 요소를 함께 고려해야 한다는 주장이 제시될 뿐이다.[16]

14

참고로 원서의 부제는 '9.11 이후 종교에 관한 성찰Thinking About Religion After September 11'이다. 반면 한국어 번역본의 부제에는 '폭력'이라는 단어가 첨가되어 '9.11 이후 종교와 폭력에 관한 성찰'이 되었다.

15

Talal Asad, *Genealogies of Religion: Discipline and Reasons of Power in Christianity and Islam* (Johns Hopkins University Press, 1993), 29.

그래서 냉정하게 말하자면, 여기서 링컨은 종교 개념의 정의 문제를 슬쩍 비켜가고 있다. 한편으로는 여전히 '종교' 개념의 인식론적 유용성을 옹호하면서도, 다른 한편으로는 '종교란 ~이다'라는 식으로 자신만의 '종교' 개념을 명확히 제시하지 않는 것이다. 이처럼 링컨은 극히 조심스럽게 종교 정의 문제에 접근하지만, 그럼에도 불구하고 티모시 피츠제럴드Timothy Fitzgerald와 같이 'religion'이라는 개념 자체를 완전히 폐지해야 한다고 주장하는 이들은 링컨 역시 겉으로는 아닌 척하지만 사실 기어츠와 마찬가지로 초역사적이고 보편적인 '종교' 개념을 고집하고 있다고 강하게 비판한 바 있다.[17] 하지만 링컨은 이 문제에 있어서 (어쩌면 의도적으로) 모호한 입장을 취하기에, 피츠제럴드가 자신의 입장을 오해하고 있노라고 되받아치기도 했다.[18]

이처럼 오늘날의 종교학계에서는 'religion'이라는 개념에 함축된 여러 종교적, 정치적, 문화적 '짐baggage'으로 인해 종종 날 선 말다툼이 벌어지고 있다.[19] 불과 몇십년 전까지만 해도 학계 전반에서 널리 통용되던 '종교' 정의를 오늘날 함부로 들먹였다가는 여전히 서구 식민주의와 개신교 신학이 형성해 놓은 지식-권력의 장에 갇혀 있다는 비판을 피할 길이 없게 된 것이다. 개인적으로는 이 같은 논쟁이 별로 생산적이지 않은 양상으로 공전하고 있는 것 같아 다소 안타까운 마음이 든다. 종교학자 러셀 매커천Russell McCutcheon이 지적하듯이 어떠한 개념의 규정도 특정한 상황과 목적에 따라 달라질 수밖에 없다면(예컨대 관세 부과 문제로 인해 토마토가 '채소'로 혹은 당근이 '과일'로 분류될 수 있다면), 'religion/종교' 개념 역시 연구자가 그것이 지닌 역사적, 실천적 한계를

16
물론 여기서 담론, 실천, 공동체, 제도는 각각 특정한 의미에서 사용된다.(30-33쪽)

17
Timothy Fitzerald, "Bruce Lincoln's 'Theses on Method': Antitheses," *Method and Theory in the Study of Religion* 18 no. 4 (2006): 392-423.

18
Bruce Lincoln, "Concessions, Confessions, Clarifications, Ripostes: By Way of Response to Tim Fitzgerald," *Method and Theory in the Study of Religion* 19 no. 1/2 (2007): 163-168.

19
예를 들어 다음의 글을 참고하라. Galen Watts and Sharday Mosurinjohn, "Can Critical Religion Play by Its Own Rules? Why There Must Be More Ways to Be "Critical" in the Study of Religion," *Journal of the American Academy of Religion* 90 iss. 2 (2022): 317-334.

인식하는 한편으로 자신이 정확히 어떤 맥락에서 이를 쓰고 있는지 밝혀주는 한 사용하지 못할 리 없다는 생각도 든다.[20] 인간 언어가 가지는 한계는 비단 'religion/종교' 뿐만 아니라 그 비판자들이 즐겨 사용하는 '식민주의'라던가 '젠더'나 '역사' 같은 다른 수많은 개념에도 똑같이 적용될 수 있다. 이 같은 문제 때문에 인간이 언어 사용을 중지하지 않듯이, 'religion/종교' 개념 또한 그와 마찬가지 상황이 아닐까 싶다.

이와 비슷한 맥락에서 링컨 역시 '종교' 개념을 둘러싼 논쟁 자체보다는 아사드가 기어츠에 가하는 비판 중 두 번째 지점, 즉 종교적인 것과 정치적인 것 사이의 관계에 보다 많은 관심을 쏟고 있다. 그도 그럴 것이 (다시 한번 강조하지만) 《거룩한 테러》의 상당 부분은 9.11 사태가 일어나고 이에 대한 보복적 응징의 일환으로 '테러와의 전쟁'이 한참 논의되는 상황 속에서 쓰였다. 1970년대 말 이란 혁명 이후 21세기 들어 다시 한 번 현대 사회에서 종교와 정치, 이 두 영역이 전면적으로 상호 침투하는 상황이 펼쳐지기 시작한 것이다. 그렇기에 링컨에게는 종교와 정치를 구분짓는 경계 그 자체의 역사성을 살펴보는 것이 중요한 과제가 된다.

3. 세속화인가 탈세속화인가?

이런 시각에서 보면 《거룩한 테러》 전체를 관통하는 문제의식은 다음의 두 질문으로 요약될 수 있다. 첫째, 종교와 정치가 분리된, 아니 좀더 정확히는 분리되는 것이 '자연'스럽게 여겨지게 된 계기는 무엇인가? 둘째, 이 둘 사이의 거리는 어떠한 상황과 조건 속에서 좁혀질 수 있는가? 이렇게 보면 이 두 질문은 20세기에서 21세기로 넘어가는 시기에 종교학과 그 인접 학문 분야에서 불거진 또 다른 중요한 논쟁, 즉 세속화secularization 대 탈세속화de-secularization 혹은 포스트 세속화post-secularization 테제 사이의 대립과 직접 맞닿아 있다고 할 수 있다.

이 중 첫 번째 질문에 대한 대답은 비교적 간단하다. 링컨이 《거룩한 테러》 4장에서 논의하듯이, 오늘날 모더니티를 특징짓는 일종의 지식-권력으로 작동하는 '세속주의' 혹은 정교분리政教分離의 원칙은 서구

---

20 Russell T. McCutcheon, "They Licked the Platter Clean: On the Co-Dependency of the Religious and The Secular," *Method and Theory in the Study of Religion* 19 no. 3/4 (2007): 185.

계몽주의의 유산이라고 할 수 있다.[21] 그리고 이런 종교 정치적 기획이 탄생하게 된 배경에는 16-17세기 유럽에서 벌어진 '종교 전쟁'이 자리 잡고 있다. 16세기 초 종교 개혁이 일어난 후 여러 왕가와 영주들이 종교 정치적 이해관계에 따라 합종연횡하는 가운데, 유럽은 크게 천주교권과 개신교권이라는 두 진영으로 재편되었다. 그런데 쉽게 전쟁이 끝나지 않자, 양측은 결국 일정한 지역을 다스리는 통치자가 해당 지역의 종교를 결정한다는 원칙cuius regio, eius religio을 따르되 개인에게 일정한 종교의 자유를 제한적으로나마 허용하는 방식으로 갈등을 봉합하게 되었다. 이러한 과정을 거치면서 유럽의 정치 판도에서는 근대의 민족 국가 모델이 서서히 하나의 규범으로 자리 잡는 한편, 사상적으로는 종교 및 정치 지도자의 영향에서 벗어나 개인의 합리적 판단을 장려하는 계몽주의 사조가 부상하게 되었다.

이 같은 유럽의 역사적 유산으로 인해, 이후 서구의 인문 사회 과학계에서는 근대화가 진행될수록 종교는 자연스럽게 그 힘을 잃게 되리라는, 소위 '세속화 테제'를 당연한 전제처럼 받아들이게 되었다. 대표적으로 칼 마르크스Karl Marx는 19세기 중반에 이미 종교에 대한 '비판'이 완료되었다고 선언했으며,[22] 막스 베버Max Weber는 20세기 초에 서구 근대성의 특징으로 '탈주술화Entzauberung'를 꼽은 바 있고,[23] 에밀 뒤르켐Émile Durkheim 또한 근대 사회에서 사회 분화가 심화될수록 결국에는 개인의 최소 공통분모인 '인간' 자체를 신성시하는 현상이 나타날 것으로 보았다.[24] 각자의 접근 방법이나 강조점은 다를지라도, 이처럼 근대 인문 사회 과학의 이론적 기틀을 닦는 데 주도적 역할을 한 이들은 한목소

21

Talal Asad, *Formations of the Secular: Christianity, Islam, Modernity* (Stanford University Press, 2003).

22

Karl Marx, "A Contribution to the Critique of Hegel's Philosophy of Right," trans. Annette Jolin and Joseph O'Malley, Marxists Internet Archive, accessed March 31, 2023, https://www.marxists.org/archive/marx/works/1843/critique-hpr/intro.htm.

23

막스 베버, 《직업으로서의 학문》, 이상률 옮김(문예출판사, 2017).

24

Emile Durkheim, *Emile Durkheim on Morality and Society*, ed. Robert N. Bellah (University of Chicago Press, 1973), 51-52.

리로 현대 사회에서 어떤 형태로든 세속화가 진행될 것으로 예측했다. 이러한 이유 때문에 1970년대 말 이란에서 이슬람을 기반으로 한 정치 혁명이 일어났을 때 링컨을 비롯한 여러 종교 연구자들에게는 당시의 상황을 제대로 설명할 만한 이론 틀이 부재했던 것이다.(14쪽)

그런데 이란 혁명에 이어 1980년대 미국에서도 '기독교 우파Christian Right'가 본격적으로 정치판에 뛰어들기 시작하자 기존의 세속화 이론을 전면적으로 수정해야 한다는 목소리가 한층 더 높아지게 되었다. 이것이 구체화된 대표적 예가 바로 1987년부터 1995년까지 미국 예술 과학 아카데미American Academy of Arts & Sciences의 후원하에 시카고 대학교의 마틴 마티Martin Marty와 노트르담 대학교의 스콧 애플비Scott Appleby가 공동 책임을 맡아 운영한 '근본주의 프로젝트'다. 여기서 생산된 다수의 사례 연구는 오늘날 세계 각처에서 종교가 여전히 강한 대중적 호소력을 갖고 있을 뿐 아니라 공적 영역에서도 상당한 영향력을 행사하고 있다는 사실을 새삼 확인해 주었다.[25] 그래서 1990년대 말에 이르면 이전에 세속화 테제를 옹호하는 데 앞장섰던 피터 버거Peter Berger 같은 학자들마저 탈세속화론을 받아들이는 상황에까지 이르렀다.[26] 이런 시각에서 보면 2001년에 일어난 9.11과 그 뒤에 일어난 일련의 사태는 탈세속화론에 결정적으로 힘을 실어준 사건이었다고 할 수 있다.

그런데 경험적 측면에서 탈세속화의 사례를 살펴보는 것과 이러한 현상이 일어나게 된 과정을 이론적으로 설명하는 작업은 별개의 문제다. 《거룩한 테러》 1장과 5-6장에서 링컨은 바로 이 두 번째 작업에 집중한다. 종교와 정치가 상호 침투하는 다양한 사례를 비교 및 분석하면서 여기에서 일정한 경로와 패턴을 찾으려 한 것이다. 앞서 언급한 세속화 대 탈세속화 논쟁과 연결시켜 보면, 링컨의 이런 이론적 작업에서는 다음의 두 가지 지점을 좀 더 자세히 곱씹어 볼 필요가 있다.

25

이 연구 프로젝트의 결과, 시카고 대학교 출판부에서는 1990년대 중반부터 2000년대 중반에 걸쳐 총 6권의 편저서를 출판했다. 이에 대해서는 다음의 웹사이트를 참조하라. The University of Chicago Press, accessed March 31, 2023, https://press.uchicago.edu/ucp/books/series/FP.html.

26

Peter L. Berger, ed., *The Desecularization of the World: Resurgent Religion and World Politics* (Eerdmans, 1999).

첫째, 링컨은 《거룩한 테러》에서 '근본주의fundamentalism'라는 단어 자체가 정치적 혐오감에 너무 오염되어 있다는 이유로 이를 폐기해야 한다고 주장한다. 그 대신 '최대주의maximalism'라는 용어를 제시하면서 그 짝패로 (이미 짐작 가능하겠지만) '최소주의minimalism'라는 개념을 내세운다. 여기서 최대주의는 "종교가 [...] 인간 존재의 모든 측면으로 스며들어야 한다는 확신"(28쪽)을 뜻하고, 최소주의는 "종교를 일련의 중요한 (주로 형이상학적인) 관심들에 국한하고, 국가의 개입에 맞서 그 특권을 보호하면서 동시에 그 활동과 영향을 특화된 영역에 한정"(29쪽)짓는 것을 의미한다. 자세히 풀어서 설명하지는 않지만, 이 같은 링컨의 용어 선택은 많은 것을 함축한다. 무엇보다 근본주의 대 근본주의 아닌 것(자유주의?)의 대립 구도를 받아들이는 한, 종교 현상을 '위험하고 이질적인 종교' 대 '안전하고 친숙한 종교'로 이분화해 인식하기 쉽다. 그러나 최대주의와 최소주의라는 짝패 개념은, 종교와 종교 아닌 것이 기본적으로 서로 뒤섞여 있되 상황과 조건에 따라 그 혼합률이 바뀌게 된다는 생각을 암묵적 바탕으로 한다. 다시 말해, 최대주의와 최소주의는 서로 상반되지만 근본적으로는 동일한 스펙트럼에 연속적으로 놓인 양극단의 상태를 가리키는 것이다. 이 같은 발상은 한편으로는 '근본주의'라는 혐칭에 갇혀 낯설게만 보이는 것을 익숙하게 하고, 다른 한편으로는 익숙한 것, 즉 세속주의 내지는 자유주의적 종교관을 낯설게 만드는 효과도 자아낸다. 즉 링컨에게 있어 종교란 단일한 성향이나 성격을 가진 것이 아니라, 주어진 역사적 시점과 주어진 사회적 맥락에 따라 다양한 모습으로 나타날 수 있는 카멜레온 같은 존재다.

둘째, 링컨은 현대 사회에서 종교와 정치가 관계 맺는 다양한 역사적 시나리오를 유형화하는 작업을 통해 탈세속화 또는 포스트 세속화 논의를 한층 더 심화시키고 있다. 이 주제와 관련해서 살펴봐야 할 것은 2001년 9.11 사태를 전후로 해서 호세 카사노바José Casanova와 탈랄 아사드 사이에 벌어진 논쟁이다. 카사노바는 일찍이 1994년에, 그러니까 앞서 언급한 '근본주의 프로젝트'가 아직 진행되던 시기에 《현대 사회의 공적 종교*Public Religions in the Modern World*》를 출간한 바 있다. 그는 기존에 통용되던 '세속화 테제'를 다시 (1) 거시적 차원에서 사회 구조의 분화로 인해 발생하는, 종교와 다른 사회 영역 간의 분리, (2) 미시적 차원에서의 탈주술화disenchantment 그리고 (3) 종교의 사사화privatization of religion, 이렇게 세 가지 하위 테제로 구분한 뒤, 현대 사회에서 (1)과 (2)

의 흐름은 거스를 수 없다 하더라도 (3)의 경우는 예외가 있을 수 있다고 주장한다. 20세기 유럽과 남미에서 종교가 (정확히 말하면 천주교와 개신교가) 정치에 관여한 여러 사례에서 볼 수 있듯이, 현대 사회에도 공적 영역에서 영향력을 행사하는 종교가 존재한다는 것이다. 그런데 2003년에, 그러니까 9.11 사건 이후에 출간된 《세속화의 형성: 기독교, 이슬람교, 현대성*Formations of the Secular: Christianity, Islam, Modernity*》[27]에서 아사드는 카사노바가 탈세속화를 얘기하면서도 여전히 근대 자유주의적 규범에 순치된 '공적 종교public religion'만을 인정한다는 점에서 한계가 있다고 지적한다. 이집트의 '무슬림 형제단' 운동이나 이란 혁명의 사례에서 볼 수 있듯이, (3)의 흐름을 거스른 공적 종교는 정치뿐만 아니라 경제와 교육 등 사회의 다양한 분야까지 손을 뻗어 결국 (1)과 (2)의 사회적, 개인적 변화까지 되돌릴 수 있다는 것이다. 시기적으로 이 두 서적 사이에 출판된 《거룩한 테러》에서 링컨은, 어떤 의미에서 보면 카사노바와 아사드의 상반된 입장을 포괄하는 이론틀을 제시한다고 할 수 있다. 다시 말해 링컨의 시각에서 보기에 카사노바는 상대적으로 최소주의에 치우친 입장에서 자신만의 자유주의적 공적 종교론을 펼친다면, 아사드는 최대주의까지 확장된 시야를 바탕으로 종교가 정치를 비롯해 한 사회 전체에 깊숙이 스며든 상황까지 고려하고 있다고 하겠다.

결국 9.11 사건으로 인해 한층 더 첨예해진 탈세속화 논쟁과 관련지어 링컨이 제시하는 종교와 정치의 관계에 대한 이론은 거칠게나마 다음과 같이 정리될 수 있다. (1) 최소주의의 기원은 근대 유럽에서 종교로 인한 갈등을 방지하기 위해 제기된 종교 정치적 기획으로서의 계몽주의로 거슬러 올라간다. (2) 제국주의 시기에 이러한 기획은 유럽의 근대적 민족 국가 모델과 함께 유럽 밖의 다른 지역으로 퍼져나갔다. (3) 하지만 최소주의의 이상을 추구하는 세속적 국가 모델은 최대주의적 성향을 지닌 민족 집단(들)과 일정한 긴장 관계에 놓여 있다. (4) 후자가 합법적 저항 혹은 전면적인 혁명을 통해 국가의 통치 기구를 접수할 경우, 최대주의에 입각한 국가 혹은 정치체가 탄생할 수 있다. (5) 최대주의를 추구하는 집단은 자신들의 단일한 정체성을 위협하는 내외부의 적들을 악마화하면서 이들을 대상으로 폭력을 행사할 가능성이 있다.

27 Asad, *Formations of the Secular*.

결론을 대신해 마지막으로 강조하고 싶은 것은, 《거룩한 테러》에서 링컨은 기본적으로 마르크스주의적 관점에서 종교와 폭력의 관계를 바라보면서도 다른 이론 전통들을 수용하는 가운데 유물론적 환원주의의 한계를 넘어서려고 노력한다는 점이다. 일단 그의 유물론적 관점은 인간사의 "갈등"이 대부분 "희소한 자원을 둘러싼 경쟁"(9쪽) 때문에 일어난다고 강조하는 데서 잘 드러난다. 9.11과 같이 종교적 대의를 내세운 폭력적 행위 역시 그 근저에는 부와 권력의 이해관계를 따지는 정치경제적 요인이 깔려 있다는 것이다. 여기까지만 보면 그의 입장은 다분히 전형적인 교조적 마르크스주의에 가까운 것 같다. 하지만 그는 한발 더 나아가 (아마도 부분적으로 피에르 부르디외Pierre Bourdieu의 '상징자본'론과 프랑크푸르트 학파의 '인정투쟁' 이론을 염두에 두면서) "자원에는 사람, 영토, 부, 권력 있는 지위, 경제적 이득 같은 것들 외에도, 존엄, 특권, 온갖 상징적 자산 같은 비물질적 자원들도 포함"될 수 있다는 점을 인정한다.(157쪽) 상부 구조와 하부 구조의 이분법적 틀을 깨뜨리고 보다 넓은 의미에서의 '자원resource' 혹은 '자본capital' 개념을 받아들이는 것이다. 그럼에도 그가 여전히 마르크스주의 전통을 따른다고 할 수 있는 이유는, 그가 비물질적인 것보다 물질적인 것을 더 중시하기 때문이다. 그에게 있어 전자가 중요성을 띠는 것은 오직 물질적인 분배 문제에 연관되는 경우에 한해서다. 이런 시각에서 보면 링컨의 갈등 이론은 상부 구조 자체의 독립성을 인정하기보다는 하부 구조와의 관계 속에서만 상부 구조의 중요성을 인정한다는 점에서, 문화사회학자 제프리 알렉산더Jeffrey Alexander가 (주로 부르디외의 이론을 자신의 문화사회학과 차별화하기 위해) '약한 프로그램'이라 지칭한 것에 가깝다고 할 수 있다.[28]

그런데 인간 사회의 갈등이 대개 자원 분배 문제를 둘러싸고 벌어진다고 하더라도, 링컨은 이러한 갈등이 반드시 폭력적인 충돌로 비화하는 것은 아니라는 점 역시 강조한다. 《종교생활의 원초적 형태》에서 뒤르켐이 지적했듯이, 사회에서는 의례와 같은 기제를 통해 구성원 사이의 유대감과 공동체에 대한 소속감을 증진시키는 구심력이 항상 작

28
제프리 C. 알렉산더, 《사회적 삶의 의미: 문화사회학》, 박선웅 옮김(한울, 2007).

동한다.[29] 그렇기에 일정한 규모를 가진 공동체는 항상 '도덕적인' 공동체일 수밖에 없다. 자원 배분에 어느 정도의 차별이 존재할 수는 있겠으나, 누군가의 사적 이익 추구가 사회적 응집력과 공동체의 조화를 해칠 정도로 강하게 발현된다면 그는 탐욕스럽다는 손가락질을 받게 되면서 사회적 평판이나 위신이 깎이게 될 것이다. 그리고 이러한 상징적-비물질적 자원의 손실은 종종 물질적 자원의 손해로도 이어지기 쉽다. 링컨은 이러한 사회적 기제 덕분에 자원 분배 문제로 인한 갈등이 폭력적인 해결 방식으로 치닫지 않게 되는 측면이 있다고 본다. 비물질적 자원을 둘러싼 경쟁이 물질적 이해관계의 충돌에서 발생할 수 있는 갈등을 어느 정도 제어한다고 보는 것이다.

그런데 링컨은 물질적, 비물질적 자원 쟁탈을 위한 갈등이 폭력적 갈등으로 변질될 때 여기에 대의적 명분을 제공하거나 도덕적 정당성을 부여하는 데에 종교적 담론이 동원될 가능성이 있다고 본다. 베버의 종교사회학을 일정 부분 수용하면서, 링컨은 종교 개념의 정의를 위한 필수적 요소 중에서도 제도가 나머지 다른 요소인 종교적 담론, 실천, 공동체를 조율하고 관리하는 기능을 한다고 묘사한다. 이 기능을 수행하는 주체가 바로 성직자 혹은 다른 종교 지도자일 텐데, 이들은 (1) 지배적 담론을 (재)해석하거나 유통할 뿐만 아니라 (2) 실천의 두 측면, 즉 의례와 윤리적 규율을 집행하고 강제하며 (3) 공동체를 보호하고 확장시키는 종교 노동에 매진한다.(32-33쪽) 그런데 이 종교 지도자들이 사회의 어떤 계층 혹은 집단과 유착하느냐에 따라 종교는 현상status quo 유지에 기여하기도 하고, 때로는 저항이나 심지어 혁명 세력에도 힘을 실어줄 수 있다.(6장) 기존 정치 경제 체제의 이데올로기적 정당성을 옹호하거나, 아니면 그 부당성을 비판하거나, 혹은 새로운 유토피아적 체제에 대한 상상력을 제공하는 식으로 말이다. 물론 링컨이 보기에 종교만이 이런 기능을 갖고 있는 것은 아니다. 다른 세속적 담론도 이에 상응하는 역할을 수행할 수 있다. 다만 종교는 보통의 상황에서 윤리적으로 문제시되는 행위들, 즉 살인이나 전쟁마저도 "의로운 행위나 성스러운 의무"(10쪽)로 재해석함으로써 이러한 행위의 주체가 자신의 폭력적 행위를 종교적으로 또 윤리적으로 정당화하는 데 아주 효과적인 힘

29 에밀 뒤르켐, 《종교생활의 원초적 형태》, 민혜숙·노치준 옮김(한길사, 2020).

을 발휘한다.

결국 9.11이라는 사건을 마주하면서 링컨은 모더니즘에 대한 포스트모더니즘의 온갖 비판을 십분 인정하면서도, 마르크스주의적 방식으로 재해석한 서구 계몽주의의 유산을 어느 정도 비판적으로 계승할 필요성을 느끼고 있는 듯하다. 그가 세계 평화를 위해 구체적인 정책적 해결을 제시하는 데 관심이 있는 것 같지는 않지만, 종교와 폭력에 대한 그의 이론으로 미루어볼 때 그가 생각하는 해결책은 물질적 자원과 비물질적 자원의 보다 공정한 분배와 관련 있지 않을까 조심스레 추측해본다. +

참고 문헌

Abrahamian, Ervand. "The US media, Huntington and September 11." *Third World Quarterly* 24 no. 3 (2003): 529-544.

알렉산더, 제프리 C.《사회적 삶의 의미: 문화사회학》. 박선웅 옮김. 한울, 2007.

Asad, Talal. *Formations of the Secular: Christianity, Islam, Modernity.* Stanford University Press, 2003.

_____. *Genealogies of Religion: Discipline and Reasons of Power in Christianity and Islam.* Johns Hopkins University Press, 1993.

Berger, Peter L., ed. *The Desecularization of the World: Resurgent Religion and World Politics.* Eerdmans, 1999.

뒤르켐, 에밀.《종교생활의 원초적 형태》. 민혜숙·노치준 옮김. 한길사, 2020.

_____. *Emile Durkheim on Morality and Society*. edited by Robert N. Bellah. University of Chicago Press, 1973.

Elshtain, Jean Bethke. *Just War against Terror: The Burden of American Power in a Violent World.* Basic Books, 2004.

_____. "An Extraordinary Discussion." *Sightings*. October 3, 2001. https://divinity.uchicago.edu/sightings/articles/extraordinary-discussion-jean-bethke-elshtain.

Elshtain, Jean B., et al. "What We're Fighting For: A Letter from America." *Washington Post*. February, 13, 2002. https://www.washingtonpost.com/wp-srv/nation/specials/attacked/transcripts/justwar_letter020102.html.

Fitzerald, Timothy. "Bruce Lincoln's 'Theses on Method': Antitheses." *Method and Theory in the Study of Religion* 18 no. 4 (2006): 392-423.

기어츠, 클리퍼드.《문화의 해석》. 문옥표 옮김. 까치, 1998.

헌팅턴, 새뮤얼.《문명의 충돌》. 이희재 옮김. 김영사, 1997.

키르케고르, 쇠렌.《두려움과 떨림: 변증법적 서정시》. 임규정 옮김. 지식을 만드는 지식, 2009.

Lewis, Bernard. *What Went Wrong? The Clash between Islam and Modernity in the Middle East.* Harper Perennial, 2003.

Lincoln, Bruce. "Bush's God Talk." Religion Online. accessed March 31, 2023. https://www.religion-online.org/article/bushs-god-talk/.

_____. "Concessions, Confessions, Clarifications, Ripostes: By Way of Response to Tim Fitzgerald." *Method and Theory in the Study of Religion* 19 no. 12 (2007): 163-168.

_____."Theses on Religion & Violence." *ISIM Review* 15 iss. 1 (2005): 12.

_____, ed. *Religion, Rebellion, Revolution: An Inter-Disciplinary and Cross-Cultural Collection of Essays*. Palgrave Macmillan, 1985.

Marx, Karl. "A Contribution to the Critique of Hegel's Philosophy of Right." translated by Annette Jolin and Joseph O'Malley. Marxists Internet Archive. accessed March 31, 2023. https://www.marxists.org/archive/marx/works/1843/critique-hpr/intro.htm.

McCutcheon, Russell T. "They Licked the Platter Clean: On the Co-Dependency of the Religious and The Secular." *Method and Theory in the Study of Religion* 19 no. 3/4 (2007): 173-199.

Schilbrack, Kevin. "What Does the Study of Religion Study?" *Harvard Theological Review* 111 no. 3 (2018): 451-458.

Smith, Jonathan. *Imagining Religion: from Babylon to Jonestown*. University of Chicago Press, 1988.

Watts, Galen and Sharday Mosurinjohn. "Can Critical Religion Play by Its Own Rules? Why There Must Be More Ways to Be 'Critical' in the Study of Religion." *Journal of the American Academy of Religion* 90 iss. 2 (2022): 317-334.

베버, 막스. 《직업으로서의 학문》. 이상률 옮김. 문예출판사, 2017.
"Text: President Bush Addresses the Nation." *The Washington Post*, September 20, 2001. https://www.washingtonpost.com/wp-srv/nation/specials/attacked/transcripts/bushaddress_092001.html.
"Text of President Bush's 2002 State of the Union Address." *The Washington Post*. January 29, 2002. https://www.washingtonpost.com/wp-srv/onpolitics/transcripts/sou012902.htm.
The University of Chicago Press, accessed March 31, 2023. https://press.uchicago.edu/ucp/books/series/FP.html.

서명삼
종교, 정치 그리고 경제가 맞물려 돌아가는 다양한 양상을 관찰하고 연구하는 종교인류사회학자이다. 서울대학교와 시카고 대학교에서 공부했고, 캘리포니아 대학교 비판적 한국학 센터에서 박사 후 연구 과정을 거친 후 이화여자대학교 기독교학과에서 가르치고 있다.

한상원

전쟁은 도덕적 고려의 대상이 될 수 있는가

마이클 왈저,《마르스의 두 얼굴: 정당한 전쟁·부당한 전쟁》,
권영근·김덕현·이석구 옮김(연경문화사, 2007)
Michael Walzer, *Just and Unjust Wars: A Moral Argument with Historical Illustrations* (Basic Books, 1977)

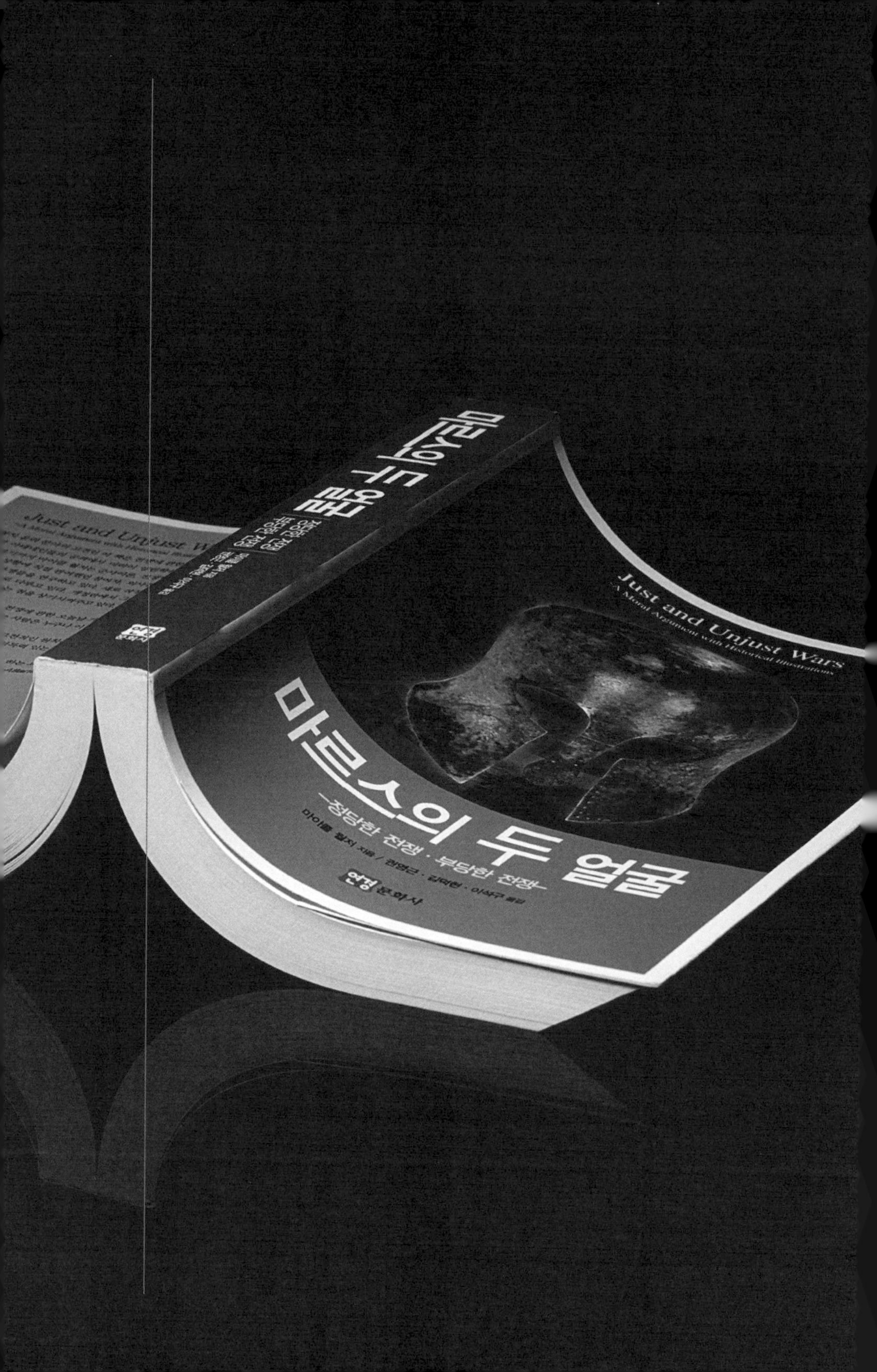
Just and Unjust Wars
A Moral Argument with Historical Illustrations
마르스의 두 얼굴
—정당한 전쟁 · 부당한 전쟁—
마이클 왈저 지음 / 권영근 · 김덕현 · 이서규 옮김
연경문화사

들어가며: 정의로운 전쟁 개념의 전통

미국의 정치철학자 마이클 왈저의 《마르스의 두 얼굴: 정당한 전쟁·부당한 전쟁》은 현대 전쟁 이론의 가장 중요한 고전으로 인정받는 책이다. 베트남 전쟁 반대 운동에 참여했고 비판적 저널인 《반대*Dissent*》의 편집장을 역임한 왈저는 이 책에서 전쟁이 도덕적 고려의 대상이 될 수 있으며, 되어야 한다고 주장한다. 이러한 주장은 일견 매우 비현실적으로 들릴 수 있지만, 왈저는 상세한 역사적 설명을 곁들여 자신의 주장이 갖는 힘을 증명한다. 그리하여 이 책은 서구 지성사에서 오랫동안 전개되어 온 정의로운 전쟁 이론, 일명 '정전론正戰論, just war theory'의 전통을 현대 도덕철학의 관점에서 계승하며, 신학적이고 형이상학적인 논거를 대신해 역사적이고 현실적인 수준에서 전쟁의 정당함과 부당함을 논한다.

서구 지성사에서 정당한(정의로운) 전쟁에 관한 고찰의 기원은 아우구스티누스Aurelius Augustinus Hipponensis의 기독교 정치신학으로 거슬러 올라간다. 물론 아우구스티누스의 기본적 입장은 기독교 신학의 관점에서 전쟁과 폭력 전체를 반대하고 이를 악으로 선포하는 것이다. 그의 《신국론》 19권은 "전쟁을 악의 관점에서 고찰"한다는 제목을 달고 있으며, 여기서 그는 스토아학파의 세계 시민주의에 공감을 표하면서 전쟁과 같은 인간 사회의 적대를 비난한다. 이러한 관점에 따르면, 전쟁은 인간이 지닌 사회적 교류와 평화를 향한 본성을 파괴하는 행위로서 부당하다. 그럼에도 의로운 전쟁 그 자체가 불가능한 것은 아니다. 다만 《신국론》에서 아우구스티누스는 전반적으로 전쟁과 폭력, 파괴 전체의 악함을 성토하는 입장을 취한다. 예컨대 그는 이렇게 적는다. "의로운 전쟁이 아니라면 현자는 그 전쟁을 수행해서는 안 되고, 따라서 현자는 어떤 전쟁도 수행해서는 안 될 것이다. 현자로 하여금 의로운 전쟁이라는 전쟁을 수행하지 않을 수 없게 하는 것은 상대편의 불의일 것이다. 전쟁을 일으킬 만한 그런 불의라면 인간 누구나 통탄해야 마땅하다."[1] 여기서 아우구스티누스는 어떤 전쟁이 '의로운 전쟁'으로 규정될 수 있는 척도를 반대 세력의 불의에서 찾는다. 따라서 전쟁의 정당성은 반대

1 아우구스티누스, 《신국론》, 성염 옮김(분도출판사, 2004), 2171-2173.

세력의 부당함에 근거한, 부정의 부정이라는 논법에 의해 획득된다. 그럼에도 그의 논점은 이러한 어쩔 수 없는 경우를 제외하고는 전쟁 자체가 부당하다는 사실에 맞추어져 있다. 왜냐하면 그가 보기에 전쟁은 악(죽음)의 실현이며, 전쟁을 한다는 이유만으로도 세속 국가, 곧 지상 도성의 도덕적 불완전성과 한계가 명확히 드러나기 때문이다. 지상 도성의 종말 이후 등장할 천상 도성에서는 전쟁이 사라지고 선의 목적인 영원한 생명과 평화, 그리고 스토아학파 철학자들이 주장한 세계 시민주의가 실현될 것이다.

그러나 아우구스티누스의 이런 주장이 널리 확산될 경우, 로마 사회에서 기독교 교회는 커다란 문제에 봉착한다. 지상 도성인 로마 국가가 전쟁에 청년들을 동원할 때, 교회는 그것의 악한 본성을 규탄하는 태도를 취해야 하는가? 그렇게 될 경우 교회는 국가로부터 박해를 받을 것이 분명하다. 따라서 전쟁 자체가 악하다고 주장하는 것은 현실적으로 기독교의 입지를 굳건히 해줄 수 없었다. 이 때문에 아우구스티누스는 현세에서 전쟁의 불가피함을 동시에 주장하지 않을 수 없었다. 영원한 평화는 지상 도성에서 실현될 수 없다. 현세에는 악이 존재하기 때문이다. 결국 최초의 정전론자 아우구스티누스도 지상 도성, 즉 현존 국가체제에서 전쟁이 불가피하다고 인식했다는 사실을 확인할 수 있다. 이는 그가 초기 기독교도들의 반전주의에 맞서 전쟁의 정당화를 시도했다는 데에서 드러난다. 예컨대 《마니교도 파우스투스 논박*Contra Faustum Manichaeum*》에서 그는 이렇게 주장한다. "전쟁이 신에 대한 복종 속에서 수행될 때, 누가 인간의 자부심을 꾸짖거나 황망해하거나 부숴버릴 것인가. 그것은 의로운 전쟁으로 허용되어야만 한다."[2] 전쟁이 악한 것은 그것이 인간의 폭력에 대한 사랑과 숭배를 낳기 때문이다. 그러나 참여자가 신에게 복종하고 신을 존경하는 가운데 전쟁을 수행한다면 그 안의 폭력성을 스스로 규제하는 것이 가능하므로, 전쟁을 올바른 방식으로 정당한 목적을 위해 행할 수 있다. 따라서 아우구스티누스는 다음과 같이 말한다. "올바른 행위는 그것들이 행해지도록, 또는 다른 사람들이 그것을 이러한 방식으로 행하도록 만들 필요가 있다."[3] 의롭고 올바른

2

Augustinus, "Contra Faustum Manichaeum," *Nicene and Post-Nicene Fathers*, First Series vol. 4, ed. Philip Schaff (Cosimo Classics, 2007), 415.

행위를 선량한 사람이 수행하는 것은 정의로우며, 이는 전쟁에서도 마찬가지다.[3]

근대 국제법 이론의 아버지라 불리는 네덜란드의 법학자 휘호 흐로티위스Hugo Grotius 역시 자연법과 정의의 관계를 다루는 과정에서 전쟁의 문제를 논한다. 흐로티위스는 국제 관계에서의 평화를 지지하고 평화를 위한 법이 필요하다고 보았지만, 동시에 전쟁에 대한 법도 필요하다고 보았다. 그런데 전쟁을 법의 대상으로 사유한다는 것은, 전쟁 그 자체에 대한 도덕적 증오와 무관하게 전쟁이 올바른 방향으로 수행될 때 누려야 할 법적 권리가 존재한다는 사실을 뜻한다. 법이 허용하는 전쟁의 권리란 침략받은 자가 무장할 수 있는 권리를 말한다. "만인이 자기 자신을 원조하고 돌보는 것은 인간 사회의 본성에 반하는 것이 아니며, 마찬가지로 그것은 타인의 권리에 손해가 되지 않는다. 따라서 타인의 권리를 침해하지 않는 무력의 사용은 부당한 것이 아니다. [...] 그리하여 오비디우스는 다음과 같이 쓰고 있다. '법은 우리를 공격하기 위해 무장한 사람들에 대항해 무기를 들 수 있도록 허락한다.'"[4]

아우구스티누스와 흐로티위스의 논의에는 공통점이 있다. 이들 모두는 근본적인 수준에서 전쟁이 의롭지 못함을 인정하지만, 세상에는 어쩔 수 없이 해야만 하는 전쟁도 있으며, 따라서 부당한 전쟁과 정의로운 전쟁을 구분할 수 있고 특히 후자는 전자에 대한 대응이라는 성격을 갖는다고 본다. 이와 같은 정전론의 전통은 평화주의를 지향하는 것처럼 보이지만, 정의로운 전쟁을 수행하는 것은 불가피하다고 주장하기 때문에 평화주의와 구별된다. 왈저 역시 이러한 사유 계보에 속해 있다. 다만 그는 전통적인 정전론을 훨씬 구체적이고 역사적인 지평 위에서 서술함으로써, 이 개념이 추상적인 수준이 아닌 구체적인 수준에서 설득력을 갖도록 하는 데 기여했다. 이제 왈저의 주요 주장들을 살펴보자.

왈저의 정의로운 전쟁 개념

이 책에서 전개되는 왈저의 가장 근본적인 주장은 "전쟁의 도덕적 실상

3
Augustinus, "Contra Faustum Manichaeum," 414.

4
Hugo Grotius, *The Rights of War and Peace I*, ed. Richard Tuck (Liberty Fund, 2005), 185.

moral reality of war”(83쪽)이라는 표현에 집약되어 있다. 그에 따르면 전쟁은 도덕적 질문을 반드시 수반하는 현실이다. 그의 이런 사유는 두 가지 극단적인 관점을 향한 반론이다. 한편으로는 모든 전쟁을 도덕적으로 부당하다고 간주하고 전쟁에 반대하는 평화주의가 있다. 다른 한편으로는 전쟁을 도덕적 관점으로 분석되지 않는 힘의 장으로 보는 현실주의가 존재한다. 왈저의 관점에서 평화주의는 전쟁을 공포스럽게 느끼는 도덕적 양심에 호소할 수 있지만, 부당한 침략을 받는 국가나 집단이 무력으로 저항해야 하는 현실적 필요성을 무시한다는 점에서 추상적이다. 반면 현실주의는 힘의 관계로만 환원되지 않는 전쟁이 제기하는 도덕적 문제가 존재한다는 사실, 그리고 그들의 도덕적 관점이 전쟁 당사자의 전략적 판단에 반영된다는 또 다른 현실을 무시하기 위해 애쓴다.

예컨대 현실주의자들은 투키디데스Thoukydidēs가 《펠로폰네소스 전쟁사》에서 다루는 ‘멜로스의 대화’를 냉혹한 국제 관계의 사례로 제시한다. 중립국인 멜로스에 아테네와의 동맹을 강요하기 위해, 아테네는 ‘강자는 할 수 있는 일을 하고, 약자는 받아들여야 하는 것을 받아들여야 한다’는 논리를 전개한다. 멜로스는 보편적인 선과 정의의 존재를 주장하며 이에 맞선다. 그러나 현실에서는 아테네의 논리가 승리를 거둔다. 멜로스를 침략한 아테네는 모든 남성을 살해하고 여성과 아이들을 납치해 노예로 삼는다. 현실주의자들은 이것이 냉혹한 국제 질서라고 말하며, 아테네인들과 동일한 논리를 전개한다. 국제 관계에서는 도덕이 아니라 강자의 의지가 모든 것을 결정한다는 것이다.

그러나 왈저가 보기에 멜로스와 유사한 사례인 미텔레네 침략의 경우, 아테네인들은 이후 자신들의 결정을 후회했다. 그들은 (멜로스와 마찬가지로) 모든 남성을 살해하고 여성과 아이들을 노예화하기로 한 자신들의 민회 결의를 비판한 디오도토스Diodotos의 손을 들어 결의를 취하했다. 이 취하는 물론 그러한 총체적 파괴가 아테네에 이익이 되지 않을 것이라는 생각에서 비롯했지만, 왈저는 그러한 판단의 근저에 놓인 것은 “도덕적 차원의 불안”(73쪽)임을 지적한다. 우리는 전쟁과 같은 광기와 맹목적인 폭력이 지배하는 상황에서도 도덕적 판단을 완전히 중단하지는 않으며, 때로 도덕적 판단이 전략적 판단에 결정적 영향을 미치기도 한다. 이런 이유에서 현실주의자들의 생각과 달리 도덕은 실제 현실에 영향을 행사하는 가장 커다란 힘 중 하나다. 그렇다면 전쟁 역시 도덕의 고려 대상이 되어야 한다. 이것이 ‘전쟁의 도덕적 실상’이라는 개념으로 왈저가 말하는 바다.

이처럼 왈저는 평화주의와 현실주의라는 두 가지 극단적인 관점 사이에서 구체적인 전쟁 사례를 검토하고, 그 안에서 각각의 정당성을 판단하기 위한 기준이 필요하다고 주장한다. 그는 그러한 전쟁의 도덕적 현실을 판단하는 두 가지 기준, 즉 1) 전쟁의 원인과 2) 전쟁에 사용된 수단을 구별한다. 그는 전자와 관련하여 '전쟁의 정당성just of war'을, 후자와 관련하여 '전쟁에서의 정당성just in war'을 제시한다. 이러한 논의는 전쟁이 지닌 정의의 조건을 '전쟁의 명분jus ad bellum'과 '전쟁 과정에서의 정당성jus in bello'으로 구분하는 고전적 이론 틀을 차용한 것이다. 왈저는 이처럼 고전적인 정전론의 전통을 계승하면서 침략에 대한 저항의 정당성을 주장한다. 침략은 침략자들이 목숨을 걸고 싸우도록 강요하기 때문에 죄의 경중을 물을 수조차 없는 무조건적 범죄이며, 따라서 이에 대한 저항은 "도덕적으로 항상 정당"한 것이다.(147쪽) 전쟁은 항상 죽음을 낳으므로 폭력적이고 파괴적이다. 그러나 정의로운 전쟁은 전쟁 자체의 폭력성과 파괴성을 감수하고라도 치러야 할 불가피한 전쟁이며, 더 나아가 반드시 이겨야 하는 전쟁이다.

다만 그러한 침략에 대한 저항의 구체적인 방법이 모두 정당화되는 것은 아니므로, 정당한 전쟁 수행 방법에 대해서는 더 다양한 도덕적 고려와 국제적 합의가 필요하다고 왈저는 말한다. 그는 총력전을 반대하며 정당한 전쟁 역시 제한된 전쟁으로 치러야 한다고 주장한다. 또 정의로운 전쟁은 구체적인 수단에서 교전 규칙을 포함한 국제 협약을 준수해야 함을 강조한다. 때로는 침략자에 대한 저항이 너무나 커다란 피해를 낳을 것을 예상해 군사적 저항을 포기하는 것이 더 현명할 수도 있지만, 그러한 판단은 침략 피해 당사자가 스스로 내려야 한다.

왈저의 이론은 선제공격의 정당성을 때로 인정한다는 점에서 침략에 대한 전통적인 정전론과 다르다. 왈저가 제시하는 정당한 선제공격의 사례는 1967년 6일 전쟁이다. 그에 따르면 이집트는 이스라엘 건국의 정당성을 전혀 인정하지 않고 1967년 5월 군사 행동을 시작했다. 그러나 이집트의 군사적 행동 준비가 야기한 이스라엘의 극심한 공포는 "정당한 두려움just fear"(205쪽)의 전형적인 사례를 보여주었다. 결국 이스라엘의 선제공격은 정당한 선제공격으로 간주된다. 이처럼 왈저는 영토 보전이나 정치적 독립을 잃을 위험에 처한 국가가 선제적으로 군사력을 사용하는 일이 정당함을 인정할 필요가 있다고 말한다. 이는 자신을 살해할 의도를 가진 사람에 대한 공격이 정당방위가 되는 것과 같은 이치라는 것이다.

같은 맥락에서 왈저는 정의로운 전쟁의 관점에서 인도주의적 개입도 지지해야 한다고 주장한다. 전통적인 침략론이나 율법주의legalism 패러다임에 따르면, 주권 국가의 내정에 간섭하는 일은 근본적으로 부당하다. 그러나 왈저의 견해에 따르면 주권 국가는 국제 사회의 일원으로서 자국민의 권리를 보장할 의무가 있으며, 주권 국가가 이 의무를 이행하지 않는 경우에는 개입하는 것이 정당하다. 이러한 원칙은 특히 개별 주권 국가가 자국민을 노예화하거나 정치적 반대 세력을 제거하고 소수 민족이나 종교인을 학살하는 등 자국민의 인권을 대규모로 침해하는 경우에 적용된다. 이때 이러한 개입을 내정 간섭으로 볼 수 없는 이유는, 자국민을 학살하거나 노예 상태로 전락시키는 국가가 자기 결정권을 가진 정치 공동체로서 국제법이 보장하는 정당한 지위를 갖는다고 보기 어렵기 때문이다. 이러한 맥락에서 인류의 도덕적 양심에 충격을 준 잔인한 폭력 행위에 대한 인도주의적 개입은 법적으로나 도덕적으로 정당화될 수 있다는 것이다.

여기서 우리는 왈저 정전론의 이중성을 마주한다. 베트남 전쟁의 비판가로서 전쟁은 도덕적인 관점에서 판단되어야 한다는 왈저의 주장은, 이스라엘의 중동 전쟁과 미국 등 서구 열강의 예방적 선제공격을 정당화할 위험이 있다. 2003년 이라크 전쟁 이후의 국제 사회에서 이는 가볍게 넘길 문제가 아니다. 내 생각에 이 문제는 왈저의 논의가 전쟁의 도덕적 정당성에만 초점을 맞출 뿐, 전쟁이 발생하는 국제 관계의 권력 역학이나 헤게모니 지정학을 거의 고려하지 않기 때문에 발생한다. 이제 왈저의 관점이 지닌 약점들을 살펴보기로 하자.

비판들

나는 왈저의 견해에 대해 다음과 같은 비판이 가능하다고 생각한다. 첫째로 왈저는 전쟁의 도덕적 정당성 여부에만 주목할 뿐, 세계 질서에서 작동하는 권력에 대한 문제 제기와 특히 제국주의 개념은 그의 논의에 부재한다. 예를 들어 왈저는 이라크 전쟁을 부당한 전쟁으로 보는 관점을 비판하면서, 미국이 주도하여 수행한 1991년 걸프전을 정의로운 전쟁의 대표 사례로 소개한다. 이에 따르면 이라크가 1990년 8월 쿠웨이트를 먼저 침략했으며, 1991년 연합국이 군사 행동을 개시하기까지 몇

개월 동안 국제 사회는 이라크를 봉쇄했을 뿐 추가 공격을 하지 않으면서 평화적 해결을 모색했다. 국제 사회의 경고에도 불구하고 이라크는 끝내 철군하지 않았고, 이에 대한 군사 행동은 유엔 안보리의 동의를 거쳐 적절한 절차로 개시되었으며, 연합국은 이라크의 항복 이후 바그다드로 진격해 바트당 정권을 무너뜨리는 대신 빠르게 전쟁을 중단함으로써 이 전쟁을 제한전 수준으로 억제하는 데 성공했다. 따라서 이 전쟁은 '최후의 수단' 원칙과 비례성의 원칙을 준수하고 제한전으로 남는 데 성공한 정의로운 전쟁의 사례 중 하나라는 것이다.

왈저의 이런 논의는 걸프전을 주도한 미국이 탈냉전 시기 패권을 유지하기 위해 소련을 대체할 새로운 적을 찾고 있었고, 사담 후세인이 그러한 적의 개념에 부합하는 대상이었다는 사실은 다루지 않는다. 달리 말해, 왈저가 걸프전을 정의로운 전쟁이라고 묘사할 때 탈냉전 시기의 국제 사회에서 주도권을 유지하기 위한 미국의 제국주의적 이해관계는 지적되지 않는다. 특히 걸프전 이후 등장한 부시 행정부의 '새로운 세계 질서'라는 개념은, 냉전 이후 새로운 잠재적 경쟁국들이 등장할 가능성을 차단하고 일극적인 세계 질서를 유지하기 위해 미국이 세계 평화를 지키는 경찰 역할을 해야 함을 암시했다. 이러한 이유에서 걸프전은 조속히 종식되었지만, 걸프전을 지켜본 북한은 자신들이 사담 후세인의 뒤를 이을 것이라는 초조함을 느끼고 핵 개발에 착수했고, 이는 1994년 한반도 전쟁 위기로 이어졌다. 왈저가 걸프전을 '정의로운 전쟁'이라고 부를 때 이런 요소들은 결코 고려되지 않는다.

왈저는 오히려 전쟁의 도덕성은 그 전쟁이 발생한 맥락(그는 이를 부수적 요인 정도로 취급한다)과 분리하여 고찰할 수 있다고 주장한다. "정당한 범주 안에서 전쟁을 지지하면서도 해당 정부가 추구하는 전쟁 수행의 부수적 이유들과 관련해 이의를 제기할 수 있다. 이라크의 쿠웨이트 침략을 분쇄하라고 촉구함과 동시에 미국이 말하는 '새로운 세계 질서'의 성격을 비난할 수도 있다."(51쪽) 어떤 행위의 도덕적 정당성 여부를 그 맥락으로부터 고립된 행위 자체에서 도출할 수 있다고 믿는 이러한 관점은 도덕과 정치를 분리하며, 전쟁을 보다 큰 국제 관계에서의 권력과 헤게모니 갈등이라는 맥락에서 분리한다. 그러나 개별적 사건을 그것의 전체 맥락에서 빼내 고찰한다는 점에서 이러한 분석은 그 자체로 추상적이다. 세계는 결코 진공 상태가 아니며, 현실은 힘들의 각축장으로서 그 안에서 벌어지는 개별적 행위들은 결코 고립되어 고찰

될 수 없기 때문이다.

왈저의 논의가 띠는 이러한 추상성은 인도주의적 개입 전반에 대한 그의 시각에서도 드러난다. 인도주의적 개입을 옹호하는 왈저의 논의에는 인권과 주권의 긴장에 대한 인식이나, 국제 질서의 불안정과 같은 개념은 등장하지 않는다. 그러나 현실은 왈저의 생각보다 훨씬 복합적이며, 강대국은 결코 순수한 '인도주의적' 관점에서 전쟁을 일으키지 않는다. 미국이 아프가니스탄과 이라크는 군사력으로 정권을 교체시켰지만, 사우디아라비아는 군사 공격을 가하지 않는 이유를 왈저는 어떻게 설명할 것인가? 그는 미국과 아프가니스탄의 전쟁은 정의로운 전쟁으로 규정하고, 2003년의 이라크 전쟁은 부당한 전쟁이라고 주장한다. 여기서도 그는 개별적 사건들을 전체 맥락에서 고립시켜 각각의 도덕성을 계산하고 있을 뿐이다. 그의 논의에는 미국의 세계 패권 전략, 석유에 대한 이해관계 등 '제국주의'라는 개념으로 요약할 수 있는 국제 관계에 대한 인식은 존재하지 않는다. 나아가 이러한 인도주의적 이유에서 이루어지는 선제공격이 어떻게 국제 관계의 질서를 불안정하게 만드는지에 대한 비판도 고려하지 않는다.

둘째로, 각 사례를 판단하는 도덕성의 기준 역시 애매모호하다. 왈저는 수많은 구체적 전쟁 사례를 검토하여 매우 객관적인 척도를 제시할 수 있는 것처럼 말하지만, 실은 매우 자의적인 해석을 수행하며 이를 통해 강대국의 전쟁 수행에 정당성을 부여하기까지 한다. 대표적으로 왈저는 이스라엘이 수행한 전쟁을 무조건적으로 정당화한다. 앞서 언급했듯이 그는 '정당한 두려움'이라는 모호한 개념을 동원해 1967년 이집트가 이스라엘에 실질적 위협을 가하고 있었으므로 이스라엘의 선제공격이 정당하다고 말한다. 이러한 논의에는 이스라엘이 건국 과정에서 현지 아랍인을 강제로 추방하고 학살한 역사적 사실이나, 서방 열강이 중동의 민족주의 정권을 억누르고 지역 패권을 유지하기 위해 비밀리에, 때로는 공개적으로 이러한 폭력을 후원했다는 사실은 전혀 고려되지 않는다. 이스라엘이 '정당한 두려움'을 가지고 있었다면, 서방의 강력한 후원을 받는 이스라엘의 존재가 인근 아랍 국가들에게 주는 두려움은 무엇으로 설명할 수 있는지도 묻지 않는다. 1967년 6일 전쟁 이후 이스라엘의 불법적인 영토 확장과 정착촌 건설, 팔레스타인인에 대한 차별과 학살의 역사 역시 거론되지 않는다. 논의되는 것은 오로지 이스라엘의 선제공격 행위가 도덕적으로 정당한가 하는 고립적 질문이며,

질문 자체가 잘못 설정되었기 때문에 답변 역시 잘못 도출되고 있다.

셋째로, 이는 부분적으로 그가 제시하는 수많은 사례를 구성하는 개별 요소를 잘못 알고 있기 때문이다. 왈저는 1950년의 한국 전쟁 역시 정의로운 전쟁의 사례로 제시하며, 그 근거로 남한 정부가 남베트남과 달리 주민들의 확고한 지지를 받고 있었다는 점을 든다. 그러나 과연 전쟁 당시 남한 정부는 광범한 주민들의 굳건한 지지를 받는 정부였는가? 물론 1948년 총선거의 성공은 이를 뒷받침하는 것처럼 보인다. 그러나 분단을 극복할 대안이 부재한 상태에서 이루어진 총선거가 과연 남한 정부의 정통성을 보장하는가? 나아가 이 총선 전후로 일어난 반란들과 이를 진압하기 위해 제주, 여수, 순천 등에서 남한 정부가 행사한 가혹한 국가 폭력은 무엇을 말해주는가? 전쟁 중 미국의 무차별적 민간인 폭격과 반공주의를 내건 남한 정부의 민간인 학살, 또 게릴라 토벌 과정에서의 잔혹성 등은 어떻게 설명할 수 있을까? 적지 않은 한국인들은 한국 전쟁을 미소 간 냉전을 대리하여 벌어진 극단적 폭력의 상연장이자 광기 어린 내전으로 기억하고 있다. 이 비극을 '정의로운 전쟁'이라고 부르는 것은 어떤 맥락에서는 전쟁을 상처가 아니라 영광으로 기억하고 이를 토대로 민주주의를 억압하고자 하는 세력들에게나 도움을 줄 뿐이다.

넷째로, 왈저의 논의는 때로 자신이 비판하는 현실주의자들의 논의를 지나치게 닮아 있다. 이는 국가들 사이의 협정을 준수해야 하므로 빨치산 저항 활동은 점령군의 처벌 대상이 될 수 있다는 주장에서 드러난다. 그가 제시하는 사례는 다음과 같다. 2차 세계 대전 당시 독일군이 점령한 프랑스 시골 마을에서 헬무트 타우젠트Helmuth Tausend 대위가 이끄는 독일군 소대원들이 논밭을 지나가고 있었다. 이때 고구마 캐는 농부로 위장하고 논밭에 대기하던 프랑스 레지스탕스 게릴라들이 숨겨둔 총기로 독일군을 공격하여 순식간에 14명이 사망했다. 그런데 당시 프랑스는 독일에 항복했기 때문에 독일군은 전투 준비가 되어 있지 않았으며, 따라서 이러한 공격은 전투라기보다는 일방적인 살인이라는 것이 왈저의 주장이다.

이 질문은 국가가 공식적으로 항복한 상황에서 게릴라 저항을 일으키는 것은 도덕적으로 정당한가, 또는 이에 대한 독일군의 진압 활동은 정당한가 하는 물음으로 이어진다. 이는 쉽지 않은 문제다. 우리는 게릴라가 정당하다고 말하고 싶지만, 국가가 항복한 상황에서의 지속적 군사 공격은 항복 선언 자체를 무력화하여 국가를 다시 전쟁터로 만들고 다수 민간인의 삶을 위기로 몰아넣을 수 있다. 또 국가의 항복 선언과 무관한 게릴라 형태의 군사 저항을 정당한 것으로 간주하게 되면, 이것은 의도치 않은 결과로 이어질 수 있다. 예컨대 어느 전쟁 상황에서나 목격하게 되는, 평화 협정을 체결하려는 비둘기파 정치인들의 노력을 비웃으며 전쟁을 이어가려고 하는 호전적 군국주의자들의 논리에 힘을 실어주는 근거로 작용할 수도 있다. 왜냐하면 그들은 게릴라 지도부와 똑같이 이렇게 말할 것이기 때문이다. "정치인들이 뭐라 하건, 그들이 어떤 조약을 체결했건 우리는 전쟁을 계속한다."

이러한 맥락에서 왈저는 다음과 같이 답한다. "저항은 합법적이며, 저항을 처벌하는 일도 합법적이다."(373쪽) 저항은 도덕적으로 옳다. 그렇지만 휴전을 거부하는 이들의 활동이 일상의 평화를 파괴할 수 있다는 것 역시 사실이므로, 점령 당국이 이들을 진압하는 일도 비난할 수 없다. 또 나치 군대가 순식간에 독일 병사 14명을 살해한 이들 빨치산을 처형한 일은 나치의 전쟁 범죄로 인정할 수 없다. 그러면서 왈저는 다음과 같은 말을 덧붙인다. "우리는 반역자로 지칭하지 않으면서도 빨치산들의 저항을 유감스럽게 생각할 수 있으며, 빨치산을 처형하는 행위를 범죄로 지칭하지 않으면서도 점령 자체를 증오할 수 있다."(373쪽) 그러나 우리가 점령 자체를 증오하는 것만으로 점령을 막을 수 있는가? 이것은 왈저의 관심사가 아니다. 그의 관심사는 오로지 저항 행위가 합법인지 불법인지에 관한 형식적 판단뿐이다. 그리고 그가 제시한 답변은, 점령이 부당하다고 도덕적으로 분개할 수는 있지만 국가가 항복한 순간 점령에 대한 군사적 저항은 불법이라는 실정법의 논리에 가깝다. 그리고 이런 측면에서 그의 논의는 주권 국가를 질서의 유일한 담지자로 간주하는 현실주의 국제 관계론과 유사하다. 왈저와 현실주의자들은 모두, 군사 침공을 통한 점령 자체가 불법이었다면 저항을 처벌하는 점령군에게 어떤 정당성이 부여될 수 있는가 하는 물음은 던지지 않는다.

그럼에도 왈저가 갖는 설득력: 정전론을 기각할 수 있는가?

이렇듯 왈저의 이론은 여러 비판과 반론에 직면할 수 있다. 전쟁의 도덕성 여부에 초점을 두면서도 전쟁이 발생하는 현실적 바탕을 이렇게까지 추상적으로 파악하는 것은 어떤 측면에서도 납득이 가지 않는다. 이는 사실 왈저만의 문제는 아니다. 국제 관계를 도덕의 틀 속에서만 고찰하는 이론가들은 많은 경우 '제국주의'라는 개념을 기각하고 강대국의 현실적 이해관계를 배제한 채 오로지 도덕의 언어로 국제 관계를 바라볼 뿐이다. 인도주의적 개입을 지지하는 세일라 벤하비브Seyla Benhabib와 마사 누스바움Martha C. Nussbaum은 '세계시민주의'의 이름으로 공중 폭격과 점령을 지지한다.[5]

그럼에도 불구하고 우리는 왈저의 정전론이 갖는 힘이 있다는 사실을 인정하지 않을 수 없다. 특히 그것은 현실주의와 평화주의라는 양극단이 빠지는 함정을 그가 예견하고, 이 양극단과는 다른 대안을 도출하는 순간에 나타난다. 앞서 현실주의에 대한 정전론의 반론은 상세히 살펴보았으므로, 이번에는 왈저의 평화주의에 대한 비판을 다루어 보자. 왈저에 따르면, '전쟁 없는 세상'이라는 평화주의자들의 유토피아는 천진난만한 상상이거나 현실적 구속력이 없는 메시아주의에 불과하다. 왈저가 보기에 이들은 "사자와 어린 양이 함께 누워 있는 세상, 즉 평화주의자 내지는 메시아의 출현을 고대하는 사람들이 생각하는 망상"(55쪽) 속에 살고 있다. 특히 침략을 당한 상황에서조차 전쟁 수행을 거부하고 비폭력 저항을 요구하는 세력에 대해, 왈저는 '무기를 사용하지 않는 전쟁'이라는 그들의 시도가 현실적으로 봉착하는 난관을 다음과 같이 표현한다. "지금까지 비폭력은 폭력 또는 폭력의 위협이 실패로 끝난 이후에나 침략에 대항해 시행됐다."(55쪽) 비폭력 저항이 가능하게 되는 것은 침략 행위 그 자체가 절반에 그쳤을 때이며, 이는 침략에 대한 군사적 저항이 있었기 때문에 가능한 것이다. 달리 말해 비폭력 저항은 폭력적 저항에 의존한다. 따라서 일체의 폭력으로부터 순수한 비폭력 저항 같은 것은 존재하지 않는다. 역사적 사례들은 대부분 이를 증명한다. 왈저는 프란시스코 프랑코Francisco Franco의 파시스트 군대가 일으킨 불법적 쿠데타에 맞서는 국제 의용군에 자원해 스페인 내전에 참전한 바 있는 조지 오웰George Orwell이 이 때문에 간디를 비웃었다고 전하며 그의 말을 인용한다. "정권에 대항해 싸우고 있는 자들이 한

---

5 다음 글들을 참조하라. Martha C. Nussbaum, *Frontiers of Justice: Disability, Nationality, Species Membership* (Harvard University Press, 2006); Seyla Benhabib, *The Right of Others: Aliens, Residents, and Citizens* (Cambridge University Press, 2004); Seyla Benhabib, *Another Cosmopolitanism* (Oxford University Press, 2006).

밤중에 갑자기 사라져 이들에 관해 재차 듣지 못하게 되는 국가에서 간디가 적용한 방법이 어떻게 적용될 수 있을 것인지 의문이다."(634쪽) 왈저는 이러한 맥락에서 비폭력 저항을 주장한 간디를 비판한다. 비폭력 저항을 주장하는 간디의 시각에서는 유대인들 역시 나치에 무장 저항할 권리가 없으며, 따라서 간디는 절멸의 위기 앞에서 유대인들이 "나치 독일에 대항해 싸우기보다 자살해야 할 것이다"라고 조언했다는 것이다.(634쪽) 유대인들을 향한 간디의 이 냉소는 어디서 비롯할까? 비폭력 저항을 위한 심오한 아힘사(불살생) 사상을 전개한 그는 왜 유대인들을 조롱하면서 자신의 공격성을 드러내는가? 왈저가 보기에는 여기에 평화주의의 역설이 있다. 평화주의는 결코 폭력 자체를 사라지게 만들지 못한다. 오히려 폭력의 방향을 자기 자신으로 돌려서, 스스로를 폭력을 사용할 자격이 없는 존재로 만들 뿐이다. "극한 상황에서 비폭력은 자신을 죽이고자 하는 자를 겨냥한 폭력이 아니고 자신을 겨냥한 폭력으로 전락된다."(634쪽)

평화주의에 대한 왈저의 이런 날선 비판은 흥미롭다. 그것은 방금 우리가 보았던 왈저 이론의 한계, 즉 의도치 않게 강대국의 전쟁 수행을 정당화하는 측면에 관계된 것일까? 우리는 쉽게 이렇게 말할 수 없다. 왜냐하면 왈저가 자신의 텍스트에서 상세하게 밝히고 있듯이, 제국주의론의 전통을 전개한 마르크스주의자들도 전쟁 그 자체에 반대하는 평화주의가 아니라 '정의로운 전쟁'을 지지하고 부당한 침략에 반대하는 정전론자들이었기 때문이다. 예컨대 마르크스는 1870년 프로이센-프랑스 전쟁 당시 처음에는 비스마르크가 이끄는 프로이센의 승리를 지지했다가, 프로이센이 승리하자 그 뒤에는 독일군의 철수와 알자스로렌 병합 반대를 주장했다. 레닌은 잘 알려진 것처럼 1차 세계 대전을 "제국주의 강도들의 내전"이라고 규정했지만, 이는 모든 전쟁이 부당하다는 평화주의의 관점과는 거리가 멀었다. 1차 세계 대전에 대한 일반론과 별개로 레닌은 중립국 벨기에를 향한 독일의 침공에 반대해야 함을 역설하고, 소수 민족의 자결권과 제국주의 국가에 대항하는 방어권을 주장했다. 동시대 사회주의자들과의 논쟁 과정에서 레닌은 분명한 언어로 스스로를 정전론의 계보에 위치시키기까지 했다. "사회주의자들은 이렇듯 특수한 의미에서의 '방어전'을 '정의전just war'이라고 이해해 왔다."[6]

이러한 맥락에서도 알 수 있듯, 우리는 정의로운 전쟁에 관한 왈저의 이론이 드러내는 무수한 한계와 그 위험성에도 불구하고 그의 독특한 관점, 곧 국제 질서를 힘의 장으로만 보고 도덕적 판단을 제거하는 현실주의론과 모든 폭력에 반대하는 평화주의라는 양극단을 비판하면서 전쟁 자체 역시 도덕적 고려 대상이 되어야 한다는 주장에 설득력이 있음을 인정해야 할 것 같다. 왈저는 자신에게 가해지는 비판들을 의식하며 다음과 같이 말한다. "우정이 잘못된 친구들에 의해 교묘히 이용될 수 있음에도 불구하고 우리는 우정이란 개념을 버리지 않는다. 마찬가지로 '정당한 전쟁' 이론이 잘못 사용되는 경우가 있다고 할지라도 이 이론을 포기하지 않는 것이 중요한 의미가 있다."(39쪽)

전쟁이 도덕적 고려의 대상이 되며, 때로 어떤 전쟁 노력을 '정의로운 전쟁'으로 지지할 수 있다는 사실만큼은 반박하기 어려운 것으로 보인다. 이는 우크라이나 전쟁 이후 전 세계의 시민 사회 진영이 빠지게 된 복잡하고 난처한 상황을 이해하는 데에도 도움을 준다. 분명 현실주의자들이 지적하듯이, 나토의 동진 정책은 러시아의 질서에 대한 위협이며 이런 면에서 러시아의 자기주장은 일말의 합리성이 있다. 그러나 그러한 러시아의 자기주장은 러시아가 침략한 우크라이나의 자결권과 독립을 부정하는 것으로 이어진다. 따라서 자신들의 주권과 민주주의를 지키기 위한 침략당한 우크라이나의 저항은 '정의로운 전쟁'의 이름으로 불러야 할 것이다. 이것은 국제 관계를 질서의 관점에서만 바라보는 현실주의자들의 논의와, 우크라이나의 무장 저항 역시 반대해야 할 전쟁 행위로 보는 추상적 평화주의 관점 모두를 비판하는 관점이다. 그러나 우크라이나의 저항 역시 정의로운 전쟁이 갖추어야 할 조건, 곧 제한전과 최소한의 전쟁 수행이라는 원칙을 지켜야 한다. 이러한 관점에서 보면 우크라이나의 저항을 지지하면서도, 외교적 노력을 등한시하며 이루어지는 미국, 영국, 독일 등 서방 강대국들의 중화기 무기 지원도 거리를 두고 비판할 수 있다. 결국 정의로운 전쟁 이론은 위험하지만 동시에 결코 그 자체로 온전히 반대할 수는 없는 어떤 대상인 것 같다. 우크라이나 전쟁 1주년을 맞아 이루어진 인터뷰에서 나온, 다음과 같은 러시아 출신 페미니스트 반전 활동가의 목소리도 부당한 전쟁에 맞선 저항이 정당하다는 판단 없이는 호소력을 갖지 못할 것이다.

6
블라디미르 레닌, 《사회주의와 전쟁 외》, 오영진 옮김(두레, 1989), 26.

우크라이나는 지금 자신들만을 위해 싸우고 있는 것이 아니다. 어떻게 보면 러시아의 미래를 위해서도, 세계의 변화를 위해서도 싸우고 있다고 생각한다. 어떤 러시아인들은 우리가 배신자라고 말하겠지만, 저는 오히려 조국이 더 좋은 나라가 되기를 희망하면서, 그런 미래를 위해 우크라이나가 승리해야 한다고 생각한다. 지금 전쟁을 저지른 이들은 책임을 지고 벌을 받아야 한다. 침공에 반대하고 우크라이나를 지지하는 것은 더 나은 러시아를 위한 싸움이기도 하다.[7] +

7
박민희, ""우크라가 이기면, 강대국 마음대로 한다는 오만함 버리게 될 것"", 《한겨레》, 2023년 2월 22일, https://www.hani.co.kr/arti/international/international_general/1080668.html.

참고 문헌

박민희. ""우크라가 이기면, 강대국 마음대로 한다는 오만함 버리게 될 것"". 《한겨레》. 2023년 2월 22일. https://www.hani.co.kr/arti/international/international_general/1080668.html.

아우구스티누스. 《신국론》. 성염 옮김. 분도출판사, 2004.

_____. "Contra Faustum Manichaeum." in *Nicene and Post-Nicene Fathers*, First Series vol. 4, edited by Philip Schaff. Cosimo Classics, 2007.

Benhabib, Seyla. *Another Cosmopolitanism*. Oxford University Press, 2006.

_____. *The Right of Others: Aliens, Residents, and Citizens*. Cambridge University Press, 2004.

Grotius, Hugo. *The Rights of War and Peace I*. edited by Richard Tuck. Liberty Fund, 2005.

레닌, 블라디미르. 《회주의와 전쟁 외》. 오영진 옮김. 두레, 1989.

Nussbaum, Martha C. *Frontiers of Justice: Disability, Nationality, Species Membership*. Harvard University Press, 2006.

한상원

충북대학교 철학과 교수. 서울시립대학교 철학과에서 마르크스의 물신주의와 이데올로기 개념 연구로 석사 학위를, 독일 베를린 홈볼트 대학교에서 아도르노의 정치철학 연구로 박사 학위를 받았다. 저서로 《앙겔루스 노부스의 시선: 아우구스티누스, 맑스, 벤야민. 역사철학과 세속화에 관한 성찰》이, 역서로 《공동체의 이론들》(공역), 《아도르노, 사유의 모티브들》, 《역사와 자유의식: 헤겔과 맑스의 자유의 변증법》이 있다. 《현대 정치철학의 네 가지 흐름》, 《비판적 사고: 어떻게 다르게 생각할 것인가》, 《근대 사회정치철학의 테제들》, 《모빌리티 존재에서 가치로》, 《아도르노와의 만남》, 《왜 지금 다시 마르크스인가》 등을 공저했다.

이현미

존재의 탈식민화와 세계의 인간화를 위하여

노서경, 《알제리전쟁 1954-1962: 생각하는 사람들의 식민지 항쟁》(문학동네, 2017)

STUDIUM
스투디움 총서 08
알제리전쟁
1954-1962
생각하는 사람들의
식민지 항쟁
노서경
문학동네

알제리 독립 전쟁과 새로운 인간

1961년 11월, 프랑수아 마스페로 출판사에서 탈식민주의 사상가 프란츠 파농Frantz Fanon의 《대지의 저주받은 사람들》이 출간되었다. 1954년 11월 시작된 알제리 독립 투쟁 8년 차에 세상에 나온 이 책은 1955년 프랑스 정부가 공포한 언론·출판 통제 긴급 조치에 따라 즉시 배포 금지되었다. 그리고 파농은 몇 주 뒤 36세의 나이에 골수암으로 사망했다.

생애 마지막 1년 동안 집필한 이 책에서 파농은 무엇을 말하는가? 2002년판 서문을 쓴 알리스 셰르키Alice Cherki의 표현을 빌리면, 그 핵심은 '존재의 탈식민화'이다.[1] 이것은 프랑스인과 알제리인, 알제리의 무슬림 선주민과 식민자colon 또는 피에누아르pied-noir와[2] 아르키harki[3], 아프리카인과 아시아인과 유럽인과 아메리카인 모두의 문제다. 이 사실은 중요하다. 식민주의가 선주민과 이주민, 유색인과 백인, 무슬림과 가톨릭교도 등 끊임없는 이분법으로 경계를 구획하는 체제였던 반면, 탈식민은 알제리와 프랑스, 식민자와 피지배자의 경계를 넘어서는 평등한 '세계'를 향한 변혁의 요구였기 때문이다.

파농 자신의 표현을 빌리면 탈식민은 "이 세계를 인간화"하는 프로젝트이다. 탈식민화란 "어떤 종의 인간을 다른 종의 인간으로 바꾸는 것"이며, 궁극의 목표는 "새로운 인간의 창조"이다.[4] 이러한 탈식민화는 양방향으로 전개된다. 식민지 민중이 비참한 현재에서 벗어날 권리를 주장하고 무장 봉기로 기존 질서를 무너뜨려 직접 역사를 실현하기로

---

1 프란츠 파농, 《대지의 저주받은 사람들》, 남경태 옮김(그린비, 2004), 13.

2 유럽계 알제리 정착민을 지칭하는 피에누아르에 관해서는 문종현, 〈알제리 전쟁과 프랑스 정주민(settler)〉, 《Homo Migrans》 26권(2022): 8-33을 참고하라.

3 알제리 전쟁에서 프랑스군으로 동원된 알제리 무슬림을 가리킨다. 프랑스군이 토벌 작전의 일환으로 알제리 주민들을 수용소에 대거 강제 수용하는 정책을 시행하여 생계 유지가 힘들어진 농민 계층이 대다수를 차지했으며, 20만-40만 명 규모로 추정된다. 알제리 독립 후 프랑스의 식민자 모국 송환 정책에서 배제되면서 아르키 수만 명이 알제리에서 보복 살해당했다. 문종현, 〈알제리 전쟁 이후 아르키(Harki)의 프랑스 이주: 프랑스의 모국송환자(rapatrié) 정책과 아르키〉, 《Homo Migrans》 23권(2020): 219-249.

4 파농, 《대지의 저주받은 사람들》, 124, 55-56.

결심하면서, 그리고 과거에 행사한 폭력의 부메랑을 맞은 유럽인 옛 지배자들이 힘의 관계가 역전되었음을 자각하고 미래에 대한 식민지 민중의 자기 결정권을 인정하면서 일어난다.

1960년 4월의 강연 '우리는 왜 폭력을 사용하는가?'에서 파농은 식민 질서는 피식민자에 대한 일상적 폭력으로 유지되며, 과거에 대한 폭력일 뿐 아니라 미래에 대한 폭력임을 지적한다. 프랑스인 식민자는 변화를 용인하지 않고 영원히 현재 상태에 머물러 있는 알제리만을 원하기 때문에, 그들은 알제리에서 "사는" 것이 아니라 알제리를 "통치"할 따름이라는[5] 파농의 통찰은 식민 체제가 식민지 거주자에게 강제하는 몰역사성을 예리하게 포착한다.

파농의 통찰은 식민 모국의 반식민 지식인 장폴 사르트르Jean-Paul Sartre의 목소리와 공명한다. 《대지의 저주받은 사람들》 1961년 서문에서 사르트르는 극단주의자와 자유주의자를 막론하고 유럽인들 모두가 식민지 착취의 혜택을 받았기 때문에 식민주의의 공범자라고 말한다. 이러한 상황에서 자유, 평등, 박애, 사랑, 명예, 애국심을 외쳐본들 그것은 선주민들을 노예와 괴물로 만들어야만 인간 노릇을 할 수 있는 '인종주의적 인간주의'에 불과하다. 8년 동안 계속되는 알제리 전쟁에서 식민지 민중은 선주민들을 비인간화하고 짐승처럼 부려온 이주민들의 폭력에 대항하여 자신을 인간으로 재창조하고 있다. 그리고 이 새로운 인간, 해방된 인간은 식민 모국의 법제나 좌파의 지지에 기대지 않고 본연의 권리, 모든 것에 대한 권리를 주장해 나간다. 이 주장을 실현하는 것은 식민지 민중이 행사하는 조직적 폭력, 즉 봉기이다. 봉기의 힘은 폭력이라는 수단에만 놓여 있지 않다. 봉기의 진정한 힘은 피식민자와 식민자 모두를 변화시키는 '생각하는 힘'을 고양하는 데 있다.

> 그리하여 폭력의 생생한 순간이 다가오는데, 여기에는 우리 자신도 관련된다. 이 폭력은 그 본성상 '절반의 원주민'이 변화되는 정도에 따라서 우리도 변화시키고 있다. 우리 모두가 스스로 생각해야 한다. 생각할 줄 아는 사람이라면 늘 생각해야 한다.[6]

5
프란츠 파농, 《알제리 혁명 5년》, 홍지화 옮김(인간사랑, 2008), 246-250.

노서경의 책 《알제리전쟁 1954-1962: 생각하는 사람들의 식민지 항쟁》의 부제는 묘하게 중의적으로 읽힌다. 여기에서 호명하는 '생각하는 사람들'은 누구인가. 책의 내용은 당대에 알제리 전쟁에 대해 발언하고 참여했던 사람들의 이야기를 담고 있다. 그러나 통상 전쟁이든 혁명이든, 격렬한 투쟁의 현장과 거기에서 한 걸음 떨어진 비판과 사유의 자리는 구별되지 않던가? 다른 한편으로 이 책은 '지금 여기에서' 생각하는 모든 사람을 위한 식민지 항쟁 이야기일 수도 있다.

왜 저자는 부제를 관습적으로 '알제리 전쟁의 지성사/사상사' 정도로 하지 않고 "생각하는 사람들의 식민지 항쟁"으로 달았을까. 책을 관통하는 문제의식인 "'지적인 힘'으로 전쟁 읽기"(30쪽)를 제기하면서, 저자는 지식인의 개입을 유의미하게 만드는 식민지 전쟁의 이념적 성격, 그리고 지식인과 민중의 이분법이 들어맞지 않는 식민지 현실을 지적했다. 이러한 판단은 2부 제목 '식민지 알제리의 민중 지식인들'에서 단적으로 드러난다. 책 곳곳에서 저자는 이 항쟁의 과정에서 시위와 봉기 현장, 잡지와 신문 지면, 군대와 감옥과 법정, 국제 무대가 모두 식민지인들이 자기 문제를 사유하도록 만든, 사각된 민중을 형성한 비유적 '학교'였음을 주장한다.

식민지인들의 참된 앎의 장이 학교 제도 밖에 있었다면, 그 의미는 무엇인가? 1945년 세티프의 무슬림 시위가 식민지 공권력과 유럽인 민병대의 유혈 진압에 맞서 민중 봉기로 진화함으로써 "폭력의 집단 심성"과 "정치적 공통 감각"을 동시에 각성시킨 계기가 되었다는 평가(316-319쪽), 1차, 2차 세계 대전 시기에 병사와 노동자로 동원된 식민지 출신 이민자들에게 "군대와 공장은 사람 간 차별과 평등을 가르치는 중층 구조"였다는 서술(328쪽), 나아가 1954년 11월 1일의 전쟁 선언문이 알제리 민중당이 결여했던 민족주의와 혁명주의 독트린(345쪽)을 대체한다는 이 책의 주장을 어떻게 읽어낼 것인가?

사건과 함께 출현하고 봉기와 더불어 자라나는 식민지 정치 이론에 대한 저자의 문제의식은 "식민주의는 체계"(110쪽)라는 사르트르의 인식과 직결된다. 식민주의는 제국주의와 자본주의가 얽힌, 선주민의

6
파농, 《대지의 저주받은 사람들》, 43-46.

토지와 재산을 착취하는 경제적, 사회적, 정치적 제도이고, 그러므로 좋은 식민자와 나쁜 식민자가 따로 없으며 그저 식민자들이 있을 따름이라면,[7] 그러한 체계 안에서 반식민주의가 표명될 가능성은 어디에 있는가. 개혁은 식민 통치권의 전면적 포기와 알제리 사람들의 자유 쟁취에 의해서만 가능하다. 달리 말하면 프랑스 제국이 식민지에 일방적으로 부여한 차별적인 헌정과 법제에 의해서가 아니라, 독립 전쟁과 해방 무장 투쟁의 과정에서 비로소 알제리 민중이라는 역사 주체가 자기 존재와 목소리를 가지게 되었다는 것이다.

이용재는 이 책의 문제의식을 "식민지 현실에서 지성이란 무엇인가라는 원초적인 물음"이라고 정리했다.[8] 그러나 노서경이 묻고 있는 것은 식민지의 지성만이 아니다. 세계의 지성이다. 식민지의 앎을 말하려면 세계의 알지 못함, 무지를 문제 삼아야 한다. 페르하트 압바스Ferhat Abbas는 1936년 2월 "프랑스는 나"라는 기사에서 "산 자에게 묻고 죽은 자에게 묻고 역사에 물어봐도 알제리라는 조국은 찾을 수 없고 알제리가 있다 하는 이는 아무도 없다"(364쪽)라고 썼다. 1950년 4월 "정복되고 평정된 이 알제리"라는 글에서 프랑시스 장송Francis Jeanson은 유럽 정착민은 실제 알제리인을 만나는 경우가 드물고, 만나도 한 인격체, 한 사람으로 대하지 않으며 뭉뚱그려서 아랍인, 무슬림으로 대한다고 비판했다.(217쪽)

식민주의 체계 안에서 식민지는 식민자의 시선과 언어를 경유해서만 재현되며, 알제리와 알제리인의 존재와 목소리는 지워진다. 1956년 파농이 알제리 블리다 병원을 그만두면서 총독에게 제출한 사직의 이유는 "선주민의 나라에서 선주민이 영원히 소외되는 불평등" 때문이었다. 1957년 알제리에서 추방되어 튀니지로 간 파농은 알제리민족해방전선Front de libération nationale, FLN이 발행한 신문 《무자히드》의 익명 논설위원이 되었다.(387쪽) 아랍어로 '전사', '용사'를 뜻하는 《무자히드》는 1956년부터 전쟁이 끝나는 1962년까지 이어졌으며, 아랍어판과 함

7
장 뽈 사르트르, 《상황V: 식민주의와 신식민주의》, 박정자 옮김(사계절, 1983), 34-35.

8
이용재, 〈알제리전쟁, 어떻게 쓸 것인가: 노서경 알제리전쟁 1954-1962 , 문학동네 2017〉, 《창작과비평》 46권 1호 (2018): 481.

께 프랑스어판을 발간했다.(362-363쪽) 해외 유수 일간지가 알제리인들의 전쟁 보도와 전쟁 해석을 담고 있는 《무자히드》를 인용함으로써 프랑스와 알제리의 통합이 허상임을 알렸다.(384쪽)

《알제리전쟁 1954-1962》은 이처럼 식민지 알제리와 전쟁의 실상을 알리기 위해 북아프리카와 유럽 양쪽에서 열렬히 진행된 출판 활동에 많은 지면을 할애한다. 이것은 결국 이 세계에서 무시 또는 망각된 자기 존재를 가시화하기 위한 알제리인들의 함성이며, 베트남과 모로코, 튀니지에 이어 알제리로 번진 제3세계의 봉기 앞에서 진실을 직시하고자 한 유럽인들의 고통스러운 자기 모색이다. 나아가 에마뉘엘 레비나스Emmanuel Levinas의 논의처럼 타자의 요구가 항상 어떤 언어나 매체를 통해 도달한다면, 바로 이 기울어진 '말 걸기 구조'를[9] 시정하려는 투쟁이기도 했다. 이 투쟁의 반대편에는 이를 막기 위한 프랑스 정부의 '합법적' 출판물 검열과 압수가 존재했다. 그렇다면 저자 노서경은 공식 문건에 국한하지 않고 전쟁 기간에 쏟아져 나온 다양한 형태의 의견 표명을 살펴봄으로써, 알제리 전쟁에 관한 모종의 탈식민 지성사를 전개하려고 한 것이 아닐까?

목소리들의 다성악 또는 탈식민 지성사 직소 퍼즐 맞추기

《알제리전쟁 1954-1962》은 쉽게 쓴 책이 아니다. 670여 쪽에 육박하는 방대한 분량도 분량이거니와, 프랑스와 알제리 양쪽에서 전쟁 기간에 나온 잡지, 신문 기사, 강연문, 보고서, 소책자, 단행본, 편지, 선언문 등 다종다양한 문헌을 펼쳐 보여주기 때문이다. 그만큼 쉽게 읽히는 책도 아니다. 나는 그것이 우리에게 먼 땅, 알제리의 식민지 항쟁을 '생각'하려는 사람의 불가피한 숙명이라고 이해하기로 한다.

이 책에는 낯선 이름이 아주 많이 등장한다. 알제리와 프랑스의 근현대사에 관한 배경지식이 없는 독자에게는, 이를테면 만 피스짜리 직소 퍼즐 상자와 같다. 나는 직소 퍼즐 맞추기를 아주 좋아하는 사람이지만, 관습적인 전쟁사나 사상사, 담론 분석에서 벗어나 이념과 정체성, 이해관계와 동기가 다른 여러 행위자의 발언을 망라하는 이 책의 글쓰

9
주디스 버틀러, 《주디스 버틀러, 지상에서 함께 산다는 것: 이스라엘 팔레스타인 분쟁, 유대성과 시온주의 비판》, 양효실 옮김(시대의창, 2016), 28.

기 방식을 어떻게 이해해야 할지 고민이 많았다.

통상의 알제리 전쟁 연구서라면 특정 행위자에 초점을 맞춰 알제리민족해방전선이나 주요 활동가, 사상가를 다루고, 서론과 결론에서 저자의 목소리를 일목요연하게 독자에게 전달하는 방식을 취할 것이다. 독자는 알제리 전쟁에 대해 '알게' 되었다고 작은 만족감을 느끼며 책장을 덮으리라. 그런데 이 책은 마치 가급적 많은 인물이 알제리 전쟁에 대해 발언하고 행동한 바를 보여주려는 듯, 8년의 전쟁 기간을 놓고 서술적 다양성을 최대한으로 펼치고 있다. 도통 주인공이 누구인지 파악할 수 없고, 통합적이고 단일한 연구자의 입장이 드러나지 않는다.

그러나 연구자의 관점을 내세우기보다 다양한 목소리를 집대성해서 한두 명의 주인공이 아닌 여러 행위자에게 지분을 주려는 이러한 태도를 미하일 바흐친Михаил Бахтин의 다성악polyphony, 다성성multivocality이라는 개념에 기대어 다시 읽어 보면 어떨까. 바흐친은 1929년에 출판한 《도스토옙스키 시학의 제 문제》에서 "세계를 구축하는 유일한 영웅적 주체로서의 주인공이 정해져 있지 않"고, "타자들을 압도하는 주인공의 유일한 목소리-행위란 실존하지 않"으며, "다양한 목소리-사유가 섞여서 내는 이질 혼성의 흐름"으로서의 소설 장르와 세계상을 제시한 바 있다. 최진석은 바흐친의 입론을 '일종의 은폐된 정치적 담론'으로 보고, "타자의 목소리들이 가득 울리는 대화주의와 다성악의 세계"를 '정치와 혁명의 진상'이라고 피력한다.[10]

그렇다면 노서경의 책에서 재현되는 목소리는 누구의 목소리인가. 프랑스 식민자들의 목소리? 알제리 저항자들의 목소리? 《알제리전쟁 1954-1962》은 이 전쟁의 유대와 결속, 진영의 경계가 인종, 국적, 종교, 이념에 따라 매끈하지 않음을 보여준다. 식민지에서 싸우는 인간(민중) 대 식민 모국의 수도에서 싸움을 분석하고 이론화하는 인간(지식인)이라는 이분법도 통하지 않는다. 한국 사회에서 알제리 전쟁에 관한 프랑스 지성사의 대중화된 정전이라고 할 만한 파농, 알베르 카뮈Albert Camus, 사르트르에 할애하는 분량도 극히 제한적이다.

《알제리전쟁 1954-1962》이 펼쳐 보이는 것은 사상사의 분석 대상

---

10 최진석, 〈바흐친 사유의 정치적 독해를 위한 시론〉, 《뉴 래디컬 리뷰》 68호(2016): 273-297.

이 되는 구조화된 '언어'라기보다 사회적 위기와 혁명적 변화의 시기에 쏟아져 나온 '말'의 집대성에 가깝다. 그리고 이 책에서 프랑스 가톨릭, 출판 전선, 장송망réseau Jeanson 가담자, 프랑스인 변호사, 민중당, 식민지 언론, 알제리 공화국 임시 정부, 식민지 정치범과 대학생은 저마다 다른 위치에서 '자유'와 '법'과 '해방'을 말한다. 사회적 삶의 다양한 이해관계가 교차하는, 현실적이고도 물질적인 장에서의 구체적 발화, 목소리의 대향연이다.

거의 불협화음처럼 들리는 이 다성적 대화를 관통하는 주제는 이 전쟁이 그들의 전쟁이 아니라 '우리의 전쟁'이라는 고백이다. 등장인물 모두 '자기 문제'와 씨름하며 존재론적, 인식론적으로 변화를 겪는 중이다. 식민 정책의 '폭파'는 알제리인의 해방뿐 아니라 '프랑스의 해방'과 직결되는 문제였다.[11] 알제리민족해방전선을 유럽에서 지원한 비밀 조직 장송망을 이끈 언론인이자 출판인 프랑시스 장송은 "고문과 바주카포와 수용소의 공동체를 국민의 공동체라고 할 수는 없는 일"이라고 말했고, 여기에 가담하여 10년 징역을 언도받은 프랑스인 대학생 엘렌 퀴에나Hélène Cuénat는 자신을 움직인 것이 "우리 모두가 알제리인 탄압의 공모자"라는 깨달음이었다고 술회했다.(230, 235쪽) 장송망 재판에서 낭독된 연대 서한에서 사르트르는 "알제리 독립은 분명하며, 문제는 내일의 프랑스 민주주의"(257쪽)임을 역설했다.

바흐친의 타자론에서 타자는 "항상-이미 주체와 뒤섞여서 나타나는 어떤 이행적인 것, 생성적 과정"으로 제시된다. 그리고 세계는 "평화롭고 공평무사한 공존이 아니라, 절멸시킬 수 없기에 어쩔 수 없이 공존하는"[12] 관계들 위에 서 있다. 여기에서 주디스 버틀러Judith Butler의 논의 두 가지를 상기하고 싶다. 첫째, 무의지적 근접성과 무선택적 동거가 우리 정치적 삶의 조건이며, 근본적으로 학살을 용인할 수 없는 이유는 우리가 지구상에서 누구와 함께 살아갈지 선택할 수 없기 때문이라는, 한나 아렌트Hannah Arendt에 관한 그의 해석이다. 둘째, 비유대적인 것이 없다면 유대적인 것을 정립하기도 불가능하며, 비유대적인 것과의 관

11
사르트르, 《상황V》, 35.

12
최진석, 〈바흐친 사유의 정치적 독해를 위한 시론〉, 285-286.

계가 유대적 윤리의 핵심이라는 통찰이다.[13]

이러한 입론을 적용한다면, 식민지와 프랑스가 맺는 관계를 빼놓고 프랑스 헌법의 정신과 공화정의 윤리를 말할 수는 없다. 우선 기억해야 할 것은 해방을 위해 봉기하여 싸웠던 아이티의 크레올들과 흑인 노예들이다. 알제리민족해방전선의 일원으로 투옥된 알제리인 대학생 라르비 마디Larbi Madi는 자신의 프랑스인 변호사에게 보낸 편지에서, 1789년 프랑스 대혁명 기념일에 프랑스 민주주의자가 떠올려야 할 사람은 바로 우리, 항쟁하는 알제리의 민중이라고 썼다.(285-286쪽)

1954년 8월 제1차 인도차이나 전쟁에서 프랑스는 베트남 독립군에 패전했고, 1956년 3월에는 모로코와 튀니지가 독립했다. 디엔비엔푸에서 베트남 민중이 거둔 위대한 승리는 베트남만의 승리가 아니며, 제3세계 무장 봉기는 거스를 수 없고 되돌릴 수도 없는 역사의 대세가 되고 있었다. 어쩌면 처음부터 존재하지 않았던 식민지-야만과 유럽-문명이라는 구획에 급격히 균열과 역전이 일어나고 있었으며, 이제 탈식민 프랑스 역사는 처음부터 다시 쓰여야 했다.

알제리 민중의 주체화와 정치적 폭력

이 책은 전쟁을 둘러싼 사회적 발화의 표면을 광범위하게 포착하는 데에는 성공했지만, 알제리 민중이 해방 투쟁의 역사적 행위자로 주체화하는 과정을 재구성하는 데 이르지는 못한다. 서문에서 저자가 인정하듯, 이는 부분적으로 알제리 사료에 대한 접근과 장악의 한계 때문으로 보인다. 그러나 더 근본적으로, 필자가 흩뿌려놓은 직소 조각들로는 식민지 주체 내면에 일어난 균열과 역동, 정체성 재구성의 퍼즐을 풀어내기 어렵다는 문제가 있다.

파농의 책 《알제리 혁명 5년》 부록에는 파농의 오랜 동료이자 파리 생탄 정신 병원 인턴이었던 샤를 제로미니Charles Geromini의 증언 수기가 실려 있다. 그는 피에누아르, 즉 알제리 거주 유럽인으로서 '알제리 민족의식'을 자각한 경험을 적었다. 1954년 11월 알제리 전쟁이 시작되자, 남의 나라 일인 베트남과 튀니지의 독립을 옹호했던 알제리 유럽인들은 알제리 민중의 권리에 대해서는 애매모호한 침묵을 택한다. 선

13
버틀러, 《주디스 버틀러, 지상에서 함께 산다는 것》, 52, 187.

택에 대한 비용을 치르고 책임을 져야 했기 때문이다. 대학생이었던 제로미니는 '자유 수호를 위한 대학생 위원회'에서 자신과 다른 알제리 무슬림, 알제리 유대인 학생을 만나 대화를 나누면서 상호 공통점을 발견하지만, '반란'에 관해서는 의견 차이를 확인한다. 그는 극단적 식민주의 때문에 반란이 일어났다고 보고, 원칙적으로 폭력에 반대하는 입장을 고수한다. 그러나 1956년 프랑스로 건너간 제로미니는 외출, 연극 관람, 바캉스 계획에만 관심을 가지는 파리 사람들을 보면서 자신이 "알제리 공동체에 속해 있고 프랑스에서는 이방인이라는 사실을 알게 되었다". 그는 결국 알제리민족해방전선에 합류해 투사의 삶을 선택한다. 자신이 백인이라는 이유로 배척당할까 두려워했던 제로미니의 수기는 다음 문장으로 끝난다. "나는 여느 알제리 사람과 마찬가지로 받아들여졌다. 알제리인들에게 나는 동맹자가 아니라 형제, 다른 이들과 같은 단순한 형제였다."[14]

《알제리전쟁 1954-1962》의 머리말은 "이름은 중요하다"(11쪽)라는 문장으로 시작한다. 그렇다, 이름은 중요하다. '질서 유지 작전'에서 '알제리 전쟁'으로 정부 공식 용어를 변경하는 법안이 프랑스 의회에서 통과된 것은 1997년이다.[15] 한참 뒤늦었지만 이러한 변화는 알제리 민중이 스스로 다스릴 권리를 요구하며 봉기한 순간부터 프랑스에는 통치권이 없었음을 인정한 것이다. 또한 이는 식민지 주권 수립에 필요한 것이 역사적 행위자로 주체화한 식민지 민중의 힘뿐이며, 여기서 본국의 승인은 무관함을 보여준다.

그러나 혁명은 단발적 사건으로 일어나는 것이 아니라 민중의 값비싼 희생과 참여로 이룩하는 것이다. 거기에 휩쓸린 인간의 몸과 마음을 집어삼킴으로써 혁명은 비로소 성취되고 완성된다. 이 때문에 식민 행정부에 대한 혁명이자 본국에 대한 독립 전쟁이기도 했던 이 8년간의 정치적 폭력의 본질과 정당성을 놓고 당대에 치열한 찬반 논쟁이 벌어졌는데, 노서경의 책에서는 이 지점이 별로 부각되지 않는다.

14
파농, 《알제리 혁명 5년》, 216-236.

15
이용재, 〈에비앙협정 50주년을 넘어: 프랑스-알제리 '화해'의 줄다리기〉, 《역사비평》 111호(2015): 51.

논쟁의 구도는 식민 모국의 폭력 대 대항 폭력(파농 및 사르트르) 대 반폭력(카뮈) 옹호로 요약해 볼 수 있다. 앞서 다루었듯 파농은 반식민 투쟁 폭력의 정당화 근거를 식민주의 폭력에서 찾았다. 폭력은 식민지 세계의 질서를 지배하고 선주민을 비인간화한다. 그리하여 탈식민화는 언제나 폭력적인 현상일 수밖에 없다. 선주민들이 직접 역사를 실현하기로 결심하고 금지된 구역으로 밀고 들어갈 때 이들은 바로 그 폭력을 내세우고 구사하게 될 것이다. 이 폭력의 진정한 성격은 무엇일까? 해방은 오로지 무력으로만 쟁취할 수 있다는 식민지 대중의 직관이다. 식민자는 늘 선주민이 알아듣는 유일한 언어는 무력의 언어라고 말했는데, 이제는 상황이 역전되어 식민주의자가 오로지 무력만 알아듣는다고 말하는 측은 선주민이다. 따라서 식민지 체제의 폭력과 선주민의 대항 폭력은 서로 균형을 이루며, 대단히 호혜적인 동질성을 지닌다.[16]

전후 프랑스의 양대 스타 작가였던 카뮈와 사르트르는 알제리 전쟁 직전인 1952년 결별한다. 이들의 우정이 파국을 맞게 된 배경에는 냉전과 스탈린의 테러가 있었으며, 폭력은 두 작가의 정치적 사유의 중심이었다. 친공산주의 좌파 지식인 사르트르는 구조적 폭력의 제거를 위해 진보적 폭력을 용인해야 한다는 논지를 내세웠다.[17] 그에 비해 정치적 도덕주의자로도 평가받는 카뮈는 비폭력적 정치 전술과 평화주의 원칙을 옹호했다.

피에누아르 출신으로 '사이' 혹은 '틈새'의 인간이었던 카뮈에게 알제리 혁명의 폭력은 말 그대로 '자기 문제'와의 진지한 대면일 수밖에 없었다. 1939년 6월 카뮈는 알제리 선주민의 비참한 삶의 조건에 대해 알제리 유럽인 기자로서는 처음으로 상세한 기사를 썼다. 카뮈는 식민지의 일상적 폭력 상황에서 성장한 프랑스인 이민자의 아들이었다. 그런 카뮈가 폭력에 대해서 독일인들로부터 프랑스인들을 해방하는 아주 특수한 기능만을 부여한 데 비해, 사르트르는 정치적 필요에 따른 폭력에 잠재적으로 동의했다.[18]

1957년 12월 스톡홀름 대학교에서 노벨상 수상 기념 강연을 하던

16
파농, 《대지의 저주받은 사람들》, 55-61, 95-96, 107, 112.

17
윤정임, 〈카뮈-사르트르 논쟁사〉, 《유럽사회문화》 6권(2011): 23.

도중, 카뮈는 어느 알제리 청년에게 동유럽 나라들을 위한 탄원서에는 서명하면서 알제리 독립 전쟁은 지지하지 않는다는 비난을 받게 된다. 이에 대해 카뮈는 "나는 언제나 테러를 비난해 왔다. 나의 어머니와 가족을 해칠지도 모르는 테러리즘에 대해서도 비난하지 않을 수 없다. 나는 정의를 믿는다. 그러나 정의에 앞서 내 어머니를 더 옹호한다"라고 답변했다.[19]

식민주의 폭력이 만들어 낸 식민지의 대항 폭력과 원칙으로서의 반폭력 및 비폭력의 문제를 분석하기 위해서는 '법 정초적 폭력'과 '법 보존적 폭력'을 구분한 발터 벤야민Walter Benjamin의 논의, 그 논의를 비판적으로 갱신한 자크 데리다Jacques Derrida의 논의가 시사적일 수 있다. 그러나 그것은 또 다른 지면이 필요한 작업일 것이다. 다만 이 대목에서 우리는 이 모든 것을 결코 변증법적으로 설명할 수 없으며, "우리는 도덕보다 더 멀리 가는 어떤 것 때문에 산다"는 모리스 블랑쇼Maurice Blanchot의 통찰이 던지는 의미를 되새길 만하다.[20] 20세기를 몰아친 전쟁과 혁명의 소용돌이 속에서, 우리는 옳든 그르든 불가피하든 이념화된 폭력과 반폭력을 모두 경계하며 불의 속에서 살아가고/죽어가는, 목숨을 걸고 정의를 위해 싸우는 사람들의 고통을 상상할 수 있어야 한다.

풀지 못한 질문 속에 다다른 지점

파농은 알제리 선주민을 비롯해 탈식민 투쟁을 하고 있는 모든 제3세계 민족을 향해서 《대지의 저주받은 사람들》을 썼고, 사르트르는 유럽인을 겨냥해서 이 책의 서문을 썼다. 그렇다면 노서경은 누가 이 책을 읽기를 바랐는가. 그래서 알제리 전쟁은 우리와 무슨 상관이 있는가?

동아시아 근대 국제관계사를 전공한 나에게 《알제리전쟁 1954-1962》은 한국 사회에서 '탈식민'이 무엇인지 생각하게 만든다. 한편으

18
로널드 애런슨, 《사르트르와 카뮈: 우정과 투쟁》, 변광배·김용석 옮김(연암서가, 2011), 64, 80-81.

19
정찬, "[정찬, 세상의 저녁] 카뮈의 문학세계와 어머니", 《한겨레》, 2019년 1월 3일, https://www.hani.co.kr/arti/opinion/column/876932.html.

20
모리스 블랑쇼, 《우정》, 류재화 옮김(그린비, 2022), 346.

로 그것은 포스트콜로니얼과 서벌턴의 이름으로 되묻고자 했던, 역사 속에 잔해 또는 흔적으로만 남은 존재들의 자리를 탐색하는 문제일 것이다. 또한 알제리 혁명-독립-전쟁이 프랑스의 역사이자 서양사의 일부로 분류되는 한국 사회의 학제에 새삼스럽게 의문이 든다. 서양의 역사로만 읽히고 재현되는 알제리 전쟁은 과연 해방을 위해 투쟁했고, 싸우면서 생각했고, 자신을 만들었던 '알제리인'에 관해 어떤 앎을 주는가? 그리하여 여전히 타자의 역사를 너무 모르는, 세계의 변화와 인간을 알 길이 아득한 후기 식민 사회의 한국인은 자기 자신에 대해서도 무지한 채로 남아 있다. +

참고 문헌

문종현. 〈알제리 전쟁과 프랑스 정주민(settler)〉. 《Homo Migrans》 26권(2022): 8-33.

_____. 〈알제리 전쟁 이후 아르키(Harki)의 프랑스 이주: 프랑스의 모국송환자(rapatrié) 정책과 아르키〉. 《Homo Migrans》 23권(2020): 219-249.

윤정임. 〈카뮈-사르트르 논쟁사〉. 《유럽사회문화》 6권(2011): 5-27.

이용재. 〈알제리전쟁, 어떻게 쓸 것인가: 노서경 알제리전쟁 1954-1962 , 문학동네 2017〉. 《창작과비평》 46권 1호 (2018): 478-481.

_____. 〈에비앙협정 50주년을 넘어: 프랑스-알제리 '화해'의 줄다리기〉. 《역사비평》 111호 (2015): 40-66.

정찬. "[정찬, 세상의 저녁] 카뮈의 문학세계와 어머니". 《한겨레》. 2019년 1월 3일. https://www.hani.co.kr/arti/opinion/column/876932.html.

최진석. 〈바흐친 사유의 정치적 독해를 위한 시론〉. 《뉴 래디컬 리뷰》 68호(2016): 273-297.

애런슨, 로널드. 《사르트르와 카뮈: 우정과 투쟁》. 변광배·김용석 옮김. 연암서가, 2011.

블랑쇼, 모리스. 《우정》. 류재화 옮김. 그린비, 2022.

버틀러, 주디스. 《주디스 버틀러, 지상에서 함께 산다는 것: 이스라엘 팔레스타인 분쟁, 유대성과 시온주의 비판》. 양효실 옮김. 시대의창, 2016.

파농, 프란츠. 《알제리 혁명 5년》. 홍지화 옮김. 인간사랑, 2008.

_____. 《대지의 저주받은 사람들》. 남경태 옮김. 그린비, 2004.

사르트르, 장 뽈. 《상황V: 식민주의와 신식민주의》. 박정자 옮김. 사계절, 1983.

이현미

국제정치학자. 한국 외교사와 개념사를 전공했다. 탈식민 국제관계 이론과 젠더 정치로 연구 영역을 넓히고 있다.

비주제

The Objects That Remain
Laura Levitt
The Objects That Remain

서평

노민정

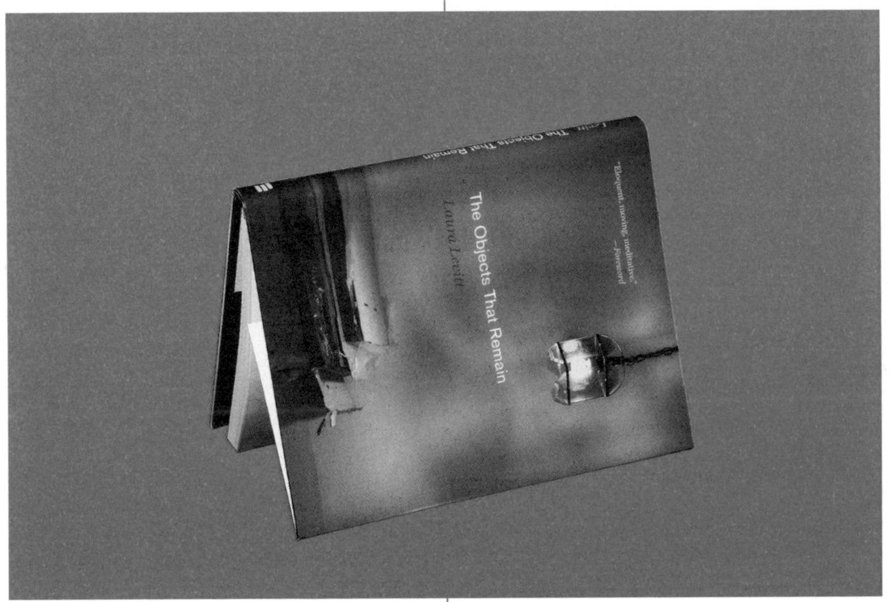

남겨진 폭력의 아카이브, 정의의 다정한 얼굴을 찾아서

로라 레빗Laura Levitt, 《남겨진 사물들*The Objects That Remain*》
(Penn State University Press, 2020)

"Eloquent, moving, meditative."
—Foreword
Levitt
The Objects That Remain
The Objects That Remain

노민정

• 이 글은 성폭력 피해자의 증언에 관한 내용을 담고 있습니다. •

들어가며

> 1989년 첫 번째 주 화요일, 나는 조지아 주 애틀랜타에 있는 나의 집에서 강간당했다. 나중에 알게 된 사실이지만 바로 그때는 베를린 장벽이 무너지고 있던 역사적 순간이었다. 한 낯선 남자가 집으로 몰래 숨어 들어와서, 내가 귀가하자 공격했다. [...] 당시 나는 에머리 대학교에서 종교학 박사 과정을 마치고 있던 대학원생이었다. 사건 후 경찰이 마침내 도착해 진술을 받고 증거를 수집하기 시작했다. 하지만 경찰은 너무 늦게 도착했다. 범인을 잡기에는 너무나 늦게... [...] 나는 애틀란타 경찰에게 나의 사건 파일 열람을 신청한 후, 2014년 가을에서야 나의 강간 사건과 관련한 보고서를 처음 받아 볼 수 있었다. 그러나 보고서 외에 지금까지 아무 것도 발견된 것은 없었다. 나의 강간 키트와 나의 옷가지, 침구, 그리고 나의 인격까지도.(6-8쪽)

미국의 종교학자 로라 레빗의 《남겨진 사물들》은 저자 자신의 성폭력 피해에 대한 회고를 담은 책으로, 위의 사건이 이 책의 출발이 되었음을 서문에서 밝히면서 시작한다. 사실 레빗은 2014년 자신의 사건 파일을 손에 넣은 후에도 거의 1년 넘게 제대로 읽어보지 못했다. 2015년 가을, 내가 템플 대학교 종교학과 박사 과정에서 유대교 세미나를 진행하던 레빗을 처음 만났을 때, 그는 최근에서야 읽기 시작한 자신의 사건 파일을 곱씹으며 수업 시간에 종종 이야기하곤 했다. 바로 전 해 한국에서 갓 도착해 박사 과정을 밟으면서 레빗의 수업을 듣던 나는 유대교와 그의 사건 파일이 무슨 관계인지 처음에는 잘 이해하지 못했다. 그러나 학기 중반이 지나 11월 초, 레빗이 《남겨진 사물들》의 전신 격인 프로젝트 '아카이브로서의 증거Evidence as Archive' 초고를 학내 공개 강연[1]에서 발표하면서 홀로코스트 아카이브에 소장된 유품들과 동시대 강력 범죄의

---

1 Laura Levitt, "Evidence as Archive," Thursday, November 12, 2015, 12:30 pm - 1:50 PM, CHAT Lounge - Gladfelter 10th Floor, Temple University, Philadelphia, PA.

증거물—레빗 자신이 당한 성폭력 사건의 증거물을 포함한—사이의 연관성을 이해하게 되었다.

이 둘은 모두 개인에게 극렬한 트라우마를 야기한 폭력의 산물들로, 그 트라우마를 끊임없이 상기시키면서도 이 물품을 보존하는 사람들의 지속적인 돌봄을 필요로 한다. 미국 홀로코스트 기념관United States Holocaust Memorial Museum, USHMM의 유물 보존실을 방문한 레빗은 단정한 전시실 뒤편에서 이루어지는 아키비스트들의 지난한 보존 작업을 관찰하면서, 특히 유대인 수용소에 갇힌 이들이 입었던 낡은 제복에 주목한다. 유대인들이 강제 수용소의 비참한 환경 속에서 삶을 이어가며 입었던, 인당 단 한 벌 제공된 줄무늬 제복은 섬세하게 수선되어 그들의 몸을 감쌌다. 이제 누더기가 된 옷들은 기념관의 내밀한 공간에서 장갑을 끼고 마스크를 쓴 전문가들의 손길을 통해 보존되고 전시되어 대중에게 홀로코스트의 기억을 상기시킨다. 이때 레빗은 자신이 성폭력을 당한 밤에 입었던 운동복 바지를 떠올린다. 그저 편안했던 일상복은 그날 이후 경찰 수사의 증거가 되어, 수십 쪽의 행정 문서를 수반한 수많은 단계의 경찰 증거물 처리 과정을 거친 후, 애틀랜타 경찰청의 증거물실에 보존되어 혹시 있을지 모를 재판의 증거가 될 순간을 기다리게 되었다. 폭력의 순간은 종결되었지만, 사물들은 아카이브와 증거물실에 보존되어 남아 있다.

강연 당시 내 옆에 앉아 있던 한 대학원생은 발표가 끝나자 불평 섞인 한 마디를 내뱉었다. “저 사람 좀 미친 것 같은데. 자기가 성폭력 당한 이야기를 학술 강연에서 2시간 동안 계속 했어.” 나는 이 말에 가벼운 충격을 받았지만, 학술 강연 및 학술 담론이 어떠해야 하는지에 대한 계몽주의적, 혹은 근대적인 관념을 가진 사람이 할 만한 말이라고 생각했다. 개인의 경험이나 트라우마가 공적 영역인 학술 담론의 진지한 소재가 되기 힘들다고 생각하는 입장인 것이다. 또, 성폭력의 생존자에 대한 암묵적인 편견 역시 이 말에서 묻어난다. ‘평범한’ ‘보통’ 사람이라면 자신의 ‘부끄러운’ 그리고 ‘사적인’ 기억을 공적 주제로 다루지 않으리라는 것이다. 이에 더해, 개인의 경험을 공적 영역인 학술 영역의 자원을 사용해 서술하는 것은 한편으로는 자아도취적인 행동이라는 평가 또한 찾아보기 어렵지 않다.

그러나 여성학 분과의 관점은 다르다. 1인칭의 ‘나’를 주어로 사용하여 글쓴이의 위치성을 분명히 하고, 젠더 폭력을 포함한 소수자의 경험과 그에 수반되는 사회적, 문화적, 정치적, 종교적 구조의 관계를 서술하고 평가하는 것은 도나 해러웨이Donna Haraway의 기념비적 에세이 〈상황적 지식들: 페미니즘에서 과학의 문제와 부분적 시각의 특권Situated Knowledges: The Science Question in Feminism and the Privilege of Partial Perspective〉(1988) 이후 중심적인 방법론으로 자리 잡은 지 오래되었다.[2] 또한 2015년 작가 매기 넬슨Maggie Nelson의 논픽션 《아르고 원정대*The Argonauts*》[3] 출간 이후 영미권에서 활발히 회자되기 시작한 자기이론적 서술 방식 또한 여성학 및 퀴어 예술의 방법론으로 재발견[4]되고 있다. 레빗 역시 《남겨진 사물들》에서 넬슨의 작품들을 가장 중요한 영감으로 손꼽는 만큼, 이 책에 미친 자기이론autotheory의 영향 역시 고려해야 한다.

요컨대 《남겨진 사물들》에는 이런 여성학 이론의 인식론적 배경과 자기이론적 서술, 그리고 물질주의적 종교학[5]의 관점이 150쪽이 채 되지 않는 짧은 분량 내에서 강렬하게 얽혀 있다. 유대교와 젠더 연구자로서 레빗은 개인적 경험과 유대 공동체의 경험을 효과적으로 엮어내면서, 매 순간 폭력으로 채워진 세계를 살아가는 이들에게 중요한 화두를 던진다. 살아남아 폭력의 여진으로부터 아직도 고통받고 있는 사람들에게 정의와 회복이란 무엇인가? '남겨진 사물들'은 이 과정에서 어떤 역할을 하는가? 또 경찰, 법률, 국가와 같은 공권력이나 유일신적인 초월적 존재의 힘은 그 정의를 온전히 실현해 줄 수 있는가? 레빗의 답변

2
Donna Haraway, "Situated Knowledges: The Science Question in Feminism and the Privilege of Partial Perspective," *Feminist Studies* 14 no. 3 (1988): 575-599.

3
Maggie Nelson, *The Argonauts* (Graywolf Pres, 2015).

4
매기 넬슨이 자기이론적 서술 방식을 창안한 것은 아니다. 19세기의 소저너 트루스Sojourner Truth, 1797-1883부터 20세기 중반 이후 글로리아 안살두아Gloria Anzaldúa, 차학경Theresa Hak Kyung Cha 등의 탈식민주의적, 여성주의적 작업이 자기이론적 서술 방식을 활용했다고 볼 수 있다.

5
사상이나 경전 중심으로 이루어진 기존의 종교 이해를 비판하고, 종교 경험과 종교 현상에서 의례 용품, 성물, 성상, 건축물 등 다양한 물질적 요소의 작용에 주목하며 종교와 물질성의 상호 관계를 다루는 이론적 관점을 가리킨다.

은 부정적이다. 이 글에서는 레빗이 어떤 경로를 통해 스스로를 구성하고 돌보는 '다정한 정의' 개념에 도달하는지, 그 생각의 궤적을 비판적으로 따라가 보겠다. 나는 미국에서 연구하는 한국 국적의 여성주의자이자 종교학 연구자로서, 나의 학문적 어머니에 해당하는 레빗의 자기이론적 작업에 깊은 공감을 느끼면서도 비영어권 출신이자 학문 헤게모니의 변두리에 자리한 '제3세계' 여성주의자의 정체성을 가지고 그의 연구를 읽는다.

아래에서는 첫 번째로 레빗의 학문적 고향인 유대교 여성주의 연구와 그 위치성을 살펴본다. 두 번째로는 《남겨진 사물들》의 결정적 실마리 역할을 하는 넬슨의 작업이 레빗의 방법론과 어떤 접점을 지니는지 논의하고, 폭력의 생존자가 어떻게 '초월자 없는 정의', 혹은 폭력의 비완결성을 살아가는지에 대한 책의 논의를 따라간다. 마지막으로는 책에 등장하는 홀로코스트 아카이브 및 경찰 증거물에 대한 물질 종교학적 성찰을 살펴본 후 결론을 맺겠다.

로라 레빗과 동시대 유대교 여성주의

로라 레빗은 현재 미국 템플 대학교 종교학과 정교수로, 동 대학교의 유대교 프로그램을 창설했고 젠더 연구 프로그램 디렉터를 맡은 바 있다. 《홀로코스트 이후 미국 유대인의 상실*American Jewish Loss after the Holocaust*》[6]과 《유대인과 페미니즘: 집에 대한 양가적 탐색*Jews and Feminism: The Ambivalent Search for Home*》[7]을 쓰고, 《젠더 이후의 유대교*Judaism since Gender*》[8]와 《불가능한 이미지: 홀로코스트 이후 동시대 미술*Impossible Images: Contemporary Art after the Holocaust*》과 같은 책을 엮었다.[9] 《남겨진 사물들》은 그의 세 번째 단독 저작이다. 이처럼 레빗은 동시대 유대교 여성

6
Laura Levitt, *American Jewish Loss after the Holocaust* (NYU Press, 2007).

7
Laura Levitt, *Jews and Feminism: The Ambivalent Search for Home* (Routledge, 1997).

8
Miriam Peskowitz, Laura Levitt, ed., *Judaism Since Gender* (Routledge, 1997).

9
Shelley Hornstein, Laurence Silberstein, Laura Levitt, ed., *Impossible Images: Contemporary Art after the Holocaust* (NYU Press, 2003).

주의 및 기억의 문제를 주로 다루어온 중견 종교학자이다.

유대교는 한국의 독자에게는 생소한 분야다. 국내에서는 일단 유대인 인구도 찾아보기 힘들 뿐더러, 종교학 및 기독교 신학의 학술 담론에서 동시대 유대교의 자리는 특히나 크지 않다. 특히 보수적인 기독교 신학 서사에서 유대교는 예수 등장 이전의 '낡은 유일신교'로 묘사되기 일쑤이며, 대체 신학replacement theology혹은 대체주의supersessionism의 관점에서 기독교가 극복한 불완전한 종교로 그려지기도 한다. 기독교의 우월함이 유대교를 대체했다는 것이다. 이러한 논리는 유럽 기독교 세계에서 반유대주의의 근간을 이루었던 것이기도 하다.

유대교는 기원후 70년 로마군에 의한 제2차 성전 파괴라는 트라우마적 사건을 거쳐, 6세기 랍비 유대교를 구심점으로 하여 학자인 랍비 집단, 유대교 텍스트, 유대교 회당 시나고그, 디아스포라 정체성을 중심으로 재구성된다. 후기 고대, 중세, 그리고 18세기에 이르기까지 기독교가 득세한 유럽에서 유대인은 각종 박해의 대상이 된 것은 물론 국가의 구성원으로서 제대로 인정받지 못했고, 주거지와 직업 선택의 자유를 제한받는 등 포괄적 차별의 대상이었다. 그러나 18세기에 이르러 계몽주의의 영향으로 양심의 자유, 신분 및 종교적 신념과 상관 없는 만민(정확히는 재산을 소유한 비유색인 남성에 한정된) 평등 사상이 퍼져 나가며 유대인에게도 시민권이 주어지게 되었고, 유럽을 중심으로 유대 해방Jewish emancipation 시기가 도래한다. 그러나 문제는 유대 해방 및 제도적 평등 이후에도 반유대주의가 사회적 편견과 관습 속에서 상존했다는 데에 있다. 특히 유대교 특유의 종교적 관습, 옷차림, 생활 방식 등은 유대인을 여전히 사회적으로 구분 짓고 있었는데, 이러한 맥락에서 현대 유대인들은 유럽의 세속적 사회 속에 매끄럽게 동화되고자 하는 욕망과 본연의 정체성을 유지하고자 하는 욕망 사이에서 갈등하게 되었다. 레빗의 자전적 이야기를 담은 첫 저서《유대인과 페미니즘》은 이 두 욕망 사이에 놓인 유대계 미국 여성주의자의 여정을 담은 역작이다.

《유대인과 페미니즘》에서 레빗은 자신이 대학원 시절부터 비유대인 백인 여성과 구분되지 않는, 세속적 미국 사회에 완전히 동화된 여성주의자이고 싶은 욕망을 품고 있었다고 고백한다. 그러나 대학원 세미나에서도, 박사 학위를 받고 교수가 되어서도 그는 여전히 유대인으로서의 정체성을 무시할 수 없었다. 그가 여성주의 연구를 시작한 동기는 가부장적인 랍비 유대교 전통에 대한 반감 때문이었다. 특히 이성애 결혼과 유대인 여성의 억압을 정당화 혹은 성화聖化하는 종교적 논리에 순응할 수 없었기에, 이를 벗어난 세속적 여성주의에서 해답을, 혹은 안전하게 머물 곳을 찾고자 했다.

그러나 세속적 자유주의secular liberalism에 기반한 20세기 후반의 여성주의 사상 역시 반유대주의의 함의를 지니고 있었고, 문화 간의 위계를 강요하면서 유대인 여성들의 차이를 지우는 억압의 기제가 될 위험을 띠고 있었다.[10] 따라서 유대인 여성주의자인 레빗은 이성애 규범적이고 가부장적인 유대교 전통에서도, 세속적 자유주의에 기반한 여성주의 사상에서도 온전히 녹아 들어갈 안식처 혹은 "집home"을 찾지 못한다. 전통적 의미의 유대인으로서 가부장적 유대 관습에 완전히 순응할 수도, 자유주의 페미니즘의 원자적이고 독립적인 개인 모델에 순응하는 균질적인 정치적 주체로서의 여성주의자도 될 수 없는 자신은 집이 없는 존재라는 것이다. 그러나 자신의 종교적 배경과 자유주의 페미니즘 모두를 철저히 해체하고 분석한 후 발견한 이런 사실은, 그에게 절망보다는 희망적인 출발점을 제공한다. 영원한 안식을 제공하는 고정된 장소로 상상되는 '집'보다는, 다양한 주체들의 차이에 대한 존중을 바탕으로 한 여성주의적 네트워크와 사회 운동을 대안으로 보는 것이다.[11]

레빗의 이런 관점은 20세기 후반 탈식민주의 여성주의자들의 고민과도 통한다. 1980년대에 찬드라 모한티Chandra Mohanty[12]와 가야트리 스피박Gayatri Spivak[13]의 고전적 저작이 출간된 이후, 여성주의 진영에서는 백인 여성 중심의 서구 여성주의 운동과 사상에 대한 비판이 활발하

10

Levitt, *Jews and Feminism*, chapters 5, 6.

11

Levitt, *Jews and Feminism*, chapters 7, 10, 11.

12

Chandra Talpade Mohanty, "Under Western Eyes: Feminist Scholarship and Colonial Discourses," *Feminist Review* no. 30 (1988): 61-88; Chandra Talpade Mohanty, "'Under Western Eyes' Revisited: Feminist Solidarity through Anticapitalist Struggles," *Signs* 28 no. 2 (2003): 499-535.

13

Gayatri Chakravorty Spivak, "'Can the Subaltern Speak?': Revised Edition, from the 'History' Chapter of Critique of Postcolonial Reason" in *Can the Subaltern Speak?: Reflections on the History of an Idea*, ed. Rosalind C. Morris (Columbia University Press, 2010), 21-78.

게 이루어졌다. 비판의 골자는 기존 여성주의가 유색인종 여성, 노동 계급 여성, 제3세계 여성 등의 차이를 고려하지 못한 채 식민주의의 폐해를 반복하고 있다는 문제 제기였다. 레빗의 작업은 이러한 문제의식과 유사한 맥락에서, 유대인 여성의 차이와 입장을 여성주의의 다원화된 스펙트럼에 더했다는 데에도 의의가 있다. 레빗은 또한 종교를 여성 억압의 기제로 인식하거나 여성의 종교성을 축소하는 20세기의 자유주의적 세속 여성주의의 반종교적 입장과도 갈라져 나온다. 이러한 맥락에서 그의 방법론은 나의 연구 주제 가운데 하나인 북미 한국계 디아스포라 개신교 복음주의 내의 여성에 대해 성찰하는 데에 큰 도움이 되었을 뿐만 아니라, 나의 위치성과 학술 담론의 관계에 대해서 고찰하게 하는 원동력이 되었다.

레빗은 두 번째 저작 《홀로코스트 이후 미국 유대인의 상실》에서도 일관되게 개인적 서사를 중심으로 미국 유대인들이 홀로코스트를 기억하는 방식에 대해 탐구한다. 특히 자신의 가족사를 세밀하게 추적하며 증조부가 동유럽에서 미국으로 이민해 온 과정, 조부 세대가 미국 내 유대인 공동체 사이에서 이동한 과정을 따라간다. 레빗은 홀로코스트 피해자의 직계 후손은 아니지만, 홀로코스트와 그 이후 미국 유대인들이 받은 충격과 영향에 대해서 서술한다. 그전까지 홀로코스트 연구의 주류는 피해자들의 증언과 그 직계 자손들의 경험을 정전화하는 데 치중했다. 물론 이는 대량 학살의 상흔을 고려하면 부자연스러운 일이 아니지만, 레빗의 관심은 그러한 직접적 경험에 더해 재앙적 사건 이후 그 트라우마가 포화된 공기를 들이마시며 살아가는 미국의 유대 공동체 및 개인들의 서사다.

많은 미국 유대인들에게 대서양 건너편에서 벌어진 홀로코스트는 파편적이고 간접적인 방식으로 기억되며 두려움의 대상이 되었다. 또 2차 대전 생존자들의 미국 이민을 통해 미국 유대인 공동체에는 홀로코스트의 직접 경험과 간접 경험이 복잡하게 공존하게 되었는데, 레빗은 이때 비극이 가져온 직접적인 인적, 물적 상실에 더해 다양한 유대인들의 서사 또한 거대한 트라우마의 서사에 묻혀 상실되었다고 본다. 이에 레빗은 자신의 가족사와 영화, 그리고 유대 디아스포라 문학 작품을 분석하며 미시 서사를 되돌아보려 한다.[14] 레빗의 두 저작은 이처럼 자기이론과 일관된 접점을 보인다. 《남겨진 사물들》은 이런 기존 작업의 연장선상에서 더욱 뚜렷하게 자기이론의 방식을 택하는 한편, 사물의 물질성에 대한 성찰이 더해진 수려한 저작이다.

매기 넬슨의 자기이론과 신 없는 정의

레빗의 유대교 세미나를 수강한 이듬해인 2016년 가을, 나는 그의 여성주의 이론 세미나를 듣고 있었다. 세미나에서는 고전과 최신 이론을 폭넓게 다루었는데, 여기서 내가 관심 있게 읽은 것은 오드리 로드Audrey Lorde, 글로리아 안살두아Gloria E. Anzaldúa, 재키 알렉산더M. Jacqui Alexander, 콤바히강 콜렉티브Combahee River Collective, 트린 T. 민하Trinh T. Minh-ha등 20세기 유색인 여성주의 및 퀴어 운동가와 학자의 글이었다.[15] 세미나 말미에는 당시 갓 출간된 매기 넬슨의 《아르고 원정대》를 읽었는데, 이 책은 FTM 트랜스젠더 연인과 함께 임신 및 출산을 경험하는 넬슨의 자전적 서사를 담고 있다. 여기서 넬슨은 개인의 서사와 여성주의 및 퀴어 정치가 연결되는 부분을 숨기지 않으며, 퀴어 이론가들의 저작을 적극적으로 인용하고 전유한다. 이러한 "주석 달린 회고록memoir with footnotes" 형식은 자기이론 서술의 전형적 특성 가운데 하나다. 이에 로렌 푸르니에Lauren Fournier는 자기이론을 개인의 삶 및 주관적인 몸의 경험을 저자가 의식적으로 이론과 연결시켜 드러내는 서술 방식이라고 정의한다. 이때 '이론'이란 학술 담론일 수도 있고, 생각 혹은 실천의 방식일 수도 있다. 푸르니에는 또한 이 자기이론적 서술 방식이 동시대 여성주의자, 퀴어, 유색인 등 예술계 및 학계의 주변부에 위치한 이들에 의한 문화 생산의 '시대정신'이라고 볼 수 있을 정도로 큰 비중을 차지한다고 평가한다.[16]

레빗의 2016년 세미나를 듣던 당시, 나의 관심은 미국 대학 내 유색인 여성에 대한 성폭력과 이에 대응하는 공적 기관의 윤리에 대한 것이었다. 이 시기 나는 대학원생 노동조합에서 활동하면서, 특히 국제 학

14
Levitt, *American Jewish Loss after the Holocaust*, 1-12, 147-190.

15
이들의 작업은 대부분 자기이론적 요소를 담고 있으며, 자기이론이 유행처럼 부상하기 시작한 2010년대 이전에도 이미 유사한 흐름이 존재했음을 보여준다.

16
Lauren Fournier, *Autotheory as Feminist Practice in Art, Writing, and Criticism* (The MIT Press, 2021), 7.

생 비자를 가지고 대학에서 공부하던 아시아계 여학생들이 제보한 교수 성폭력 사건을 다루고 있었기 때문이다. 미국 국적의 학생들과는 달리 대학에 학적을 두어야만 미국에 머물 수 있는 국제 학생들은 교수에게 성폭력을 당한 후에도 학교에 신고하기를 꺼린다. 자칫하면 교수의 눈 밖에 나 학적을 잃을 수 있고, 미국에서 추방당할 수 있다는 공포 때문이다. 당시 나 또한 학생 비자를 가진 상태였으므로 그 공포를 이해했다. 노조에서는 철저한 비밀 보장을 원칙으로 상담을 받고 있었는데, 나는 이 상담을 진행하면서도 국제 학생을 보호할 수 있는 제도적 장치가 전무하다는 사실에 회의감을 느끼고 있었다. 레빗 또한 나의 이런 활동에 대해 알고 있었고, 자신이 겪은 경찰 조사와 학내 사건에 대한 대학 본부의 대응이 공적 권력 기구의 무기력함이라는 점에서 유사하다고 보았다. 이때 이러한 구조적 무능에 더해 '우리'가 궁극적으로 물어야 했던 질문은, 폭력 이후 개인의 삶은 어떻게 이어지며, 어떤 종류의 정의가 필요한가 하는 것이었다.

레빗은 넬슨의 전작에서 실마리를 찾는다. 넬슨은 영문학자이자 시인, 논픽션 작가로, 2001년부터 작품 활동을 지속해 왔다. 자신의 이모인 제인 믹서Jane Mixer의 미결 살인 사건을 소재로 한 실험적인 시집 《제인: 살인 사건*Jane: A Murder*》[17]과 재판 방청기 《붉은 조각들: 재판의 기록*The Red Parts: Autobiography of a Trial*》[18]으로 대중에게 더욱 알려지게 된다. 이 재판은 35년 만에 살인 사건의 DNA증거가 발견되면서 열린 것이었다. 그러나 넬슨은 재판을 통해 범인이 검거된 후에도 깔끔한 종결, 혹은 구원의 순간은 찾아오지 않는다는 사실에 천착한다. 제인은 이미 세상을 떠났고, 그녀를 기억하는 가족과 친구들은 상실의 상처 속에서 살아왔으며 앞으로도 그렇게 살아갈 것이다. 사법적 정의는 실현되었다. 그러나 넬슨은 "궁극적으로 지속되는 [...] 우리를 구원해 줄 수 있는 사상 같은 건 없다"고 결론 내린다.[19] 레빗은 《남겨진 사물들》에서 넬슨

17
Maggie Nelson, *Jane: A Murder* (Soft Skull Press, 2005).

18
Maggie Nelson, *The Red Parts: Autobiography of a Trial* (Gray Wolf Press, 2007).

19
Nelson, *The Red Parts*, 88-89.

을 독해하면서 자신의 성폭행 사건을 떠올리는데, 특히 무능한 경찰의 대응과 부실한 수사에 더해 자신에게 고통을 안겨준 고독감에 대해서 쓴다. 물론, 레빗과 넬슨 모두 폭력의 가해자를 처벌하고 피해자를 돌보는 공권력의 역할을 부정하는 것은 아니다. 두 저자 모두 더 촘촘한 공적 보호망과 피해자 중심의 제도가 정착되기를 바라며, 이는 기본적인 전제 조건에 해당한다.[20] 그러나 이 둘의 초점은 외부적 정의가 아닌 삶 자체이다.

《남겨진 사물들》에서 레빗은 가장 먼저 유대교 전통을 바라본다. 그는 동료 역사학자 캐시 비딕Kathy Biddick이 묘사하는, 중세 유대교 의식에 쓰인 짙은 자주색 망토의 이미지에 매료된다. 이 선명한 짙은 핏빛 의례복은 '신의 포르피리온God's Porphyrion'이라 불리며, 유대 오순절 축제 동안 십자군 원정을 나선 기독교인들에 의해 희생된 유대인들의 피를 상징적으로 기록한 피의 아카이브다. 즉, "비유대인들에 의해서 희생된 유대인들의 피가 한 방울도 남김없이 이 신성한 '장부'에 자주색 망토의 형태로 기록"되어 있다.(21쪽) 중세 유대인들이 믿었던 유대 신의 약속은, 종말의 시간이 올 때 이 피의 장부가 낭독될 뿐만 아니라 순교자들을 위한 정의가 실현되리라는 것이었다.

여기서 착안해 레빗은 이후 아시케나지Ashkenazi(유럽계 유대인) 유대 전통에서도 피투성이 천 조각이라는 물질적 매개를 통해 순교자들의 피가 반복적으로 기억된다는 점을 지적한다. 즉 범죄의 증거Corpus Delicti는 피 묻은 옷가지에 기록되어 있고, 희생자들의 고통은 결국 신의 율법과 신의 정의에 의해서 보상받을 것이다. 레빗은 넬슨이 제인 믹서의 살인 사건에 대해 쓰면서 관찰한 피 묻은 옷가지와 자신이 기억하는 폭력 당시의 운동복 바지를, 유대교 전통에 등장하는 순교자의 피 묻은 옷가지에 견주어 본다. 또, 유대인 여성으로서 자신이 속한 전통에 기대어 구원과 정의에 대한 갈망을 정당화하고 싶었다고 쓴다. 이는 신의 정

---

20 레빗은 《남겨진 사물들》 출간 직후 첫 강연에서 자신의 강간 키트가 경찰 증거로 수집만 되었을 뿐, 증거로 처리되지도 않았다는 사실을 성토한다. 경찰 및 사법 체계는 분명히 더 개선되어야 한다. 그러나 레빗은 동시에 제인 믹서 살인 사건의 예를 들며, 35년 후 내려진 법정의 판결과 범인 검거보다는 넬슨이 사려 깊게 써 내려간 제인의 이야기가 어떤 면에서는 더 나은 정의에 해당한다고 말한다. "Bearing Witness: Laura Levitt on The Objects That Remain," October 1, 2020, https://www.youtube.com/watch?v=KsLSLmHmlr0.

의가 결국 모든 것을 올바르게 고쳐 놓으리라는 신학적 기대감이다.

그러나 레빗은 신의 정의를 택하지 못한다. 신이 결국에는 정의를 실현하고 악인을 징벌하리라는 '복수의 환상revenge fantasy'은 그가 원한 것이 아니었다. 유대교 전통의 정의 개념에 실망하게 된 것이다. 그는 종말의 시간이 와서야 이루어지는 신의 정의보다는, 고통받고 죽어간 사람들에게 혹은 계속 고통받고 있는 사람들에게 지금 여기에서 정의가 다가오기를 원한다. 신의 정의와 복수로 또 다른 이들의 피가 뿌려지는 것 역시 레빗이 원하는 정의와는 거리가 멀다. 또한 외부에서 실현되는 정의, 혹은 타자가 나에게 선사하는 정의는 반쪽짜리 정의에 불과하다. 레빗은 신에게 신성한 피의 '장부'를 바쳐 찾아올 정의의 실현을 기다리기보다는, 인간 스스로 그 장부를 주체적으로 읽어 나가는 정의를 추구하고자 한다.

첫 책에서 유대교 여성주의자로서 유대교 전통에서 안식처를 찾지 못했던 것처럼, 레빗은 또다시 편안한 종착지를 거부한다. 폭력과 그 유산은 기억되어야 한다. 그러나 신의 복수, 국가 권력, 사적 복수 등과 같은 추가적인 폭력 역시 최종 목적지는 아니다. 레빗이 추구하는 정의는 기다림 끝에 마침내 완결되는 선형적인 해결과는 거리가 멀다. 폭력 이후의 삶에서 이따금 찾아오는 부분적인 기억들, 반복되는 상처들, 그리고 지속되는 고통은 신이나 국가가 아닌 다른 사람들에 의해서만 이해될 수 있다.(28쪽) 레빗은 대학원 시절 유대교 및 기독교 신학을 공부하며 궁극적인 답변을 추구하던 자신의 삶이 잔혹한 폭력에 의해서 부서지고 말았을 때, 신학적 답변을 더 이상 추구할 수 없는 자신을 발견했다. 앞서 살펴보았듯 레빗은 복수나 폭력적 정의에는 관심이 없으며, 트라우마를 완벽히 치유할 방법도, 단칼에 모든 것이 이전으로 돌아갈 수 있도록 해주는 신적인 구원도 없다는 철저한 현실 인식에 도달한다. 이 과정은 《남겨진 사물들》 1부에서 수행적 글쓰기를 통해, 혹은 레빗의 말을 빌리면 "날카롭고 정직한 글쓰기"(38쪽)를 통해 드러난다.

증거물 관리와 유물 보존: "부차적이지만 필수적인" 노동

레빗은 자신이 당한 폭력의 경험을 이미 첫 번째 저술에서부터 자세히 언급해 왔다. 그렇다면 《남겨진 사물들》은 이 전작들과 어떻게 다른가? 가장 큰 차이점은 폭력의 기억을 상기하며 과거를 구체화하는 사물들의 역할에 대한 관심에 있다. 이때 레빗의 사유 대상이 되는 물건들은 범죄 사건의 증거물과 홀로코스트 박물관에 소장된 유물이다. 이들은 모두 과거에 자행된 폭력의 증거이지만, 증거와 유물의 구분은 시간의 흐름에 의해 생겨난다. 즉, 범죄 사건의 증거물들은 아직 현재의 영역에 있지만, 홀로코스트 유물들은 이제 역사의 영역으로 간주된다. 《남겨진 사물들》의 2부에서 레빗은 이 사물들과 인간의 관계, 그리고 사물들을 돌보는 노동에 주목한다.

이때 레빗이 기대는 개념은 역사학자 조앤 스콧Joan Scott이 "보충의 논리the logic of supplement"라 부른 여성사의 역설이다.[21] 20세기 후반 여성학이 학문 분과로서 자리잡고, 여성학 과정 및 학과가 개설되는 것은 물론 여성학 방법론이 영미 인문사회학의 전통적 방법론을 바꾸기 시작했을 때, 역사학 분과에서도 여성의 서사를 반영한 역사 서술이 주목받기 시작했다. 그러나 이미 남성 중심적 방법론이 뿌리박힌 역사학계에서 여성의 목소리는 어떻게 더해지는가? 스콧은 이때 여성 서사가 여전히 주류 남성 서사의 '부록'으로 취급당하면서도, 여성 서사 없는 역사는 불완전한 서술로 취급받게 된 역설적 상황을 여성사 방법론의 영감으로 본다. 즉, 여성의 이야기들은 기존 역사 서술을 보충하며 더해졌으나, 동시에 기존 역사를 다시 쓸 수 있게 하며, 더 완전한 역사 서술의 기회를 제공한다. 여성사는 보충적이지만(즉, 부록으로 추가된 것이지만) 없어서는 안 될 역사 서술의 요소가 되었다.

나아가 부록supplement으로서의 여성사는 이미 완결된 대상에 더해진 것이면서도, 그 대상이 사실은 불완전하거나 무언가 빠뜨리고 있다고 여겨져 지위를 위협당하는 상황에서 등장해 대상의 통합성을 지켜주는 필수 불가결한 요소이다. 따라서 여기서 "보충의 논리"란, 잉여적 요소임에도 필수 불가결한 것이 된 여성사의 역설이다. 이 역설은 기존의 체계를 위협하는 동시에 보존하는 역할을 하기도 한다. 예컨대 남성 중심 역사 서술에 여성의 이야기가 단순한 부록처럼 더해질 때, 이 병치는 기존 역사 서술의 불완전함과 편중을 폭로하게 된다. 동시에 여성사의 참여는 이 불완전함을 잠정적으로 봉합하면서 기존 체계를 구해내

21 Joan W. Scott, "Women's History," in *American Feminist Thought at Century's End: A Reader*, ed. Linda S. Kauffman (Wiley-Blackwell, 1993), 234-257; Joan W. Scott, *Fantasy of Feminist History* (Duke University Press, 2011).

는 역설적 결과를 초래한다.

스콧의 이런 보충의 논리는 레빗이 경찰의 증거물 관리 과정을 이해하는 데 핵심적 역할을 한다. 레빗은 넬슨의 글을 읽고 경찰의 증거물 습득과 관리에 관심을 가지게 되었다. 미결로 남아 있던 제인 믹서의 살인 사건은, 경찰의 증거물실에 35년간 보존되어 있던 제인의 피 묻은 옷가지에서 새로 검출된 DNA 덕분에 범인을 찾아 종결되었다. 레빗은 여기서 증거물이 어떤 경로로 30년 넘게 보존되고 다시 발굴되는지 의문을 가졌다. 의문을 해소하기 위해서, 그는 2009년 경찰 증거 보존 전문기구인 IAPEInternational Association for Property and Evidence에서 운영하는 트레이닝에 현직 경찰들과 함께 참여해 이 과정을 수료한다.(57쪽) 그 과정에서 레빗은 증거물 보존과 처리 과정이 경찰의 기소 과정 및 법적 절차와 구분되는 독립적인 영역이며, 사건의 결과를 좌우하는 필수 불가결한 일이지만 수사 과정에서 완전히 배제되어 보이지 않는 영역이기도 하다는 점을 알게 된다.

증거물은 공식 규정집의 규칙에 의해 철저하게 관리되며, 특히 관리자의 세심한 손길을 필요로 한다. 범죄 사건의 서사에서 수사 과정과 법적 기소 과정은 의심할 여지 없이 중심에 있다. 그러나 경찰에서 수집해 소장하는 증거물 관리는 지난한 수작업 및 행정적 서류 작업 아래 완전히 뒤안으로 물러나 있으며, 극단적인 경우를 제외하고는 법적인 수사 절차에서 언급조차 되지 않는다. 따라서 레빗은 경찰의 증거물 관리 및 소장 과정 전체가 법적 조정 과정에서 간과되는 '보충적' 영역이면서도, 사실은 제인 믹서의 경우에서처럼 수사 과정의 중심에 있다는 역설을 지적해낸다. 즉, 자신이 경험한 경찰 증거물 관리 체계와 수사 시스템의 관계에 스콧의 '보충의 논리'가 적용된다는 것이다.(72쪽)

레빗이 2014년 습득한 자신의 25년 전 사건 파일은 경찰 조서와 레빗의 진술서, 수집된 증거물의 사진과 행정 서류 등으로 구성되어 있다. 레빗이 파일을 읽으면서 새롭게 발견하고 놀란 점은 폭력이 일어난 밤 그가 입고 있었던 운동복 바지의 사진이었다.(32쪽) 레빗은 경찰이 사건이 일어난 밤 그가 입고 있던 옷과 침구를 증거로 수집해 갔다는 사실을 완전히 잊고 있었다가, 그 사진을 보고 나서야 기억해낸다. 그러나 그 증거물의 행방은 알 수가 없고, 경찰의 보관실 어딘가에 소장되어 있을 것이라는 추측만 가능할 뿐이다. 1989년의 과거는 증거물에 그대로 박제되어 보존되어 있다.

홀로코스트 유물의 경우도 마찬가지다. 기념관의 아카이브와 보존실, 창고에 보관된 희생자들의 유물은 과거의 역사적 순간을 담고 있다. 그러나 레빗은 여기서 한 발 더 나아가, 각 사물을 돌보는 관리자와 아키비스트의 손길과 노동에 대해서 생각한다. 이들의 노동은 주된 서사에 포함되지 않으며, 스포트라이트 바깥에 놓여 있다. 그러나 이들의 보존 작업 없이는 경찰의 수사도, 홀로코스트의 기억도 지속되기 어렵다. 이런 점에서 레빗은 여성사의 역설인 '보충의 논리'를 지루하고 평범해 보이는 노동에 적용하는 것이다. 즉, 과거를 기억하는 과정에서 남겨진 사물들을 보존하는 것은 부차적인 동시에 필수적이다.

사물을 돌보는 경이로움과 정의의 다정한 얼굴

시간이 지나면서 점점 부식되는 사물들을 보존하는 일은 인간의 섬세한 관리와 그에 수반되는 비용을 요한다. 그러나 자본주의 체제 하에서 범죄 증거물과 홀로코스트 유물은 모두 화폐 가치로 환산하기 어려운 물건이다. 이 사물들은 경제적 가치는 희박하지만, 이들과 관계 맺고 있는 사람들에게는 지대한 가치와 의미를 지닌다. 물질 문화 연구는 인간과 사물 사이의 이런 의미망을 탐구한다. 역사학자 레오라 아우스랜더Leora Auslander는 평범한 사물의 물질성이 이를 매일 사용하고 접하는 사람에게 인간 존재의 중요한 속성 두 가지를 상기시킨다고 주장한다. 첫째, 사물에게는 물질적인 몸체가 있다. 즉, 사물은 한 번에 다른 두 곳에 존재할 수 없고, 한 장소를 차지하며 존재해야만 한다. 둘째, 바로 그 물질적 몸체 때문에 사물은 영원하지 않으며 언젠가는 소멸하게 된다. 물질성의 이런 두 측면은 인간의 존재 조건, 혹은 한계와 상응한다. 따라서 인간에게 사물은 단순한 외부 물체가 아니라 인간 몸의 연장이자 소통의 도구이고, 기억과 감정을 상기시키는 계기이기도 하다. 이에 더해, 종교적 의미를 지닌 사물은 인간과의 관계를 통해 살아난다. 사물은 인간의 관심과 돌봄의 대상이 되면서 '생생한 물질성vital materiality'을 지니게 된다.[22]

멕시코 지역의 대중 종교 문화를 연구하는 역사학자 제니퍼 휴즈Jennifer Hughes 또한 유사한 논의를 제시한다. 사람들이 정성껏 돌보고 꾸며놓은 가정 내 가톨릭 제단에 대해 쓰면서, 휴즈는 제단 위의 사소한 물건들, 이를테면 플라스틱 성모 마리아 상, 유리구슬, 양초, 말린 꽃, 유리병 등의 장식품은 종교 문화를 실천하는 이들에게 있어 욕망과 힘, 삶을 지닌 사물이라고 주장한다. 이들의 생생한 물질성은 종교학의 고전적 개념인 물신 숭배 혹은 애니미즘과도 구분된다. 즉, 사물은 인간의 목적을 위해 이용되는 단순한 도구, 혹은 인간이 의미를 부여해 숭배하는 단편적인 대상이 아니다. 오히려 이들 사물은 복잡한 종교 사회적 네트워크의 능동적 참여자로, 그 자체로 힘을 지니면서 인간의 종교 활동에서 빠질 수 없는 요소가 된다.[23] 레빗은 아우스랜더와 휴즈의 이론적 설명에 착안하여, 홀로코스트 기념관에서 매일 섬세하게 관리되고 전시되는 유물에 이러한 '생생한 물질성'이 드러난다는 과감한 주장을 펼친다.(113쪽) 이들 유물은 대량 학살의 역사적 증거일 뿐만 아니라 관람자, 아키비스트, 보존 기술자, 큐레이터, 학자 등 기념관의 기억을 관리하고 유통하는 사람들의 네트워크에서 능동적인 참여자로 자리한다. 레빗은 이들을 '사물-개체object-entities'라고 부른다.

사물들의 삶에 주목하는 이런 신유물론적 접근법은 레빗이 《남겨진 사물들》 마지막 장에서 종교의 내재적immanent 형태에 대해 숙고하는 계기가 된다. 레빗은 자신의 성폭력 경험에서 시작해, 살인 사건을 다룬 넬슨의 작품, 경찰의 증거물 관리실, 그리고 홀로코스트 기념관의 유품 보존실을 지나 인간의 삶에서 사물들이 발하는 성스러움과 경이를 발견하며 다시 정의의 문제로 돌아온다. 신적 정의와 국가 폭력을 통한 복수는 매 순간 이어지는 삶 자체를 견딜 만하게 만들어주지는 않는다. 대신 레빗이 기대는 것은 "디아스포라적 친밀함diaspora intimacy"이다. 이는 우리의 현재 삶을 긍정해 주는 신호가 감지되는 우연한 순간들을 일컫는다. 레빗은 우리가 확실성 없이 살아갈 수는 있겠지만 경이wonder 없이 살아갈 수는 없다는 고전학자 안드레아 나이팅게일Andrea Nightingale의 경구[24]를 들어 디아스포라적 친밀함, 즉 멀리 떨어져 있는 대상에

22

Leora Auslander, "Beyond Words," *American Historical Review* 110 (2005): 1015-1045.

23

Jennifer Scheper Hughes, "Mysterium Materiae: Vital Matter and the Object as Evidence in the Study of Religion," *Bulletin for the Study of Religions* 41 (2012): 16-24. 이와 유사한 예시는 한국 종교에서도 논의된 바 있다. 무속화巫俗畵가 한국 무속의 종교적 네트워크에서 발휘하는 힘과 주체성을 분석해 이 그림들이 지닌 '살아있는 물질성'을 논한 다음의 연구를 보라. Laurel Kendall, Jongsung Yang, Yul Soo Yoon, *God Pictures in Korean Contexts: The Ownership and Meaning of Shaman Paintings* (University of Hawai'i Pres, 2015).

서 우연히 마주하는 경이를 옹호한다.(117쪽) 이런 경이에서 초월적 존재 혹은 신의 역할은 없다. 레빗의 말을 잠시 살펴보자.

> 우리가 느끼는 경이로움을 사물들과 연결함으로써, 나는 기존 종교와는 다른 내재적인 형태의 종교를 옹호하고자 한다. 우리는 사물들에게 부드러운 관심을 기울이고 이들을 돌보면서 일종에 의례에 참여하는 것이다. [...] 제인 믹서의 옷, 나의 침대보, 또는 홀로코스트 기념관 수장고에 있는 줄무늬 죄수복은 모두 우리를 부르고 있다.
>
> 접촉과 비판적 유대는 이들 사물-개체를 살아있게 하며, 이들에게 수많은 후생afterlife을 열어준다.(118쪽)

살아남은 자들이 디아스포라적 친밀함과 경이를 마주할 기회는 이 "수많은 후생" 사이에서 생겨난다. 따라서 레빗의 정의란 확실성보다는 경이로움에 열려 있는 삶이자, 이 순간들을 통해 혹독한 삶 속에 "부드러운 관심"과 돌봄에서 나오는 다정함을 맞이하는 데에서 시작한다.

나가며

《남겨진 사물들》은 전통적 의미의 학술서라기보다는 여성학적, 종교학적 배경을 지닌 자기이론에 속하는 책이다. 여기서 레빗은 자신의 경험을 기반으로 하여 폭력의 트라우마 후 개인은 어떻게 살아남는지, 살아남은 후의 삶에서 정의는 어떤 모습일 수 있는지 성찰한다. 이때 사물들은 과거의 기억을 상기시키는 매개이지만, 폭력의 트라우마를 치유하는 것은 계속해서 과거를 서술해 나가는 주체들이다. 레빗은 살아남은 이들이 계속 자신의 이야기를 이어가야 한다고 주장한다. 그는 이 책을 출간한 뒤 성폭력 생존자들로부터 많은 편지를 받았다고 밝히며, 이야기의 이런 연속이 바로 자신이 원했던 것이라고도 말한다.[25] 이런 수

24

Andrea Wilson Nightingale, "On Wandering and Wondering: "Theôria" in Greek Philosophy and Culture," *Third Series* 9 no. 2 (2001): 53.

25

Jacquelyn Ardam, "Tainted Objects: A Conversation with Laura Levitt," *Los Angeles Review of Books*, May 9, 2021, https://lareviewofbooks.org/article/tainted-objects-a-conversation-with-laura-levitt/.

행적 실천들이 연속되어 우리가 서로의 이야기를 읽고, 듣고, 연결되고, 경이로운 순간들을 공유해야만 다정한 정의가 실현될 수 있다는 것이다. 폭력으로 인해 수많은 개인의 삶들이 부서지고 상처입는다. 이런 사건에서 주된 관심의 대상이 되는 것은 폭력의 스펙터클과 가해자에 대한 처벌이지만, 폭력 이후 남겨진 사물들에 대해 이야기하고, 그 이후를 살아가는 사람들의 이야기를 듣는 것 역시 폭력 이후 담론의 중요한 과업일 것이다. +

참고 문헌

Ardam, Jacquelyn. "Tainted Objects: A Conversation with Laura Levitt." *Los Angeles Review of Books*. May 9, 2021. https://lareviewofbooks.org/article/tainted-objects-a-conversation-with-laura-levitt/.

Auslander, Leora. "Beyond Words." *American Historical Review* 110 (2005): 1015-1045.

Fournier, Lauren. *Autotheory as Feminist Practice in Art, Writing, and Criticism*. The MIT Press, 2021.

Haraway, Donna. "Situated Knowledges: The Science Question in Feminism and the Privilege of Partial Perspective." *Feminist Studies* 14 no. 3 (1988): 575-599.

Hughes, Jennifer Scheper. "Mysterium Materiae: Vital Matter and the Object as Evidence in the Study of Religion." *Bulletin for the Study of Religions* 41 (2012): 16-24.

Hornstein, Shelley, Laurence Silberstein, Laura Levitt, ed. *Impossible Images: Contemporary Art after the Holocaust*. NYU Press, 2003.

Kendall, Laurel, Jongsung Yang, Yul Soo Yoon. *God Pictures in Korean Contexts: The Ownership and Meaning of Shaman Paintings*. University of Hawai'i Pres, 2015.

Levitt, Laura. Distinguished Faculty Lecture. "Evidence as Archive." Thursday, November 12, 2015. CHAT Lounge - Gladfelter 10th Floor, Temple University.

_____. *American Jewish Loss after the Holocaust*. NYU Press, 2007.

_____. *Jews and Feminism: The Ambivalent Search for Home*. Routledge, 1997.

Mohanty, Chandra Talpade. "'Under Western Eyes' Revisited: Feminist Solidarity through Anticapitalist Struggles." *Signs* 28 no. 2 (2003): 499-535.

_____. "Under Western Eyes: Feminist Scholarship and Colonial Discourses." *Feminist Review* no. 30 (1988): 61-88.

Nelson, Maggie. *The Argonauts*. Gray Wolf Press, 2015.

_____. *The Red Parts: Autobiography of a Trial*. Gray Wolf Press, 2007.

_____. *Jane: A Murder*. Soft Skull Press, 2005.

Nightingale, Andrea Wilson. "On Wandering and Wondering: "Theôria" in Greek Philosophy and Culture." *Third Series* 9 no. 2 (2001): 23-58.

Peskowitz, Miriam, Laura Levitt, ed. *Judaism since Gender*. Routledge, 1997.

Scott, Joan W. *Fantasy of Feminist History*. Duke University Press, 2011.

_____. "Women's History." in *American Feminist Thought at Century's End: A Reader*, edited by Linda S. Kauffman, 234-257. Wiley-Blackwell, 1993.

Spivak, Gayatri Chakravorty. "'Can the Subaltern Speak?': Revised Edition, from the 'History' Chapter of Critique of Postcolonial Reason." in *Can the Subaltern Speak?: Reflections on the History of an Idea*, edited by Rosalind C. Morris, 21-78. Columbia University Press, 2010.

"Bearing Witness: Laura Levitt on the Objects That Remain." October 1, 2020. https://www.youtube.com/watch?v=KsLSLmHmlr0.

노민정

종교학 연구자. 2021년 필라델피아 템플 대학교에서 동시대 한국계 디아스포라 기독교와 아이티 종교의 만남을 다룬 논문으로 박사 학위를 받았다. 현재 뉴저지 드류 대학교 신학부 트랜스내셔널 기독교 및 젠더 스터디 방문 조교수로 있다. 아이티와 프랑스어권 캐리비안 종교사, 동시대 한국 종교와 여성, 인종 자본주의racial capitalism에 관심을 두고 연구한다.

박규태

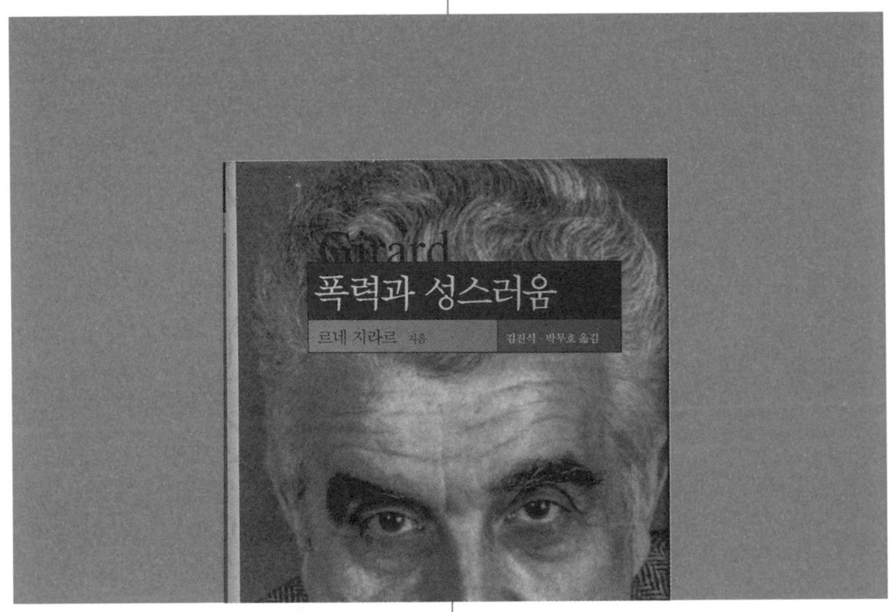

르네 지라르, '양의성'으로 다시 읽기

르네 지라르, 《폭력과 성스러움》,
김진식·박무호 옮김(민음사, 1993/2000)
René Girard, *La Violence et le Sacré* (Grasse, 1972)

폭력과 성스러움

르네 지라르

들어가며: 양의성이란 무엇인가

오래전 이야기다. 불문학자 김현1942-1990이라는 탁월한 독해자로 인해 이미 30여 년 전에 한국의 르네 지라르1923-2015 읽기는 상당한 수준에 달해 있었다. 자신의 지라르 연구가 1980년 광주 민주화 운동에서 비롯된 것임을 밝힌 김현은 "폭력이 과연 어디까지 합리화될 수 있는가?"라는 물음을 우리에게 남겼다.[1] 지라르 사상을 관통하는 주제가 바로 폭력의 문제이기 때문이다. '좋은 폭력'으로 '나쁜 폭력'을 막는다는 이른바 '희생양 메커니즘'이 바로 본고에서 다루려는 《폭력과 성스러움》의 핵심어이다. 이 희생양 메커니즘을 대면하기에 앞서 먼저 지라르의 폭력 개념에 내포된 아포리아, 즉 양의성兩儀性, ambivalence의 문제를 짚고 넘어가야 할 것 같다. 폭력은 폭력일 뿐인데 어떻게 나쁜 폭력뿐만 아니라 좋은 폭력도 있다고 말할 수 있는가?

철학자 김형효는 "세상의 구조는 양가적, 이중적, 상관적 대립 구조"이며 그런 "양가성의 어느 한쪽도 실상이 아니"라고 말한다.[2] 일방적 존재는 없다. 그러니까 폭력과 성스러움(종교)도 선과 악 혹은 전쟁과 평화처럼 상관적 대립의 한 쌍일 따름이며, 폭력은 종교와 다른 곳에 있지 않고 늘 종교 곁에 그리고 종교와 함께 있다는 말이다. 마르틴 하이데거Martin Heidegger는 이런 상관적 대립 구조를 존재의 양의성으로 표현한다. 즉 존재는 가장 공허한 것이면서 가장 풍요로운 것, 가장 일반적인 것이면서 유일무이한 것, 가장 이해하기 쉬운 것이면서 모든 개념적 파악에 저항하는 것, 가장 자주 사용되는 것이면서 이제야 비로소 발원하는 것, 가장 믿을 수 있는 것이면서 가장 심연적인 것, 가장 망각된 것이면서 가장 많이 상기되는 것, 가장 자주 말해지는 것이면서 가장 침묵하는 것이라는 말이다. 하지만 우리는 통상 존재에 대해 그렇게 이중적으로 관계하지 않는다. 우리는 대립항들의 첫 번째 항에만 관계한다. 즉 존재는 통상 우리에게 가장 공허한 것, 가장 일반적인 것, 가장 이해하기 쉬운 것, 가장 자주 사용되는 것, 가장 믿을 수 있는 것, 가장 망각된 것, 가장 자주 말해지는 것으로 받아들여지고는 한다. 그런데 우리는

---

1 김현, 《르네 지라르 혹은 폭력의 구조》(나남, 1987), 17.

2 김형효, 〈무엇이 평화인가?: 노자 사상에 바탕하여〉, 《본질과 현상》 9호(2007): 48, 51.

이러한 사실을 전혀 인식하지 못한다. 이것이 하이데거가 들여다본 세계와 인간 존재의 수수께끼 같은 심연이었다.[3]

하이데거가 파악한 이와 같은 존재의 양의성은 프리드리히 니체 Friedrich Nietzsche에 대한 강의 말미에 언급된 것이다. 이는 니체가 《비극의 탄생》(1872)에서 제기한 '디오니소스적 정신'과 상통한다. 디오니소스적인 것은 "모순적인 채로 규정될 수 없는 대립적인 것들의 관계"를 상징하며, '모순'을 존재론적으로 긍정함으로써 삶 자체를 받아들일 가능성을 우리에게 보여주기 때문이다. 다시 말해 이는 대립자들의 차이가 사라지는 근원의 영역, 혼돈의 영역을 제시한다. 디오니소스적 정신은 논리적 대립을 넘어서서 전체인 동시에 무無로 존재하는 세계의 모순에 대한 인식을 내포하며, 여기서 전제되는 것은 '불일치를 내포하는 관계'라는 이중적 구조다. 관계 없이는 모순도 없다. 중요한 것은 이런 디오니소스적 모순이나 그 이중성의 측면이 사고와 사물의 시원적 상태를 나타낸다는 데에 있다.[4]

《비극의 탄생》은 "예술의 발전이 아폴론적인 것과 디오니소스적인 것의 이중성과 결합되어 있다"라는 말로 시작된다. 이 두 상이한 충동은 서로 공공연히 대립한 채, 그 "대립의 투쟁을 자신들 안에서 지속하기 위하여 더 강력하게 재탄생할 수 있도록 상호 자극하면서 공존해 간다". 그러다가 두 충동이 서로 결합하면서 "마침내 디오니소스적이기도 하고 아폴론적이기도 한 아티케 비극을 산출한다".[5] 흥미롭게도 니체는 이 아폴론적인 것과 디오니소스적인 것을 배와 바다에 비유한다. 디오니소스적인 힘은 바다처럼 끊임없이 유동하고 혼란스럽고 역동적

3
마르틴 하이데거, 《니체와 니힐리즘: 니체에 대한 하이데거의 강의》, 박찬국 옮김(지성의 샘, 1996), 372-373. 하이데거는 나치에 동조함으로써 그 스스로가 이해할 수 없는 심연임을 보였다.

4
홍사현, 〈니체와 에우리피데스에서의 디오니소스적인 것: 신화와 이성의 모순과 그 비판적 기능〉, 《독일어문화권연구》 14권(2005): 86-87.

5
아티케는 아테네가 위치한 그리스 동남쪽 지방이며, '아티케 비극'이란 아이스킬로스, 소포클레스, 에우리피데스 등의 작가가 활약했던 기원전 5세기의 전성기 그리스 비극을 가리킨다. 니체는 이 그리스 비극 속에서 삶을 향한 의지와 혹독한 현실을 대면하는 삶의 지혜를 발견한다. 프리드리히 니체, 《비극의 탄생·반시대적 고찰》, 이진우 옮김(책세상, 2005), 29.

이며, 때로는 파도로 인해 위험할 수도 있다. 그럼에도 물결에 따라 자연스럽게 흔들리는 배 안에서 인간은 질서의 평안함을 느낀다. 이 두 힘이 조화를 이룰 때 인간은 비로소 충만함을 느낀다. 이것이 니체가 그리스 비극에서 포착한 예술적 양면성이다. 니체는 이 중 디오니소스적인 것을 모든 존재의 근본이 되는 바닥 없는 심연으로 개념화했다.[6]

헤겔적 종합을 통해 모순의 화해를 추구하는 변증법적 사고와는 달리 불일치 상태 그대로의 '모순적 공존'이 강조되는 디오니소스적 양의성이 있는가 하면, 심층에 있어 더 큰 어떤 것(가령 신이나 도)의 절대성이 전제된 '반대의 일치coincidentia oppositorum'를 긍정하는 쿠자누스Nicolaus Cusanus, 1401-1464적 양의성[7] 혹은 노자적 양의성[8]도 있다. 이하에서는 이 두 가지 형태의 양의성 모두를 염두에 두면서 폭력의 문제를 생각해 보고자 한다. 이는 폭력의 문제가 단순하지 않다는 점을 예고한다. 더군다나 지라르에 따르면 폭력은 무엇보다 신화와 의례를 포함한 종교의 기원이라는 점에서 문제는 더욱 복잡해진다. 어쨌든 종교와 폭력의 문제는 본고에서 주로 '희생양 메커니즘과 양의성', 즉 폭력의 양의성 혹은 성스러움의 양의성이라는 주제를 중심으로 전개될 것이다. 이에 앞서 먼저 지라르에 대한 비판의 다양한 양상을 살펴보고자 한다. 그것들이 역으로 지라르 사상의 핵심을 가장 잘 드러내 보여주리라는 기대 때문이다.

6
"진정으로 존재하는 자, 근원적인 일자는 영원히 고통받는 자와 모순에 가득 찬 자로서 자신의 지속적인 구원을 위하여 동시에 매혹적인 환영과 즐거운 가상을 필요로 한다." 니체, 《비극의 탄생·반시대적 고찰》, 45. 고대 그리스인들은 주체가 모순되는 존재의 고통을 극복하려는 목적에서가 아니라, 모순되는 존재의 고통 자체에서 아폴론이 만들어 주는 '가상'을 필요로 했다. 김춘섭, 〈그리스 비극과 니체의 『비극의 탄생』〉, 《한국문학이론과 비평》 81권(2018): 259-260.

7
인간의 인식능력에 있어서는 대립적 혹은 모순적이어서 일치하거나 합치할 수 없는 것처럼 보이지만, 무한하고 절대적인 신의 관점에서는 일치하거나 합치될 수 있는 양의성. クザーヌス, 《神を観ることについて》, 八巻和彦訳(岩波書店, 2001), 287-288.

8
《도덕경》 제2장은 선악과 미추를 비롯하여 유무有無, 난이難易, 장단長短, 고하高下, 음성音聲(악기나 자연의 소리 및 인간의 목소리), 전후前後 등이 모두 서로의 관계에서 생기는 것이라고 적고 있다. 이는 궁극적으로 "도의 입장에서 보면 반대나 모순처럼 보이는 개념들이 서로 다를 것이 없다"는 '반대의 일치'를 뜻한다. 노자, 《도덕경》, 오강남 편역(현암사, 1995), 24-25.

지라르 비판의 양의성

지라르 사상은 인간이 대면해야 하는 중심 문제가 바로 폭력이라는 점을 대전제로 삼는다. 이때 폭력은 다른 사람을 모방하려는 경쟁 상태에서 생겨난다. 그 모방 욕망은 끝이 없고, 따라서 폭력도 끝이 없다. 하지만 만장일치의 폭력에 의해 어떤 희생양[9]이 바쳐지면 폭력은 일시적으로 종결되어 질서가 회복되며, 이와 동시에 희생양은 성스러운 존재로 신격화된다. 이것이 바로 희생제의[10]의 시작이다. 지라르는 이와 같은 일련의 과정을 '희생양 메커니즘'이라고 부른다. 재판 제도는 그런 희생양 메커니즘이 변형된 형태라 할 수 있다. 《폭력과 성스러움》은 한마디로 종교를 비롯한 문화의 기원이 폭력에 있음을 말해주는 희생양 메커니즘이 무엇인지를 분석한 저서이다. 이 책 이후 지라르의 주요 저서들[11]은 희생양 메커니즘을 토대로 삼고 그 위에서 기독교 신구약 성서, 특히 복음서 기록을 분석하여 그리스도야말로 희생양 메커니즘을 최종적으로 종결지어 폭력의 연쇄 고리를 끊은 장본인이라는 점을 강

9

유대-기독교 전통에서 희생양이란 유대 민족의 속죄 의식 때 사용된 제의적 희생물을 말한다. 이는 이스라엘의 모든 죄를 한 마리 양에게 실어서 집단으로부터 추방시키는 의식이다. 한편 그리스 전통에서 희생양은 주로 (독과 약 모두를 뜻하는 '파르마콘'에서 유래한 말인) '파르마코스'라 불리는 인간이었다. 그리스 신화에 나오는 아가멤논의 딸 이피게네이아라든가 후술할 오이디푸스 등도 전형적인 희생양이다. 이런 사례는 원시 부족이나 아프리카의 여러 왕국 등에서 전 세계적으로 널리 발견된다.

10

희생제의의 목적이나 유형은 다양한 방식으로 논의되어 왔다. 가령 신에게 바치는 예물gift 또는 뇌물(타일러Edward Burnett Tylor), 신과의 교제(스미스William Robertson Smith), 신을 향한 봉헌 또는 신과의 교통(뒤르켐), 우주 창조의 의례적 재현으로서의 재생(엘리아데Mircea Eliade), 자기 부정과 포기를 수반하는 성화sanctification의 원리(위베르Henri Hubert와 모스Marcel Mauss), 대체의 원리에 입각한 관계의 창조(레비스트로스Claude Lévi-Strauss), 신의 은총에 대한 기대(카유아Roger Caillois), 신과 인간 사이의 계약 또는 교환 관계, 감사, 속죄, 신들에 대한 회유 등이 그것이다. 이런 것들을 통해 사회 질서를 유지하고 통합한다는 것이다. 대부분의 연구자들은 이런 희생제의의 사회 통합적 기능에 동의한다. 지라르도 마찬가지인데, 그는 놀랍게도 희생제의의 핵심이 폭력에 있다고 주장한다. Jeffrey Carter, ed., *Understanding Religious Sacrifice: A Reader* (Continuum, 2003); 캐서린 벨, 《의례의 이해: 의례를 보는 관점들과 의례의 차원들》, 류성민 옮김(한신대학교 출판부, 2007).

11

가령 《세상의 처음부터 감추어져 있는 것*Des choses cachées depuis la fondation du monde*》(1978), 《희생양》(1982), 《나는 사탄이 번개처럼 떨어지는 것을 본다》(1999), 《그를 통해 스캔들이 왔다》(2001) 등.

조한다. 나아가 대담집《문화의 기원》(2004)에서 지라르는 희생제의를 수행함으로써 상징적 의미를 획득하는 종교가 모든 제도와 문화의 모태라는 주장을 내세웠다.[12]

이와 같은 지라르 사상에 대한 비판은 실로 치열하고 다양하다. 거대 담론을 내세운 유명한 대가 중에서 아마도 지라르만큼 학계로부터 집중적인 포격을 받은 인물은 찾기 쉽지 않을 것이다.[13] 그중 가장 많이 눈에 띄는 것은 지라르 사상이 환원주의적이라는 비판이다. 가령 의례, 신화, 금기 및 그 파생물을 모방적, 폭력적, 희생제의적 메커니즘과 연관지어 해석하는 지라르의 가설은 차고 넘치는 다양성을 하나의 원인으로 설명하려는 환원론적 입장이라는 비판이 있다. 지라르의 가설에 의하면 인류 역사는 항상 희생제의에 의해 문제를 해결해 온 위기의 역사가 되는데 오직 희생제의만이 유일한 해결책이라고 말할 수 있을까 하는 의문도 있으며, 의례화된 폭력은 모든 사회에서 찾아볼 수 있지만 지라르가 강조하듯이 국가와 법체계가 없는 사회에서 반드시 희생제의가 행해졌다고 볼 만한 이유는 어디에도 없다는 지적도 있다. 그러니까 희생제의를 모든 사회 성립의 요석으로 본다든지, 모든 제도와 모든 의미의 모체로 삼는 데에는 동의하기 어렵다는 말이다. 더 나아가 만일 지라르의 가설이 전면적으로 옳다면 희생제의가 폭력의 유일한 해결책으로서 모든 사회에 편재해야 마땅한데, 순수하게 희생제의적인 사회는 거의 존재하지 않으며 역으로 희생제의를 전혀 알지 못하는데도 전쟁도 복수의 의례도 없고 단지 의례화된 모의 전투와 유희만이 있을 뿐 폭력은 존재하지 않는 사회가 있다는 구체적인 반론이 적지 않다.[14]

환원주의에 대한 이와 같은 비판은 기원에 대한 지라르의 집요한 관심이 자기 충족적이고 순환 논법적이라는 비판과도 맞닿아 있다. "모

12
이는 친족 관계에서 다른 모든 제도와 문화가 비롯되었다고 본 레비스트로스와는 달리, 종교를 사회와 동일시한 뒤르켐과 유사한 입장이다.

13
가령 지라르는 "나는《폭력과 성스러움》을 대학 교수 사회가 분노의 함성으로 접대하던 것을 지금도 기억하고 있다"라고 회상한다. 르네 지라르,《문화의 기원》, 김진식 옮김(기파랑, 2006), 298.

14
M.ドウギー他編,《ジラールと悪の問題》(法政大學出版局, 1986), 92, 103, 162-165.

방 욕망은 폭력을 낳고 폭력은 종교를 낳고 종교는 문화를 낳는다"라는 지라르 사상의 표어는 결국 "문화는 다시 모방 욕망을 낳는다"라는 자기 충족적이고 자기 완결적인 순환 논법으로 귀결될 위험을 안고 있다. 인간 세계를 하나의 모방 메커니즘 혹은 희생양 메커니즘으로 설명하는 지라르는 "기원 탐구야말로 학문의 대표적인 시도"[15]라는 확신을 가지고 있었지만, 모방과 폭력은 시작도 끝도 없는 과정이어서 스스로가 자신의 준거일 수밖에 없으므로 폭력과 종교와 문화의 기원을 묻는 역사적 관심은 종종 입증 근거가 불충분하다는 비판에 직면하기 십상이다.

지라르는 희생제의 및 그 기원에 관한 가설을 중심으로 하는 전 지구적인 종교 이론에 천착했다. 그런데 오늘날 인류학자들 사이에서는 그런 전 지구적 종교 이론의 구축을 무의미하다고 여기는 경향이 지배적이며, 기원에 대한 추구는 종종 신화적인 것으로 비난받는다. 21세기 영어권의 종교학을 대표하는 학자 조너선 스미스 또한 기원의 물음을 신경질적으로 거부한다. 기원의 물음에 대한 집착은 문제의 복합성을 단순화시킨다고 여기기 때문이다.[16] 이처럼 지라르의 주장은 단순주의, 종합주의, 독단주의라는 비판에서 자유롭지 못한 듯하다.

환원주의라든가 순환 논법에 대한 이런 비판은 크게 볼 때 방법론에 대한 문제 제기에 속한다. 방법론적으로 지라르는 여러 저작을 통해 모방 메커니즘이나 희생양 메커니즘과 같은 하나의 개념이나 모델을 설정한 뒤, 이를 수많은 상황에 반복적으로 도입하면서 모든 이론과 관점을 단 하나의 주제로 환원하고자 한다. 이처럼 하나의 주장을 반복적으로 내세워 독자를 설득하려는 성향은 그의 이론이 가진 가장 큰 장점이지만 동시에 단점이 될 수도 있다. 예컨대 이런 서술 방식은 수많은 현상 중 오직 저자의 의도에 부합하는 사례만을 취사선택하거나, 전후 맥락을 무시한 채 모델에 들어맞는 사례만을 골라내 그것들이 마치 보편적 가치를 지닌 것처럼 제시할 수도 있다는 큰 문제점을 안고 있다.[17]

15
지라르, 《문화의 기원》, 205.

16
Robert G. Hamerton-Kelly, ed., *Violent Origins: Walter Burkert, René Girard, and Jonathan Z. Smith on Ritual Killing and Cultural Formation* (Stanford University Press, 1987), 108, 207-208.

이와 같은 방법론적 비판과 더불어 지라르에게 가해진 문제 제기로 "어떻게 과학과 신을 동시에 믿을 수 있느냐는 비판, 즉 과학과 종교를 동시에 내세우는 이중 플레이를 한다는 비판"[18]을 빼놓을 수 없다. 지라르는 현대의 묵시론적 상황[19]에서 폭력 문제에 대처하는 길은 단 하나뿐이라고 단언한다. 복음서가 그것이다. 복음서는 희생양 메커니즘을 해체했을 뿐만 아니라 근원적 해결책도 제시해 주고 있는데, 바로 폭력의 연쇄 작용에 빠지지 않는 모델인 그리스도를 모방하라는 것이다. 결국 우리에게 남은 것은 폭력을 불러일으키는 소유 모방에 따를 것인지, 아니면 자기를 포기하는 자발적 희생양의 모델인 그리스도를 따를 것인지의 양자택일밖에 없다는 것이다. 이는 지나치게 기독교 중심적인 해석으로 보일 수도 있다.[20] 그래서 학계에서는 지라르가 기독교로 '개종'[21]한 것에 대해 색안경을 끼고 보는 시선이 있는가 하면, 기독교인들은 그가 기독교의 전통적인 입장을 취하지 않는다고 비난하기도 한다.

기독교로의 개종이라는 개인의 실존적 선택과 직접적인 연관성은 없어 보이지만, 지라르는 흔히 정치적 보수주의자라든가 반민주주의자라는 비판을 받기도 한다. 가령 지라르는 희생양 메커니즘과 관련하여 특정 사회나 공동체 내의 세력 관계와 같은 정치적, 사회적 해석의 여지

17
김모세, 《르네 지라르: 욕망, 폭력, 구원의 인류학》(살림, 2008), 324-325.

18
지라르, 《문화의 기원》, 305.

19
지라르가 말하는 '묵시론적 상황'은 핵전쟁의 위험을 비롯하여 모든 통제를 벗어난 폭력이 전 세계를 위협하는 상황을 가리킨다. 지라르는 특히 프로이센의 전략가 카를 폰 클라우제비츠Carl von Clausewitz의 《전쟁론》에 대한 해석인 《클라우제비츠 완성하기*Achever Clausewitz*》(2007)에서 전쟁의 성격을 이중성, 상호성 작용, 극단적인 것들의 상승 등의 용어로 설명한 클라우제비츠의 견해에 기반하여 묵시론적 상황이 시작되었음을 강조한다.

20
김모세, 《르네 지라르》, 327.

21
지라르는 1990년 브라질에서 있었던 해방신학자들과의 모임에서 자신의 연구가 자신을 기독교로 개종시켰다고 고백한 적이 있다. 이 개종에 대해 지라르는 매우 특이한 정의를 내린다. 그것은 "개종을 통해 연구자가 자신도 자기의 연구에 연루되어 있다는 것을 인정하게 되는 그런 개종"이라는 것이다. 달리 말하자면 지라르에게 개종이란 "자기 자신도 모방적으로 욕망하고 있다는 것을 인정하는" 일을 뜻한다. 지라르, 《문화의 기원》, 60, 62.

를 남기지 않는다. 예컨대 유대인 학살은 단지 박해자들의 모방 갈등과 차이 소멸의 위기만으로 해석될 수 없다. 지라르의 도식만으로는 충분히 해명할 수 없는 여러 형태의 폭력이 존재하는 것이 사실이다.[22] 지라르가 현금의 신자유주의 사상의 잔인함에 대해 그다지 비관적이지 않은 것도 이러한 비판에서 지적되는 점이다. 또한 대부분의 사람들이 모방적으로, 즉 비자율적으로 행동한다고 본다는 점에서 지라르 이론에는 반민주주의적 경향이 내재한다는 비판도 가능하다.[23]

하지만 지라르의 사유 양태를 파시스트적, 신화적, 전체주의적, 질서 유지를 위한 이데올로기적인 것으로 규정한 앙리 메쇼니크Henri Meschonnic의 비판만큼 신랄한 것은 찾아보기 어려울 것이다. 즉 파시즘에서와 마찬가지로 지라르에게도 질서는 폭력, 단순주의, 사회 질서의 합법화, 반反비판 등과 결부되어 있으며, 그의 기원 숭배는 인간의 의지에 대한 멸시를 품고 있다. 과학과는 거리가 먼 그의 신화적 담론은 의미를 전체성, 통일성, 진리와 동일시하며, 그것으로 자기의 유일한 의미를 만드는 담론이다. 또한 지라르가 유일하고도 일원적인 원리로 드는 모방은 사회 창건의 초석이 되는 폭력과 동일한 모방에 다름 아니다. 이처럼 모든 것을 하나로 귀착시킨다는 점에서 그의 담론은 필연적으로 전체주의적이며, 질서 유지를 위한 이데올로기라는 것이다.[24]

여기서 이 비판들에 대한 반증이나 변증을 펼칠 의도는 없다. 다만 이 비판들이 학자들을 가두는 칸막이 구획을 절대 믿지 않았던 지라르의 성향과 무관하지 않을 거라는 심증 정도는 말해두고 싶다. 김현은 메쇼니크의 이런 비판을 지라르의 도덕주의, 엄숙주의에 대한 통렬한 항의라고 평가하는 동시에 지라르가 자신의 가설을 "슬그머니 진리로 바꿔치기하고 있다"고 비판하면서도, "그러한 비판이 단순한 비판에 떨어지지 않기 위해서는 그 가설들의 빛나는 부분들을 정당하게 평가해야 한다"[25]는 조언을 놓치지 않는다. 김현의 말대로 신화와 비극 분석에

22
김모세, 《르네 지라르》, 324.

23
지라르, 《문화의 기원》, 265, 273.

24
Henri Meschonnic, "Religion, maintien de l'ordre," *N.R.F.* (1980. 2.): 94-95, 105-106; 김현, 《르네 지라르 혹은 폭력의 구조》, 61에서 재인용.

서 지라르가 보여준 번득이는 통찰력을 부정할 이는 아마 없을 것이다. 게다가 원시 사회든 근대 사회든 모든 사회를 위협하는 것은 자연 재해가 아니라 내부 폭력의 분출이라는 지라르의 지적은 옳다. 또한 모든 의례 중에서 가장 중요한 것은 희생제의이며, 그것이 폭력에 배출구를 제공해 줌으로써 많은 사회에서 실제로 카타르시스의 기능을 수행한다는 지라르의 지적에도 우리는 얼마든지 동의할 수 있다. 《폭력과 성스러움》의 탁월한 점은 바로 이런 가설을 위해 많은 사례를 모아서 제시한다는 것이다. 거기서 더 나아가 희생양 메커니즘을 둘러싼 모방, 성스러움, 폭력의 양의성을 들여다볼 수 있다면 이 책의 통찰력이 더욱 빛나지 않을까 싶다.

이 대목에서 지라르 비판의 양의성 자체에도 주목하지 않을 수 없다. 오늘날 모두가 무한 경쟁적 폭력의 짝패double[26]로 화한 듯한 한국 사회에서, 앞서 김현이 지라르를 읽는 동기로 밝힌 고백은 더욱 유효하고 시의적절하다. 그런 만큼 비판이란 "상대를 비난하는 일이 아니라 음미이며 오히려 자기 음미"[27]라고 규정한 가라타니 고진을 참조할 만하다. 혹은 비판을 "나와는 다른 어떤 이질적인 것과 맺는 관계 속에서만 존재"하는, "자신이 알지도 못하고 또 도달할 수도 없는 어떤 미래 혹은 어떤 진실을 위한 수단이자 방법"으로 규정하며, 진실이 유발하는 권력 효과와 권력이 생산하는 진실 담론을 문제 삼을 권리를 스스로에게 부여하는 활동으로 본 푸코에게 귀 기울여봄 직하다.[28] 비판은 통상 차이를 인정하려 들지 않고 그것을 자신의 주장 안에 동화시키려는 경향을 내포한다. 그런데 지라르는 차이의 소멸이야말로 가장 위험한 폭력의 징후라고 보기에, 비판의 문제는 차이의 문제를 매개로 하여 폭력의 문제

25
김현, 《르네 지라르 혹은 폭력의 구조》, 63.

26
지라르가 말하는 '짝패'란 상호적 폭력에 의해 차이가 없어져 획일화된 닮은꼴로서의 사회문화적 쌍둥이를 가리킨다. 미워하면서 닮아간다는 말처럼, 폭력과 증오가 일단 작동하게 되면 선과 악이나 옳고 그름의 차이는 점점 후경으로 사라져버리고 온갖 차이들이 서로 뒤섞여 오직 폭력의 동질성에 의해 지배받는 짝패들만 남게 된다. 지라르는 이런 짝패의 속성을 '괴물성'이라고 불렀다.

27
가라타니 고진, 《트랜스크리틱: 칸트와 맑스》, 이신철 옮김(도서출판b, 2013), 9.

와 이어지게 된다. 가라타니와 푸코에 따르면, 비판이 차이의 소거로 귀결되지 않기 위해서는 무엇보다 자기비판이 수반되어야 한다. 비판적 사고는 비판 대상과 서로 대립적인 것이 아니라 '모순적' 양면 구조를 이루고 있기 때문이다.[29]

모방의 양의성

> 20세기에 들어와서 그토록 남용되고서도 아직도 우리에게 설득력을 갖고 있으며, 심지어는 인상적으로까지 보이는 용어이긴 하지만, 이제는 양가성이라는 이 말로부터는 아무런 빛도 나오지 않으며, 사실 이 말은 어떠한 참된 설명의 근거도 되지 못한다는 것을 인정해야 될 때인 것 같다. 이 말은 단지 아직 해결되지 않은 어떤 문제를 지칭할 뿐이기 때문이다.(10쪽)

《폭력과 성스러움》(1972) 1장의 모두에 나오는 위 인용문은 설득력 있는 지적임에 틀림없다. 여기서 더 나아가 "양면성, 그것은 정신분석학자들이 아니라 환자들에게나 유익한 것"(276쪽)이라고까지 단언하는 지라르의 논의는 과연 양의성으로부터 벗어났을까? 결론부터 말하자면 전혀 그렇지 않다. 그의 이론은 양의성의 구조를 빼놓고 말할 수 없다. 실제로 지라르는 《문화의 기원》(2004)에서 지금 인류는 "역사상 그 어느 시대 그 어느 사회보다도 더 많이 희생양을 걱정하는 세상", "그 어느 때보다 많은 사람을 죽이는 세상"을 살고 있기 때문에 "선과 악이 동시에 계속 증가하고 있다"고 느낀다며, 이런 시대의 문화 이론은 바로 이처럼 특이한 세상의 양의성을 설명해야 한다고 주장한다. 그에 따르면 오늘날의 세상에는 위대한 진보와 숱한 분열이 공존하면서 만들어낸 모순을 비롯해 수많은 모순들이 있는데, 그것들은 강해지면 강해질수록 더 큰 매력을 띠게 된다는 것이다.[30] 이는 양의성(양가성, 양면성)에

28
미셸 푸코, 《비판이란 무엇인가? 자기 수양》, 오트르망(심세광·전혜리) 옮김(동녘, 2016), 40, 47.

29
홍사현, 〈니체와 에우리피데스에서의 디오니소스적인 것〉, 103.

대한 이전의 부정적 입장을 완전히 철회하는 것처럼 보인다. 하지만 사실을 말하자면 철회한 것이 아니니다.

국내외 연구자들은 거의 주목하지 않았지만, 지라르는 비단 희생양 메커니즘을 논한 《폭력과 성스러움》뿐만 아니라 첫 저작 《낭만적 거짓과 소설적 진실》(1961)에서부터 이미 양의성의 구조에 입각하여 모방 메커니즘을 논했기 때문이다. 지라르에 따르면 주체, 대상, 모델로 구성된 이른바 '욕망의 삼각형'을 따르는 모방 욕망은 특별한 실체를 가지고 있지 않다. 주체가 어떤 대상을 욕망할 때 그는 그 대상을 자신이 욕망하는 대상으로 생각한다. 하지만 그것은 착각이다. 주체가 욕망하는 대상은 실체가 없다. 그것은 실은 타자가 욕망하는 대상이며, 그 타자는 종종 주체의 모델이 된다. 다시 말해 모델은 주체의 욕망을 매개하는 자를 가리킨다. 그런데 주체의 욕망이 강렬해지면서 그는 모델을 경쟁자로 생각하게 된다. 이처럼 모방 욕망은 항상 '매개자이자 경쟁자로서의 모델'인 타자와의 관계 속에서만 의미를 가질 수 있다. 그런 모델에 대한 주체의 감정은 지라르가 《낭만적 거짓과 소설적 진실》에서 "욕망의 양가성" 또는 "증오에 넘치는 매혹"[31]이라고 명명한 모순적인 감정, 즉 존경과 증오가 뒤섞인 미묘한 감정이다.

이런 모방의 양의성과 관련하여 지라르는 《폭력과 성스러움》에 '이중 명령double bind'이라는 다소 기이한 개념을 끌어들인다. 모방 욕망은 종종 타인에 의해 촉발되거나 강화되기도 하는데, '나를 모방하라'라는 타인의 명령에 따를 때마다 사람들은 '나를 모방하지 말라'[32]라는 명령을 곧 만나게 된다. "이 모순적인 복수의 명령, 아니 오히려 인간들이 끊임없이 서로를 그 속에 가두는 모순된 명령들의 그물망인 이 이중 명령은 우리에게는 아주 흔한, 아마도 가장 흔한 현상이며 모든 인간관계의 토대처럼 보인다"는 것이다.(221쪽) 지라르 스스로가 인정하듯이, 이중 명령이라는 개념은 지그문트 프로이트Sigmund Freud에게서 빌려

30
지라르, 《문화의 기원》, 278-279.

31
르네 지라르, 《낭만적 거짓과 소설적 진실》, 김치수·송의경 옮김(한길사, 2001), 87-88.

32
가령 저작권이나 특허권에 대한 법적 보호는 '나를 모방하지 말라'는 명령과 관계가 있어 보인다.

온 것이다.(279쪽)[33] 《폭력과 성스러움》에서 프로이트에 관해 두 장을 할애할 정도로, 실상 프로이트는 지라르의 모델이었다. 지라르는 특히 《토템과 터부》를 높이 평가하면서도 프로이트가 희생양 메커니즘을 제대로 보지 못했다고 비판했지만, 그의 모방 욕망은 프로이트를 이해하고자 분투하는 과정에서 형성된 개념이다.

이중 명령 자체가 담고 있는 모방의 양의성은 다른 차원에서도 지적할 수 있다. 즉 모방은 학습과 교육의 기초이자 문화 형성의 원동력이라는 긍정적 측면과 함께 갈등과 폭력을 유발한다는 부정적 측면을 가진다는 점에서 양의적이다. 이 갈등과 폭력은 대상에 대한 욕망이 모델에 대한 경쟁심과 그에 따른 증오로 변하면서 생겨난다. 모방 욕망이란 사람들이 각자 타자, 즉 모델의 욕망을 욕망하는 것인데, 많은 사람들의 모방 욕망이 동시에 동일한 대상을 향하게 되면 거기서 경쟁이 비롯된다. 이 경쟁이 무한대로 확장되면서 증오가 생겨나고, 그로 인한 사회적 갈등이 최고조로 달하게 되면 하나의 희생양을 설정하여 제거하는 만장일치의 폭력을 통해 그 갈등을 해소하게 된다. 이런 과정을 통해 공동체는 위기에서 벗어나 다시 화해하기에 이르고, 희생양은 성스러운 존재로 성화된다는 것이다.

성스러움의 양의성

이처럼 희생양에게 부여된 성스러움 또한 양의적 구조를 지니는데, 이는 모방의 양의성보다 더 복잡한 중층 구조를 보여준다. 다시 말해 성스러움의 양의성은 '성聖과 속俗의 양의적 구조'와 '성스러움 자체의 양의적 구조'로 이루어져 있다. 전자와 관련해서는 대표적으로 종교를 "성과 속의 절대적 분류 또는 양자의 관계를 나타내는 표상 체계"라고 정의한 에밀 뒤르켐,[34] 성과 속의 변증법을 강조한 미르체아 엘리아데Mircea Eli-

---

33

프로이트는 초자아의 이중 명령(이중 구속)이 신경증의 원인이라고 말한다. 즉 초자아는 '하지 마!'라는 금지의 명령과 '하고 싶지?'라는 향락의 명령을 동시에 내포한다는 것이다. 그런데 지라르에 따르면 "이율배반적인 초자아의 두 명령"에서 초자아는 "오이디푸스 콤플렉스 '이전'이 아니라 그 '이후'에 일어나는 아버지에 대한 '동일화'의 되풀이에 불과하다".(267쪽)

34

"도대체 무엇이 인간으로 하여금 이 세상에서 이질적이고도 서로 상반되는 두 세계를 볼 수 있게 하는가?"라는 양의성의 물음에 대해, 뒤르켐은 다음과 같이 답한다. "어떻게 인간이 이

ade,[35] 축제의 성속 이론을 제창한 로제 카유아Roger Caillois,[36] 유희적인 것과 성스러움을 동일시한 요한 하위징아Johan Huizinga[37] 등이 떠오른다.[38]

하지만 여기서는 지라르의 관심이 집중된 후자에 더 주목할 필요가 있다. 성스러움 자체에 내장된 양의적 구조는 먼저 성스러움을 뜻하는 고대 그리스어 '히에로스hieros'와 '크라테로스krateros' 또는 라틴어 '사케르sacer'가 각각 "가장 해로운 것과 가장 이로운 것"(396쪽), "좋은 폭력과 나쁜 폭력"(399쪽), "성스러운 것과 저주받은 것"(388쪽) 모두를 함축하는 말이라는 데에서 확인할 수 있다. 루돌프 오토Rudolf Otto는 일찍이 이와 같은 성스러움을 "두려움과 매혹"의 두 요소로 파악한 바 있다.[39] 이런 이해는 성스러움을 "공포와 숭배의 감정"을 불러일으키며

질적이면서 서로 양립할 수 없는 두 세계가 존재한다고 확신하지 않을 수 있겠는가? 하나는 그가 무미건조하게 일상생활을 이끌어 오던 세계이며, 반대로 다른 하나는 그를 광란의 정도까지 흥분시키는 특별한 힘과 관계를 맺지 않으면 들어갈 수 없는 세계이다. 전자는 속된 세계이고 후자는 거룩한 사물들의 세계이다." 즉 속(일상생활의 반복)과 성(의례의 흥분) 사이에서 일어나는 전환이 그런 이원성에 관한 관념을 생성한다고 본 것이다. 에밀 뒤르켐, 《종교생활의 원초적 형태》, 민혜숙·노치준 옮김(한길사, 2020), 171, 179, 466-467.

35
멀치아 엘리아데, 《聖과 俗: 종교의 본질》, 이동하 옮김(학민사, 1983).

36
종교적 인간은 성聖의 세계와 속俗의 세계라는 상호 보완적인 두 세계를 갖고 있는데, 양자는 엄밀히 서로에 의해서만 정의된다. 두 세계는 서로를 배제하며 또 서로를 전제로 한다. 축제는 성의 지배 그 자체인 동시에 성의 위반을 의미하기도 한다. 현대 사회에서 전쟁은 하나의 축제이다. 축제가 생명의 과잉이라면 전쟁은 죽음의 과잉이다. 로제 카이유와, 《인간과 聖》, 권은미 옮김(문학동네, 1996), 22, 146-148, 252.

37
요한 하위징아, 《호모 루덴스: 놀이하는 인간》, 이종인 옮김(연암서가, 2018), 73-77.

38
하지만 성스러움의 양의성을 인정한다는 것이 곧 성스러움을 고정된 실체로 보는 관점을 뜻하지는 않는다. 성과 속을 실체적 범주가 아니라 상황적 범주로 파악하는 조너선 스미스에 따르면, 성스러움은 무엇보다 "자리 잡기emplacement의 범주"에 속해 있다. 여기서 '자리'는 주의 또는 집중의 방향을 정해주는 역할을 한다. 가령 종교 사원이라는 자리 안에서는 일상적인 것이 단지 거기에 있음으로써 성스러운 것이 된다. 즉 자리가 성스러운 것과 그렇지 않은 것을 결정하며, 성스러움의 본질적인 실체가 따로 있는 것이 아니라는 말이다. 성스러움의 양의성은 고정된 것이 아니라 유동적인 것이다. 조너선 스미스, 《자리 잡기: 의례 내의 이론을 찾아서》, 방원일 옮김(이학사, 2009), 212.

39
오토는 종교의 근본인 성스러움의 경험을 누미노제Numinose라 불렀다. 누미노제는 크게 신비Mysterium 관념과 외포Tremendum 관념의 두 요소로 구성된 경험이다. 이 중 신비 관념은 절대

"지고한 유혹인 동시에 가장 큰 위험"을 수반하는 하나의 금기[40]같은 것이라고 본 로제 카유아[41]라든가, 혐오감을 주는 동시에 매혹하는 존재인 '아브젝트abject'를 제시한 쥘리아 크리스테바Julia Kristeva[42]에 이르기까지 다양한 방식으로 변주되면서 하나의 공통된 흐름, 즉 양의성의 구조를 보여준다. 이 양의성의 구조는 단순히 관념적 사유에만 그치지 않는다. 지라르에 따르면 이는 성스러운 것의 정치적 구현인 왕권에서도 엿볼 수 있다. 특히나 고대의 제정일치 사회에서 왕은 정치적 수장인 동시에 성스러움을 대표하는 제사장이었기에, 왕권에는 이런 양의성의 구조가 내재해 있다. 성스러움은 근친상간과 같은 왕의 위반 행위에서 온갖 폭력과 더러운 것을 지칭하는 말인 동시에, 창조성, 질서 확립, 또는 안정과 평온을 지칭하는 말이기도 하다. 이런 모든 상반된 의미들이 왕권 속에서 발견되는 것이다.(389쪽)

다시 말해 성스러운 것 속에는 폭력이 있는가 하면 폭력과 정반대되는 것도 있다. 그 안에는 무질서도 있지만 창조도 있다. 성스러운 것 속에는 이질적이고 대립적이며 이율배반적인 것이 "아주 많이" 내포되어 있어서 전문가들조차 성스러움이란 무엇인가에 관한 단순한 정의를

타자das ganz Andere, 매혹적인 것Fascinas, 신성한 것Sanctum, 거대한 것Ungeheuer에 대한 감각을 내포하며, 외포 관념은 위엄있는 것Majestas과 활동적인 것Energische을 포함한다. 협의의 성스러움이 신성을 뜻한다면, 광의의 성스러움은 두려우면서도 매혹적인 누미노제적인 것을 가리킨다. 루돌프 옷토, 《성스러움의 의미》, 길희성 옮김(분도출판사, 1987).

40

금기의 양의성은 보편적이다. 그것은 부정不淨하기 때문에 금지될 뿐만 아니라 성스럽기 때문에 금지되기도 한다. 이 금기에는 항상 규칙이 수반된다. 다시 말해 금기와 규칙은 동전의 양면 같은 것이라 할 수 있다. 레비스트로스는 이 중 규칙을 더 본질적인 것으로 간주했는데, 지라르는 이 점을 비판했다. 지라르가 보기에 모든 금기의 이면에는 차이 소멸과 폭력적 상호성의 가능성이 자리잡고 있다. 따라서 지라르는 이러한 금기를 공동체의 존립과 연관된 가장 핵심적인 원리로 간주하면서, 여기에서 모든 제도와 규칙이 파생되었다고 보았다.

41

카이유와, 《인간과 聖》, 24, 27.

42

크리스테바는 상징계가 요구하는 주체가 되기 위해 이질적이고 위협적인 것을 거부하고 추방하는 심리적 현상을 '아브젝시옹abjection'이라고 불렀다. 성스러움을 규정하는 이런 아브젝시옹의 과정에서 더럽고 역겨운 것으로 간주되어 경계 바깥으로 제외되고 버려진 것들을 '아브젝트abject'라 하는데, 사람들은 이 아브젝트에 대해 혐오감과 아울러 숭고함에 매혹되는 양가 감정을 느낀다. 크리스테바는 여기에서 주체의 쇄신과 현실 변혁의 가능성을 보았다. 줄리아 크리스테바, 《공포의 권력》, 서민원 옮김(동문선, 2001), 35-43.

포기할 정도다.(389-390쪽) 요컨대 성스러움의 양의성은 '부정적인 동시에 긍정적인 현상이라는 패러독스'로 요약할 만하다. 초석적 폭력이 종교와 문화의 기원이라는 지라르의 주장도 이와 비슷한 패러독스일 것이다.

폭력의 양의성

초석적 폭력이 종교의 기원이라는 말은 "폭력과 성스러움의 일치"(401쪽)를 의미한다. 이는 희생양 메커니즘의 양의성을 단적으로 보여주며, 지라르는 책의 서두를 다음과 같은 서술로 시작하며 이 점을 부각시킨다. "수많은 제의 속에서 희생은, 때로는 아주 무시하지 않는 한 느껴지기 마련인 '아주 성스러운 것'으로, 때로는 그 반대로 아주 심한 위험에 처하지 않고서는 저지를 수 없는 일종의 '죄악'으로, 이처럼 상반된 두 가지 방식으로 나타나고 있다."(9쪽) 지라르에 따르면 "성스러운 것의 작용과 폭력의 작용은 같은 것"(390쪽)이다. 특히 월경 피의 이로운 동시에 해로운 이중 효력에서부터 그리스 비극이나 프로이트가 적절하게 분석한 《토템과 터부》의 구조에 이르기까지, 지라르가 제시하는 여러 사례는 모두 차이의 소멸에서 비롯된 "폭력과 성스러움의 일치"로 귀결된다. 이런 일치는 "환상적이고 믿을 수 없는 것처럼 보이겠지만 실은 매우 확실한 사실"(393쪽)이라는 것이다.

이 가운데 그리스 비극의 사례는 특히 주목할 만하다. 지라르는 "인류학에 빠지기 전, 그리스 비극을 읽으면서 거기서 모방 욕망을 보았고 〈오이디푸스 왕〉이나 〈바쿠스의 여신도들〉이 초석적 폭력을 말하고 있음을 알았다",[43] "그리스 비극에 대한 관심이 나를 희생제의의 문제로 이끌었다"[44]라고 말하기 때문이다. 지라르의 비극 분석은 탁월한 문학 평론가로서의 면모를 유감없이 보여주는데, 거기에 희생양 메커니즘의 통찰력이 더해져 인류학자 지라르를 탄생시킨 저술이 바로 《폭력과 성스러움》이다.

가령 소포클레스의 〈오이디푸스 왕〉에서 코러스가 "(오이디푸스

43
지라르, 《문화의 기원》, 45.

44
Hamerton-Kelly, *Violent Origins*, 107.

왕께서) 불쌍하게도 남편에게서 남편을, 자식에게서 자식이라는 이중의 출산을 한 그 혼인을 통탄하셨습니다. [...] 왕께서는 오락가락하시면서 '칼을 달라, 아내이면서 아내가 아니고, 자기 아들과 자식을 함께 낳은 사람은 어디 있느냐'고 외치셨습니다"[45]라고 노래하는 장면은 남편과 아내, 아들과 어머니라는 각각의 관계를 근거 짓던 차이의 소멸을 매우 인상적으로 말해준다. 한편 소포클레스 사후 손자에 의해 상연된 유작 〈콜로노스의 오이디푸스〉의 처음 몇 장에서는 본질적으로 해로운 오이디푸스가 나타난다. 콜로노스인들은 도시 영내에서 친부 살해자를 발견하고는 공포에 질려 뒷걸음질 친다. 그러나 이윽고 중요한 변화가 일어난다. 오이디푸스는 여전히 위험하고 두려운 존재이긴 하지만, 동시에 이로운 존재가 된다. 그의 시체는 콜로노스와 테베가 서로 얻으려 하며 심하게 다투는, 일종의 부적이 된다.(131쪽) 〈오이디푸스 왕〉에서 해로운 폭력의 화신으로 나타난 오이디푸스가 〈콜로노스의 오이디푸스〉에 이르러 숭배받는 성스러움의 화신으로 귀결되는 과정에 주목한 것은 지라르의 빛나는 통찰력이라 아니 할 수 없다. 그것은 양의성이 문화의 기원 및 전개와 밀접한 연관성이 있다는 점을 시사해 주기 때문이다.

한편 아리스토텔레스가 "가장 비극적인 시인"[46]으로 칭한 에우리피데스의 〈바쿠스의 여신도들〉은 차이 소멸과 그 차이 소멸의 경쟁자들인 짝패 현상의 보고서라 할 만하다. 주인공 디오니소스는 그 존재 자체가 차이 소멸을 상징한다. 합리적인 정신의 소유자인 테베 왕 펜테우스는 오레이바시아oreibasia(산속에서 행하는 광란의 춤 의식), 스파라그모스sparagmos(희생물을 갈기갈기 찢는 것), 오모파기아omophagia(희생물의 생살을 먹는 것) 등으로 표상되는 광적인 디오니소스 숭배를 퇴치하는 데에 모든 것을 건다. 이 펜테우스는 친모에 의해 살해당하기 직전에 디오니소스의 마력에 사로잡혀 모든 대상(해, 문, 디오니소스 등)을 두 개, 즉 짝패로 본다. 거기서 디오니소스는 동시에 인간이자 신이

---

45 소포클레스, 〈오이디푸스 왕〉, 소포클레스 외, 《희랍비극》, 김영종 옮김(글벗사, 1995), 213.

46 아리스토텔레스, 《시학》, 천병희 옮김(문예출판사, 1977), 92.

며 또 동물(황소)로 등장한다. 이 장면에서 지라르는 "이제야 당신도 사물을 바로 볼 수 있게 되었다"라는 디오니소스의 말에 주목한다.[47] 인간과 신 또는 인간과 동물의 차이가 사라지고 동일성이 지배하는 이런 짝패 현상이야말로 차이 소멸이 폭력적인 집단 위기로 이어지는 결정적 증거이기 때문이다. 결국 디오니소스의 이 대사는 폭력의 양의성을 똑바로 보게 되었다는 의미로 읽힐 수도 있다. 지라르는 이처럼 양의성으로 드러나는 폭력을 성스러움의 본질이자 숨겨진 영혼이라고 여긴 듯싶다.

나오며: 사랑과 폭력이라는 짝패

그렇다면 이처럼 폭력과 성스러움을 양의성의 관점에서 볼 때 무엇이 새롭게 보이기 시작할까? 우선 떠오르는 생각은 혹 사랑과 폭력도 짝패가 아닐까 하는 의문이다. 지라르는 사랑과 증오라는 근본적인 두 힘의 교대를 일종의 순환 운동으로 이해한 엠페도클레스에 공감한 듯하다.(244쪽) 그래서인가 지라르는 "사랑은 폭력과 마찬가지로 차이를 무화시킨다"[48]라고 말한다. "사랑은 사람들 사이에서 어떤 차이도 보지 않기 때문"[49]이라는 것이다.[50] 그리하여 폭력은 사랑과 폭력의 차이를 정말로 없애며 그 차이를 폭력적인 사람들로부터, 그리고 결국은 모든 사람들로부터 은폐해 버린다. 이런 의미에서 폭력은 사랑과 폭력의 참된 차이를 없애버리는 동시에 유지시킨다고 말할 수 있겠다.

47
"펜테우스: 어쩐지 해가 두 개로 보이는 것 같구나. 아니 해뿐만 아니라 이 테베의 일곱 개 문까지도 이중으로 보이는구나. 앞장선 네 모습이 마치 황소로 보인다. 머리에 뿔이 나 있는데, 넌 애초부터 짐승이었단 말이냐? 지금 너는 완전히 황소의 형상이 되어 있구나. / 디오니소스: 이제 겨우 당신도 사물을 바르게 볼 수 있게 되었습니다." 에우리피데스, 〈바쿠스의 여신도들〉, 소포클레스 외, 《희랍비극》, 481.

48
ルネ·ジラール, 《世の初めから隠されていること》, 小池健男訳(法政大学出版局, 1984), 436.

49
ジラール, 《世の初めから隠されていること》, 352.

50
이는 성화聖化된 관계에 국한된 것일 수도 있다. 하지만 비성화된 관계나 사회에서 사랑은 주로 여러 가지 차이를 안정화하는 원리로 작동하기 마련이다.

그럼에도 현실적으로는 언제나 폭력이냐 사랑이냐 하는 선택의 기로가 우리 앞에 놓여 있다. 이때 지라르의 호모 미메티쿠스(모방하는 인간)가 호모 렐리기오수스(종교적 인간) 및 호모 루덴스(유희하는 인간)와 성속의 양의성이라는 공유점을 가진다면, 인류학자 발터 부르케르트Walter Burkert가 말하는 호모 네칸스Homo Nekans(살해하는 인간)[51]와는 폭력의 양의성이라는 공통분모를 가진다는 점에 주목할 필요가 있다. 폭력과 그 모방적 전염성이 초래하는 파괴적 효과를 막는 길은 희생양 메커니즘에 의지하는 것 또는 모든 폭력을 포기하는 것, 이 두 가지 방법밖에 없다. 하지만 첫 번째 길은 그 효용성을 기대하기 어렵게 되었다. 우리는 지금 폭력이 철저히 일상적인 것이 되어 더 이상 그것을 성화하여 추방할 수 없는 세상, "역설과 모순이 현실이 된"[52] 그런 세상을 살고 있기 때문이다. 그리하여 지라르는 《세상의 처음부터 감추어져 있는 것*Des choses cachées depuis la fondation du monde*》의 결론에서 "지금 우리에게 열려 있는 유일한 길은 단 한 사람도 배제하는 일 없이 폭력에 일체 기대지 않는 화해의 길"[53]이라고 말한다. 또한 《희생양》의 결론에서는 "우리가 서로를 용서해야 할 시간이 왔다. 기다리고만 있기에는 더 이상 시간이 없다"[54]라고 호소하기도 한다.

그렇다면 이제 모든 폭력을 포기하는 길밖에 남지 않았다는 말인가? 전술했듯이 지라르는 그리스도가 사랑의 진리를 통해 스스로 희생양이 됨으로써 성스러운 폭력의 허구성을 고발함과 동시에 그런 폭력을 만들어낸 희생양 메커니즘을 종식시켰다고 보았다. 거기서 그리스

51

지라르와 부르케르트는 모두 성스러움은 초월적인 폭력이며 희생제의는 이 초월을 가능하게 해주는 폭력적인 행위임을 전제한다. 하지만 지라르는 희생제의의 기원이 사냥 의식에 있다는 부르케르트의 주장에 대해서는 비판적이다. Walter Burkert, *Homo Necans: The Anthropology of Ancient Greek Sacrificial Ritual and Myth*, trans. Peter Bing (University of California Press, 1983); 지라르, 《문화의 기원》, 195-196.

52

이문영, 〈폭력 개념에 대한 고찰: 갈퉁, 벤야민, 아렌트, 지젝을 중심으로〉, 《역사비평》 106호(2014): 352.

53

ジラール, 《世の初めから隠されていること》, 701.

54

르네 지라르, 《희생양》, 김진식 옮김(민음사, 1998), 363.

도의 죄 없음은 사랑을 모방 욕망의 반대편에 위치시키는 사랑의 충실을 의미하게 되었고, 그 사랑은 '절대적으로' 폭력에 대항하는 사랑으로 각인되었다. 모방 욕망에서 출발한 지라르는 욕망을 부정하는 진리로서 사랑을 이해한 것이다. 하지만 "모든 종류의 폭력이 없는 상태"로 평화를 정의내리는 "폭력론=평화론"의 제창자 요한 갈퉁Johan Galtung[55]을 제외한다면, 비기독교인들 가운데 과연 이와 같은 지라르의 비전을 받아들일 이가 얼마나 될지 의문이다.

어쩌면 "희생제의화될 수 없는", 따라서 희생양 메커니즘으로부터 벗어나 있으면서 언제나 정치성이 개입되는 호모 사케르Homo Sacer(성스러운 인간)[56]의 관점에 입각한 또 하나의 길이 가능할지도 모른다. 호모 사케르야말로 에리히 프롬Erich Fromm이 말하는 "모순에 의해서만 정의가 가능한 인간"[57]에 가장 가깝다고 여겨지기 때문이다. 예컨대 법 정립적 폭력과 법 보존적 폭력에 해당하는 신화적 폭력을 종식시키는 법 파괴적 폭력, 즉 신적 폭력의 가능성을 역설한 발터 벤야민,[58] 이 신적 폭

55

평화의 반대는 전쟁이 아니라 폭력이라고 말하는 요한 갈퉁에 따르면, "폭력은 주로 문화적 폭력에서 시작하여 빈부격차나 양극화 등의 구조적(간접적) 폭력을 경유, 직접적 폭력으로 번진다". 종교, 사상, 언어, 예술, 과학, 대중 매체, 교육 내부에 존재하는 문화적 폭력이 직접적 폭력과 구조적 폭력을 정당화하는 기능을 갖고 있다는 것이다. 갈퉁은 이 문화적 폭력 중에서도 특히 "종교와 이데올로기(사상)가 폭력의 핵심 전달자"라고 말한다. 요한 갈퉁, 《평화적 수단에 의한 평화》, 강종일 외 옮김(들녘, 2000), 19-29, 75.

56

고대 로마법에서 호모 사케르는 신에게 바쳐질 수 없고 누군가에게 죽임을 당해도 죽인 자가 죄를 받지 않는 존재이다. 조르조 아감벤Giorgio Agamben에 따르면 생명과 성스러움 사이에는 언제나 정치성이 개입된다. 그 자체로 신성한 성스러움은 없으며, 법 질서에 종속된 우리는 항상 정치적 삶에 포함되거나 배제될 가능성에 직면해 있다는 것이다. 다시 말해 호모 사케르는 종교적 영역과 법적인 영역 모두에 포함된 동시에 배제되어 있다. 그는 인간 세계도 신적 세계도 아닌 중간 지대에 놓인 벌거벗은 생명이다. 즉 호모 사케르는 "법의 영역과 희생제의의 영역 모두의 바깥으로 추방된 어떤 폭력의 대상"으로, "절대적인 살해 가능성에 노출된 생명"을 가리킨다. 조르조 아감벤, 《호모 사케르: 주권 권력과 벌거벗은 생명》, 박진우 옮김(새물결, 2008), 156, 175.

57

에리히 프롬, 《인간의 본성은 파괴적인가》(종로서적, 1983), 66-67.

58

법과 폭력이 분리 불가능한 하나인 근대적 법질서를 문제 삼았던 벤야민의 핵심적인 메시지는 한마디로 "법은 폭력을 정의하고 폭력은 법을 정립한다"는 데에 있다. 벤야민이 법 정립적 폭력과 법 보존적 폭력을 신화적 폭력으로 통칭한 것은, 지속적으로 어떤 기원을 정당화하

력의 현대적 변주로서 폭력의 반대는 비폭력이 아니라 권력이라고 주장한 한나 아렌트[59]와 "순수한 폭력의 영역, 그러니까 법 바깥의 영역, 법 제정적이지도 법 보존적이지도 않은 이 폭력의 영역은 사랑의 영역"이라고 역설한 슬라보이 지제크Slavoj Žižek[60]의 폭력론이 지금 우리에게 더 현실적인 실마리를 보여줄 수 있을지 모르겠다.

그럼에도 "욕망은 폭력을 낳고 폭력은 종교를 낳고 종교는 문화를 낳는다"라는 지라르의 도식은 인간의 이중성에 대한 깊이 있는 인식에 입각한다는 점, 혹은 그와 같은 인간의 모든 인식이 양의적인 폭력의 문제에 연루되어 있음을 보여주었다는 점에서 의심할 수 없는 중요한 의의를 지니고 있음에 틀림없다. +

는 신화와 마찬가지로 법 또한 승인된 폭력으로서 법의 기원을 부단히 드러내며 반복한다는 맥락에서다. 발터 벤야민, 《역사의 개념에 대하여; 폭력비판을 위하여; 초현실주의 외》, 최성만 옮김(길, 2008).

59

"20세기는 폭력의 세기"라고 말한 아렌트는 정치적 좌파에서 우파에 이르기까지 폭력을 권력의 본성으로 간주하는 합의가 광범위하게 형성되어 있다는 사실에 주목했다. 이때 권력이란 폭력과의 연관성이 본원적으로 기각된 개념, 즉 공동체의 자유로운 의사소통과 합의를 이끌어내는 행위를 가리킨다. 따라서 아렌트의 권력 개념은 폭력의 연쇄를 정지시키는 신적 폭력에 상응하는 기능을 가진다. 이문영, 〈폭력 개념에 대한 고찰〉, 342쪽.

60

지제크는 주관적 폭력(범죄, 테러, 전쟁 등), 상징적 폭력(언어를 통해 발현되는 폭력), 체계적 폭력(정치 경제 체계가 작동할 때 나타나는, 정상적 상태에 내재된 폭력)을 구분하면서, 글로벌 자본주의 체제에 내장된 체계적 폭력에 대한 해방의 전략 속에 벤야민의 신적 폭력을 재배치한다. "폭력에 반대한다는 거짓 주장을 거부하는 것"에서 시작된 지제크의 폭력론은 역설적이게도 "때로는 아무 것도 하지 않는 것이 가장 폭력적으로 무언가를 하는 것"이라는 말로 끝난다. 그에 따르면 동일한 행위일지라도 그 맥락에 따라 폭력으로 간주될 수도 있고 비폭력으로 간주될 수도 있다. 폭력은 어떤 행위의 직접적 속성이 아니기 때문이라는 것이다. 한편 그는 "종교야말로 폭력을 알게 모르게 부추기고" 있으며 "대타자의 형상을 빌어 폭력을 감춘다"고 비판한다. 슬라보예 지젝, 《폭력이란 무엇인가: 폭력에 대한 6가지 삐딱한 성찰》, 이현우·김희진·정일권 옮김(난장이, 2011), 191, 281-297.

김모세.《르네 지라르: 욕망, 폭력, 구원의 인류학》. 살림, 2008.
김춘섭.〈그리스 비극과 니체의 『비극의 탄생』〉.《한국문학이론과 비평》 81권(2018): 253-261.
김현.《르네 지라르 혹은 폭력의 구조》. 나남, 1987.
김형효.〈무엇이 평화인가?: 노자 사상에 바탕하여〉.《본질과 현상》 9호(2007): 40-54.
이문영.〈폭력 개념에 대한 고찰: 갈퉁, 벤야민, 아렌트, 지젝을 중심으로〉.《역사비평》 106호(2014): 323-356.
홍사현.〈니체와 에우리피데스에서의 디오니소스적인 것: 신화와 이성의 모순과 그 비판적 기능〉.《독일어문화권연구》 14권(2005): 83-108.
가라타니 고진.《트랜스크리틱: 칸트와 맑스》. 이신철 옮김. 도서출판b, 2013.
노자.《도덕경》. 오강남 편역. 현암사, 1995.
아감벤, 조르조.《호모 사케르: 주권 권력과 벌거벗은 생명》. 박진우 옮김. 새물결, 2008.
아리스토텔레스.《시학》. 천병희 옮김. 문예출판사, 1977.
벨, 캐서린.《의례의 이해: 의례를 보는 관점들과 의례의 차원들》. 류성민 옮김. 한신대학교 출판부, 2007.
벤야민, 발터.《역사의 개념에 대하여; 폭력비판을 위하여; 초현실주의 외》. 최성만 옮김. 길, 2008.
Burkert, Walter. *Homo Necans: The Anthropology of Ancient Greek Sacrificial Ritual and Myth*. translated by Peter Bing. University of California Press, 1983.
카이유와, 로제.《인간과 聖》. 권은미 옮김. 문학동네, 1996.
Carter, Jeffrey, ed. *Understanding Religious Sacrifice: A Reader*. Continuum, 2003.
クザーヌス.《神を観ることについて》. 八巻和彦訳. 岩波書店, 2001.
ドゥギー, M., 他編.《ジラールと悪の問題》. 法政大學出版局, 1986.
뒤르켐, 에밀.《종교생활의 원초적 형태》, 민혜숙·노치준 옮김. 한길사, 2020.
엘리아데, 멀치아.《聖과 俗: 종교의 본질》. 이동하 옮김. 학민사, 1983.
푸코, 미셸.《비판이란 무엇인가? 자기 수양》. 오트르망(심세광·전혜리) 옮김. 동녘, 2016.
프롬, 에리히.《인간의 본성은 파괴적인가》. 종로서적, 1983.
갈퉁, 요한.《평화적 수단에 의한 평화》. 강종일 외 옮김. 들녘, 2000.
지라르, 르네.《문화의 기원》. 김진식 옮김. 기파랑, 2006.
_____.《낭만적 거짓과 소설적 진실》. 김치수·송의경 옮김. 한길사, 2001.
_____.《희생양》. 김진식 옮김. 민음사, 1998.
_____.《世の初めから隠されていること》. 小池健男訳. 法政大学出版局, 1984.
Hamerton-Kelly, Robert G., ed. *Violent Origins: Walter Burkert, René Girard, and Jonathan Z. Smith on Ritual Killing and Cultural Formation*. Stanford University Press, 1987.
하이데거, 마르틴.《니체와 니힐리즘: 니체에 대한 하이데거의 강의》. 박찬국 옮김. 지성의 샘, 1996.
하위징아, 요한.《호모 루덴스: 놀이하는 인간》. 이종인 옮김. 연암서가, 2018.
크리스테바, 줄리아.《공포의 권력》. 서민원 옮김. 동문선, 2001.
Meschonnic, Henri. "Religion, maintien de l'ordre." *N.R.F.* (1980. 2.): 94-107.
니체, 프리드리히.《비극의 탄생·반시대적 고찰》. 이진우 옮김. 책세상, 2005.
옷토, 루돌프.《성스러움의 의미》. 길희성 옮김. 분도출판사, 1987.
스미스, 조너선.《자리 잡기: 의례 내의 이론을 찾아서》. 방원일 옮김. 이학사, 2009.
소포클레스 외.《희랍비극》. 김영종 옮김. 글벗사, 1995.

지젝, 슬라보예. 《폭력이란 무엇인가: 폭력에 대한 6가지 삐딱한 성찰》. 이현우·김희진·정일권 옮김. 난장이, 2011.

박규태

한양대학교 일본학과 교수. 서울대학교 독어독문학과를 졸업하고 동 대학원 종교학과에서 문학 석사 학위를, 일본 도쿄대학 대학원 종교학과에서 문학 박사 학위를 받았다. 주요 저서로 《일본 재발견: 일본인의 성지를 걷다》, 《일본정신분석》(2018 한국출판문화산업진흥원 우수출판콘텐츠 제작지원사업 선정작 및 2019 종교문화비평학회 학술상 수상작), 《일본 신사神社의 역사와 신앙》(2018 세종도서 학술부문 우수도서), 《포스트-옴 시대 일본 사회의 향방과 '스피리추얼리티': 옴 사건·일본교·네오-내셔널리즘》(2016 대한민국학술원 선정 우수학술도서), 《일본 정신의 풍경》, 《상대와 절대로서의 일본》, 《아마테라스에서 모노노노케히메까지》, 《일본의 신사》, 《애니메이션으로 보는 일본》 등이 있고, 주요 역서로 《일본문화사》, 《국화와 칼》, 《황금가지》, 《세계종교사상사 3》, 《일본 신도사》, 《신도, 일본 태생의 종교 시스템》, 《현대 일본 종교문화의 이해》 등이 있다.

원정현

기후 위기의 시대, 훔볼트를 다시 생각하다

안드레아 울프, 《자연의 발명: 잊혀진 영웅 알렉산더 폰 훔볼트》, 양병찬 옮김(생각의힘, 2021)
Andrea Wulf, *The Invention of Nature: Alexander von Humboldt's New World* (Alfred A. Knopf, 2015)

The Invention of Nature
자연의 발명
안드레아 울프 지음
양병찬 옮김
The Invention of Nature
"세상은, 자연은, 우리는 서로 연결되어 있다"
자연의 발명
잊혀진 영웅 알렉산더 폰 훔볼트
안드레아 울프 지음 | 양병찬 옮김
생각의힘

들어가며

19세기 독일의 자연학자 알렉산더 폰 훔볼트Alexander von Humboldt, 1769-1859 평전 《자연의 발명: 잊혀진 영웅 알렉산더 폰 훔볼트》의 원서 부제는 '알렉산더 폰 훔볼트의 새로운 세계Alexander von Humboldt's New World'이다. 부제가 보여주듯, 역사학자이자 과학 작가 안드레아 울프는 이 책에서 훔볼트의 자연관을 재발견하고, 자연과 과학의 판테온에서 그에게 제자리를 찾아주고자 한다.(30쪽) 이를 위해 저자는 과거의 영웅이었던 훔볼트를 현재로 소환해, 현재와 그를 이어주는 연결 고리를 찾아낸다. 훔볼트의 삶과 학문을 역사 속에 재위치시킴으로써, 훔볼트의 자연관이 현재 당면한 기후 문제를 해결하는 데 여전히 유용하며 그의 정신이 21세기의 학문 속에 여전히 살아있음을 보여주고자 하는 것이다.

책의 구성은 단순하다. 훔볼트가 태어나서 죽을 때까지 그의 인생을 쫓아가는 형식이다. 저자는 남아메리카 탐사를 통해 정교화된 훔볼트의 자연관, 그의 독특한 자연관이 구성되는 데 일조한 당대의 학문 연구 사조, 그리고 훔볼트의 정신을 이어받은 후세대 학자들의 학문 세계 등을 함께 엮어 단순한 이야기 줄기를 촘촘하고 다채롭게 채워나간다. 훔볼트에 대한 저자의 애정 어린 시선, 수려한 문체, 그리고 한 자연학자가 살아오면서 남긴 삶의 흔적들은 모자이크처럼 하나로 합쳐져 책을 읽는 독자가 훔볼트의 삶의 여정에 지루할 틈 없이 빠져들게 한다.

총 5부로 구성된 이 책은 자연에 관한 아이디어의 부상으로 시작하여, 아이디어의 수집, 분류 및 정리, 전파, 그리고 아이디어의 진화 순서로 엮인다. 아이디어의 시작을 다룬 1부는 훔볼트의 어린 시절부터 그에게 불후의 명성을 남길 남아메리카 탐사 여행을 떠나기 전까지의 과정을 그리며, 2부는 훔볼트가 5년간 약 8000km에 걸쳐 남아메리카를 탐사하며 자신의 자연관을 확립해나가는 과정을 그려낸다. 3부는 남아메리카 여행을 끝내고 유럽으로 돌아온 훔볼트가 파리, 베를린, 런던 등에서 아이디어를 분류하고 정리해 총 34권에 이르는 《신대륙 적도 지역 여행》(1807-1815) 시리즈 발간을 시작하는 과정을 다룬다. 이 시리즈는 1권인 《식물지리학에 관한 고찰》(1807)부터 《자연관》(1808), 《코르딜레라스 산맥과 아메리카 원주민의 기념비적 업적들》(1810-1813), 《신변기》(1814-1831), 《쿠바섬에 대한 정치적 고찰》(1826), 《뉴스페인 왕국에 대한 정치적 고찰》(1808-1811) 등으로 구성된다. 4부에서는 훔볼트가 1829년 5월부터 11월까지 약 6개월 동안 러시아를 탐사하고 돌아온 이후, 근대 지리학의 금자탑이라 평가받는 책이자 그의 자연관이 집약된 대작 《코스모스》(1845-1862)를 출판하는 과정을 다룬다. 그리고 마지막 5부 아이디어의 진화에서는 훔볼트의 자연 개념이 후대의 예술과 문학 등에 어떻게 구현되었는지 살펴본다. 이를 위해 저자는 숲의 중요성을 강조했던 미국의 환경 운동가 조지 퍼킨스George Perkins, 생태학이라는 용어를 처음 만든 독일의 생물학자 에른스트 헤켈Ernst Haeckel, 환경 단체 시에라 클럽을 설립한 환경 운동가 존 뮤어John Muir와 같은 후세대 학자들에게서 훔볼트의 유산을 찾아내려고 시도한다.

이 책 전체를 통해 저자 울프가 천착하는 키워드는 연결connection과 통합unity이다. 울프에게 연결이란 자연의 유기성과 전체성을 담보하는 핵심 단어인데, 이 연결성은 세 가지로 정리할 수 있다. 첫째는 훔볼트의 자연관 속에서 보이는 연결성이다. 저자는 훔볼트의 자연관이 자연 구성 요소들 사이의 연결 및 상호 작용이라는 개념을 중심으로 발명되었음을 강조한다. 둘째, 훔볼트와 당대 학문 혹은 당대 지식인들의 인적 연결성이다. 저자는 훔볼트가 계몽 시대에 나고 자라 계몽주의의 영향을 받으면서도 동시대 지식인인 괴테나 셸링, 칸트와의 연결을 통해 낭만주의적 사고 방식을 가지게 되는 과정, 즉 자연을 이해하는 데 있어 감정과 창조적 자아의 중요성을 인식하게 되는 과정을 보여준다. 셋째, 훔볼트와 차세대 생태학자들의 연결이다. 울프에 의하면 훔볼트는 탐사 여행을 통해 인간의 활동이 환경, 특히 숲의 생태계에 영향을 미칠 수 있음을 눈으로 직접 보았고, 1800년에 이미 인간에 의한 기후 변화를 예고했을 만큼 환경 오염에 관해 선구적인 시각을 견지했다. 이 글에서 저자는 기후 위기의 시대에 훔볼트의 영향력이 여전히 계속되고 있으며, 훔볼트와 현재 우리가 당면한 문제가 보이지 않는 끈으로 서로 연결되어 있음을 드러낸다.

따라서 본 서평은 저자가 그린 훔볼트 삶의 여정을 연결이라는 키워드를 중심으로 재조직화한다. 먼저, 이어지는 절에서는 저자가 그린 훔볼트의 자연관을 자연의 연결이라는 제목으로 살펴볼 것이고, 이어서 훔볼트가 동시대 지식인들과의 연결을 통해 자연관을 확립해나가는 과정을 다룰 것이다. 그 과정에서 우리의 질문은 '무엇이 훔볼트를 위대하게 만들었는가'가 아니라 '무엇이 훔볼트를 독특하게 만들었는가'가 될 것이다. 그다음 절에서는 훔볼트의 자연관이 훔볼트 이후 세대와 어떻게 연결되는지 살펴볼 것이다.

그런데 연결이라는 키워드로 울프의 책을 분석하다 보면, 훔볼트의 삶과 긴밀하게 연결되어 있으면서도 이 책 전체에서 거의 드러나지 못한 또 다른 행위자를 마주하게 된다. 훔볼트의 남아메리카 탐사를 허락해 준 스페인 제국은 훔볼트로부터 무엇을 얻고자 했는가? 훔볼트가 탐사 여행을 하는 동안 크리오요나 토착민들과의 상호 작용은 없었는가? 이들과의 상호 작용은 훔볼트의 자연관 형성에 어떤 영향을 미쳤는가? 마지막 절에서는 이에 대한 답을 찾으며 저자 울프의 관점을 비판적으로 평가해보고자 한다.

자연을 통합된 전체, 하나의 유기체로 보는 훔볼트의 자연관은 오늘날에도 지구 시스템이라는 이름으로 환경 오염과 기후 변화를 이해하는 데 여전히 중요하게 작동하고 있다. 어쩌면 우리는 그의 자연관에서 현재의 기후 위기 문제를 해결할 실마리를 찾아볼 수도 있겠다.

훔볼트의 자연관: 자연의 연결

자연학자 훔볼트를 19세기 과학계뿐만 아니라 일반 대중에게도 널리 알린 계기는 1799년 6월부터 1804년 8월까지 5년에 걸친 스페인령 열대 아메리카 대륙 탐험이라고 할 수 있다. 훔볼트는 30대 시절의 앞 절반을 남아메리카 탐사 여행으로 보낸 것이다. 스페인에서 출발한 그는 카나리아 제도 테네리페섬의 피코델테이데 화산 탐험을 시작으로, 남아메리카 대륙 쿠마나부터 야노스 평원을 거쳐 오리노코강의 열대 우림을 탐험했다. 바로 이어 쿠바를 여행한 다음에는 콜롬비아 북부 해안으로부터 시작해 안데스산맥 탐사를 거쳐 페루의 리마까지 약 4000km를 여행했으며, 중간에 에콰도르 키토의 남쪽에 있는 눈 덮인 화산 침보라소(해발 6263m)를 5917m 지점까지 등반했다. 유럽으로 돌아온 이후에는 알프스산맥과 베수비오 화산을 등반했으며, 6개월에 걸쳐 러시아를 횡단하는 탐사 여행을 했다.

울프는 탐사 여행 전후 훔볼트가 유럽으로 보낸 수많은 편지와 저서를 분석해, 그의 자연관이 정교화되는 과정을 그려낸다. 저자는 남아메리카 탐사 직전에 훔볼트가 쓴 편지글을 인용하여, 그의 탐사 목표가 '자연의 모든 힘은 어떻게 엮여 있는가', '유기 자연과 무기 자연은 어떻게 상호 작용하는가'를 알아내는 것이었음을 보여준다.(84쪽) 훔볼트의 진정한 목표는 자연의 힘 상호 간의 관계를 밝히는 일이었고, 인간과 자연의 상호 작용이라는 관점에서 세상을 이해하는 일이었다는 것이다.

저자는 훔볼트의 자연관을 두 가지 핵심 개념으로 요약한다. 하나는 '복잡한 생명망으로서의 자연'이며, 또 하나는 '자연 속에서 인간의 위치'이다.(176쪽) 저자에 의하면 훔볼트에게 자연은 다양한 구성 요소들이 연결된 통합된 전체이며, 다양한 힘active force 간의 복잡한 상호 관계로 구성된 유기체이자 생명망web of life이다.(487쪽) 훔볼트는 자연 세계를 하나의 통합된 전체로 해석하고, 자연력에 의한 상호 작용으로 자연의 구성 요소들이 서로 연결되어 있다고 생각한 것이다.(64쪽) 전 지구적 관점에서 자연을 바라보고 개별적인 사실들과 전체의 연관성을 찾으려던 훔볼트의 새로운 자연관은 실제로 유럽을 넘어 전 세계적으로 지지를 받았다.

훔볼트의 자연관을 보이기 위해 저자가 찾아낸 흔적들은 이 책 전체에 걸쳐 찾아볼 수 있다. 훔볼트의 초기작인 《식물지리학에 관한 고찰》에서 저자는 훔볼트가 식물, 기후, 지리 간의 총체적 관련성에 주목하여 식생대 개념을 처음으로 알아냈음을 보여준다. 또 훔볼트는 해변 식물들의 유사성을 분석하여, 아프리카와 남아메리카가 한때 연결되어 있었다고 추론하기도 했다. 저자는 훔볼트의 《자연관》에서도 그러한 흔적을 찾아낸다. 예를 들어 저자는 "세상은 생명체로 가득 차 있으며, 그 속에서 식물과 동물들이 서로 의존한다"라는 표현을 들어, 훔볼트가 자연의 힘들 간 내적 연결성을 강조했음을 드러내 보인다.(219쪽)

저자의 분석에서 가장 중요한 위치를 차지하는 책은 훔볼트의 마지막 대작인 《코스모스》이다. 훔볼트의 자연관은 《코스모스》 I권 도입부에 대한 저자의 소개에서 잘 드러난다. 훔볼트가 이 책의 도입부에서 '생명력이 넘치는 자연'에 관한 비전을 설명한 부분, 예를 들어 "자연은 살아있는 전체이며, 생명체들은 그 속에서 서로 결합하여 복잡한 그물 구조를 형성한다"(395쪽), 오리노코의 열대 우림을 탐사하며 "지구에서 가장 웅장한 생명망 안으로 들어왔다"(116쪽)라고 쓴 것이나, 침보라소에서 해발 6000m 지점에 올라 "자연을 좀 더 높은 곳에서 내려다봄으로써 다양한 관계들을 파악할 수 있었다"(151쪽)라고 표현한 것 등은 훔볼트의 자연관에 관한 저자의 설명을 뒷받침하는 근거가 된다.

그런데 이 책에서 저자가 강조하는 연결성은 전 지구적 차원에서 자연의 각 부분이 서로 연결되어 있다는 데 그치지 않고, 인간과 자연의 관계를 통합적으로 연결하려는 시도를 의미하기도 한다. 훔볼트의 자연 속에서 인간은 자연과 분리될 수 없으며, 인간과 자연 사이에는 유기적인 유대 관계가 존재하기 때문에 과학자들은 인간과 자연 사이의 단절된 관계를 회복하려 노력해야 한다는 것이다.

그렇다면 인간과 자연은 어떻게 연결될 수 있을까? 저자는 그 답을 훔볼트의 저서 중 가장 많이 읽혔다는 책《자연관》에 대한 평가를 통해 보여준다.《자연관》은 '활기 넘치는 산문'과 '빼어난 자연 경관 묘사'를 과학적 관찰과 절묘하게 결합한 책이었다는 것이다.(218쪽) "인간은 기억과 정서적 반응을 통해 자연을 경험하고 이해한다"(96쪽), "상상력이 과학에서 완전히 배제되면, 자연을 달리 이해할 방법이 없다"(398쪽), "과학적 분석을 유려한 산문 및 생생한 묘사와 결합"(417쪽), "자연계를 과학적·미학적으로 통찰"(497쪽), "자연을 이해하려면 과학 데이터도 중요하지만, 개인의 느낌이나 감정도 중요하다"(516쪽), "자연의 감각적 요소를 묘사하는 전략"(516쪽) 등의 표현에서 볼 수 있는 것처럼, 저자는 훔볼트의 저작 곳곳에서 그가 과학과 예술, 과학과 주관, 과학과 감정을 연결하려 한 흔적을 찾아내고 있다. 이러한 방법은 자연을 통합된 전체로서, 즉 유기체를 구성하는 요소들의 상호 관계로 바라본다는 전제하에서 가능한 일일 터다.

나아가 저자는 훔볼트가 자연 구성 요소 간의 연결, 인간과 자연 관계의 연결에서 나아가 과학자들 사이에서 지식을 교환하고 공유하기 위한 국제적 네트워크를 구성했다는 사실도 보여주고 있다. 훔볼트가 지식은 "공유하고, 교환하고, 만인이 사용할 수 있어야 한다"(20쪽)라는 믿음을 바탕으로, 다양한 분야의 과학자들이 지식을 교환하고 공유하는 학제적 친선 단체를 구상했다는 것이다.(317쪽) 저자는 훔볼트가 지자기 연구를 위한 글로벌 데이터 수집의 필요성을 역설한 이후, 전 세계적으로 자기 관측소가 설립된 것을 실례로 들고 있다. 또는 훔볼트가 과학자, 고전학자, 역사학자 등 다양한 전문가들에게 도움을 요청하고, 그들이 보내오는 정보와 자신이 탐사를 통해 밝혀낸 지식을 결합해《코스모스》를 집필한 것도 중요한 예로 들고 있다. 훔볼트는 국제적 네트워크에 약 2만 5천 통의 편지를 보낸 것으로 알려져 있다.

이처럼 저자는 훔볼트가 지구를 하나의 네트워크로 파악하고 자연의 구성 요소들이 어떤 힘을 통해 서로 연결되어 전체를 형성하는가, 그 과정에서 인간과 자연을 어떻게 연결할 것인가, 지식 통합의 과정에서 어떻게 과학자들과 네트워크를 형성할 것인가 하는 문제를 연결이라는 키워드를 통해서 보여준다. 그렇다면 우리는 '훔볼트의 자연관은 어떤 배경에서 탄생하게 되었을까?'라는 또 다른 질문을 던지지 않을 수 없게 된다.

훔볼트: 당대 학문과의 연결

훔볼트의 학문관을 당대 학문 세계의 어디에 위치시킬 수 있을까? 그의 학문관은 당대의 학문관과 어떻게 연결될 수 있을까? 훔볼트는 당대의 과학자들과 어떤 방식으로 교류하고, 어떤 방식으로 서로 영향을 주고받았을까? 저자가 던지는 이러한 질문은 연결이라는 단어를 매개로 훔볼트를 당대의 학문 세계와 이어줄 중요한 가교다.

훔볼트 학문의 의미를 이해하기 위해 그보다 수 세기 앞선 르네상스 인문주의 시대로 돌아가 보자. 영국의 철학자 스티븐 툴민Stephen Toulmin은 르네상스 인문주의의 특징을 네 가지로 정리한 바 있다. 툴민에 의하면 르네상스 인문주의자들은 구전적 지식, 특수한 지식, 국지적 지식, 일시적 지식에 깊은 관심이 있었다. 근대 이전 르네상스 인문주의자들은 경험적, 문화적 다양성이나 인간 경험의 합리적 가능성을 존중하는 태도를 보였다는 것이다.[1]

하지만 16-17세기 과학 혁명 이후의 과학, 즉 근대 과학은 르네상스 인문주의자들과는 완전히 다른 성격을 띠기 시작했다. 다양성을 추구하고 상황성을 중시하며 회의적이고 관용적이었던 르네상스 인문주의자들의 학문 대신에, 과학 혁명 시기 학자들은 추상적이고 탈상황적인 학문 분야들이 중요하다고 생각했다. 이성과 합리성의 시대라고 불린 이 시기를 추동한 것은 수학이었는데, 수학과 논리는 추상적, 보편적, 초시간적, 이론 중심적 철학을 대표했다. 이제 자연과 인간은 분리되었으며, 새롭게 등장한 기계적 철학은 자연으로부터 감각적 특징과 능동적 속성을 제거했다.[2]

이성과 합리성을 통해 자연의 질서를 찾으려는 시도는 과학 혁명 시기에 이어 18세기 계몽 시대에도 계속되었다. 분류학은 자연에 질서

1

스티븐 툴민, 《코스모폴리스: 근대의 숨은 이야깃거리들》, 이종흡 옮김(경남대학교출판부, 1997), 52-56.

2

툴민, 《코스모폴리스》, 57-75.

를 부여하려던 계몽주의 시대의 대표적인 학문 분야 중 하나였는데, 당시 분류학의 목표를 가장 잘 대변한 식물학자는 스웨덴의 칼 폰 린네Carl von Linné, 1707-1778였다. 린네는 암술과 수술의 수에 따라 식물을 세세하게 분류하는 방법을 도입했고, 분류 체계를 도입해 자연을 체계적으로 위계화함으로써 자연의 질서를 찾고자 노력했다. 그런 면에서 린네의 분류 체계는 추상적이고 이성적이며 수학적인 엄밀성을 가지고 있었으며, 계몽 시대의 목표를 분류학에 제대로 구현한 것이었다. 그의 책 제목이 《자연의 체계》(1735)인 것은 우연이 아니었다.[3]

하지만 18세기 후반이 되면서 근대 과학의 이성적, 합리적, 기계적 철학에 문제를 제기하는 지식인들이 다수 등장하기 시작했다. 울프는 바로 이러한 역사적 변화의 지점부터 훔볼트의 이야기를 시작한다. 지식인들은 점차 자연에 대한 근대 과학의 이상을 의심했으며, 린네와 같은 철학자들이 자연의 개념을 수집, 분류, 수학적 추상화라는 좁은 범주로 국한했다고 비판하기 시작했다.(279-280쪽) 저자에 의하면, 훔볼트가 세부적인 분류 범주를 통해 자연에 질서를 부여하려 한 린네의 방법을 거부하고 자연에 관한 전체적인 관계를 더 중시하기 시작한 시점도 바로 이때였다.(50쪽)

19세기 초 유럽의 많은 사상가는 이전 시대 르네상스 인문주의자들이 그랬던 것처럼 자연의 고유한 특성을 설명할 수 있는 다른 방법을 찾기 시작했고, 훔볼트는 그러한 변화의 한가운데에 있었다. 당시 유럽의 많은 지식인의 관심을 끌었던 주제는 생물과 무생물을 구분하는 '힘', 즉 생명 이론이었다. 자연은 역동적이고 유기적이며 생동하는 것으로 간주해야 한다고 믿었던 이들은 생명체를 구성하는 역동적인 힘을 찾아내고자 했다. 훔볼트는 힘에 관한 당시의 여러 아이디어를 확장해 자연을 하나의 통합된 유기체로 이해하는 데 적용했다.

그렇다면 훔볼트와 동시대 사상가들은 어떻게 연결되어 있었을까? 연결성이라는 관점에서 보았을 때 울프가 가장 중요하게 다루는 동시대 사상가는 독일의 철학자 이마누엘 칸트Immanuel Kant, 1724-1804, 독일의 작가이자 철학자 요한 볼프강 폰 괴테 1749-1832, 그리고 프리드리

3
찰스 길리스피, 《객관성의 칼날: 과학 사상의 역사에 관한 에세이》, 이필렬 옮김(새물결, 1999), 229.

히 셸링Friedrich Wilhelm Joseph von Schelling, 1775-1854이다. 울프는 훔볼트와 괴테, 셸링의 연결 고리를 18세기 말에서 19세기 초까지 유럽 전역에서 유행한 낭만주의 전통에서 찾는다. 낭만주의는 과학자와 자연을 분리하는 계량적, 수량적 과학 및 이성 중심의 과학에 대항한다. 내부를 향할 때만 자연을 이해할 수 있다고 생각했던 낭만주의자들은 자연 세계를 연구할 때 과학자 자신의 주관적 감정과 상상력을 중요하게 여기고, 자연과 인간에 대한 이분법적인 구분 대신 자연과 인간이 합일할 수 있는 과학을 추구하며, 자연을 기계로 생각하는 대신에 살아있는 유기체로 여기고 그 작동 원리를 알아내고자 한다.[4]

저자는 주관과 자연의 관계에 관한 훔볼트의 아이디어를 형성하는 데 중요한 역할을 한 사상가로 칸트를 든다. 저자에 의하면 훔볼트는 외부 세계는 우리가 마음속으로 인식하는 동안에만 존재한다는 칸트의 생각에 심취했고, 이에 따라 자연 연구에서 주관성을 강조하기 시작했다. 훔볼트는 점차 개인의 감각을 중시하기 시작했으며, '자연 세계를 이해하려면 합리적 사고뿐만 아니라 상상력도 필요하다'라고 믿게 되었다는 것이다.(70-71쪽) 따라서 훔볼트는 '순수한 실증 연구'보다 '자연의 해석'을 중시하기 시작했는데, '자연의 해석'이란 '정확한 과학 데이터'를 '정서적 반응'과 결합하는 것을 의미했다.(70쪽)

저자가 훔볼트의 전 생애를 서술하면서 끊임없이 그와 연결하는 또 다른 사상가는 괴테이다. 저자는 괴테의 자연관이 훔볼트에게 영향을 미쳤을 뿐만 아니라 훔볼트 또한 괴테의 자연관을 확장함으로써 둘의 연결이 서로의 자연관을 발전시키는 데 중요하게 작용했음을 보인다. 저자는 훔볼트의 《코스모스》 II권에서 그러한 흔적들을 찾아 보여주고 있다. 훔볼트가 《코스모스》 II권에서 자연을 주관적, 감각적으로 묘사한 것은 괴테의 영향 때문이었고, 훔볼트가 남아메리카에 도취한 것은 괴테에게 선사 받은 새로운 시선으로 남아메리카를 바라보았기 때문이라는 것이다.(74쪽)

이 책에서 저자는 낭만주의를 대표하는 독일의 철학자 셸링의 유기체론이 훔볼트에 준 영향도 매우 중요하게 다룬다. 칸트에게 자연의 유기적 통일이 인간 인식의 결과인 데 반해, 셸링에게 있어서 자연은 그

4
길리스피, 《객관성의 칼날》, 236-237.

자체로 살아있는 유기체이며 구성 요소들의 역동적 상호 작용을 통해 만들어진다. 즉 전체로서의 유기체는 상호 연관된 부분들의 역동적인 그물망이다. 지구에 관한 이러한 전일적holistic 해석은 오늘날 시스템적 사고 또는 환경적 사고라고 불린다. 저자는 자연을 그 자체로 살아있는 유기체로 여긴 셸링과 훔볼트의 공통점을 찾아 훔볼트가 셸링의 자연철학으로부터 많은 영향을 받았음을 보여주었다.[5]

이처럼 칸트, 괴테, 셸링을 포함해 많은 동시대 사상가와 작가 들은 훔볼트가 새로운 자연관을 형성하는 데 큰 영향을 주었다. 저자 울프의 말처럼 훔볼트가 자연의 경이감에 이끌리고, 감각과 정서를 통해 자연계를 경험하며, 과학적 사고와 정서적 반응을 결합해 독자들을 매료시킬 수 있었던 것은 동시대 지식인들과의 연결을 통해 끊임없이 교류한 결과물이었다.(520쪽) 물론 저자는 훔볼트의 자연관이 또다시 역으로 동시대 혹은 그 이후 세대에게 큰 영향을 미쳤다는 사실도 빼놓지 않는다. 이러한 학문적 연결 중에서도 현재의 기후 문제와 관련해 가장 중요한 것은 환경 운동가들과의 연결일 것이다. 이 책에서 저자가 강조하는 또 하나의 연결성은 현재 인류가 당면한 환경 문제와의 연결성이다.

훔볼트: 차세대 환경 운동가들과의 연결

지구는 하나의 거대한 유기체이고 그 속에 존재하는 만물은 서로 연결되어 있다고 생각했던 훔볼트는 기후를 대기, 해양, 대륙 간의 복잡한 상호 작용 시스템으로 이해한 최초의 과학자였으며, 자연을 전 지구적 패턴으로 인식하는 포괄적 관점을 견지한 과학자였다. 저자 울프는 훔볼트의 이러한 자연관이 오늘날까지도 인간과 환경의 관계를 이해하는 방식에 영향을 미치고 있음을 책의 곳곳에서 보여준다. 오늘날의 환경주의자, 생태론자, 자연주의 작가 들의 사상이 훔볼트의 자연관에 깊이 뿌리박고 있다는 것이다.

저자가 강조하는 것은 훔볼트가 환경 문제를 사회적, 경제적, 정치적 쟁점과 연관해 통찰한 최초의 인물이었다는 점이다. 저자는 《신변기》에서 훔볼트가 남아메리카 탐사 중 인간 활동이 숲의 생태계를 파괴하는 모습을 직접 목격했고, 이후 이를 바탕으로 삼림 벌채가 숲의 생태

5
조영준, 〈셸링 유기체론의 생태학적 함의〉, 《헤겔연구》 24권(2008): 286-287.

계에 어떤 영향을 미칠 수 있는지, 인간의 활동과 환경 파괴가 어떤 관계를 맺는지 연구했다는 사실을 찾아냈다. 하나만 예를 들어보면, 저자는 훔볼트가 1800년에 남아메리카 아라과 계곡의 발렌시아 호수 주변을 탐사하면서 삼림 벌채가 전 세계에 미치는 악영향을 이해했으며, 인류가 자연의 균형을 무자비하게 파괴하도록 내버려 둔다면 지구는 파멸하게 될 것이라고 주장했음을 보여준다.(100-103쪽)

숲의 파괴가 전 지구적 생태계 파괴로 이어질 수 있다는 생각, 인간이 자신의 이익을 위해 자연을 제멋대로 바꾸고자 한다면 결국 돌이킬 수 없는 재앙을 맞게 될 거라는 이런 생각은 훔볼트의 자연관을 생각해볼 때 어쩌면 당연한 결론이었다. 훔볼트에게 있어서 자연은 각 구성요소가 상호 연결되어 만든 하나의 유기체이자 생명망이므로, 숲의 파괴가 연쇄 반응을 통해 전체로 이어진다는 생각은 필연적이었다.

울프는 훔볼트가 식민주의와 환경 파괴 간의 관련성을 처음으로 언급한 사람이었다는 점 역시 자세히 보여준다. 저자에 의하면 훔볼트는 남아메리카 탐사 여행을 하는 동안 과도한 개발로 비옥한 땅이 황무지로 변하고, 원주민들이 굶주리며, 환금 작물이 식용 작물을 몰아내고, 플랜테이션 때문에 숲의 상당 부분이 사라지는 광경을 보면서, 식민지에서 발생한 환경 문제들은 모두 식민지 개발로 부를 얻기 위한 유럽인들의 경솔한 행동에서 비롯되었다고 확신했다.(175-177쪽) 울프는 훔볼트의 《신변기》뿐만 아니라 《누에바에스파냐 왕국에 대한 정치적 고찰》과 《쿠바섬에 대한 정치적 고찰》에서도 이러한 흔적을 찾는다. 스페인이 원자재를 얻기 위해 식민지를 마구 개발했고, 개발이 진행됨에 따라 환경은 점점 더 많이 파괴되었으며, 인류가 발을 내딛는 곳에는 어디에나 파괴의 흔적이 남아 있다고 훔볼트가 말했다는 것이다.(456쪽) 저자는 러시아 탐사 결과를 펴낸 훔볼트의 책 《아시아의 지질학과 기후》와 《중앙아시아의 산맥 연구와 기후 비교》에 대한 분석도 빼놓지 않는다. 울프의 분석은 훔볼트가 상당히 오랫동안 환경 문제를 진지하게 고민했으며, 19세기 초에 이미 그 원인이 인간에게 있음을 정확하게 파악했음을 보여준다.[6]

이 책은 인간에 의한 생태계 파괴에 관한 훔볼트의 연구가 이후의 환경 운동가들에게 끼친 영향을 살펴보는 것으로 마무리된다. 저자는 삼림 벌채의 위험성을 경고하여 미국에서 산림개간법이 통과되는데 크게 공헌한 미국의 환경 운동가 조지 퍼킨스 마시George Perkins Marsh,

1801-1882, 삼림 파괴로부터 자연을 지키기 위해 오늘날 세계적인 규모의 환경 단체로 성장한 시에라 클럽을 설립한 미국의 자연주의 작가이자 환경 운동가 존 뮤어1838-1914의 환경 보호 운동에 훔볼트의 영향이 매우 컸음을 보여준다. 자연이 직면한 위기를 유기체라는 개념을 바탕으로 최초로 이해한 훔볼트, 인류가 지구를 파괴하고 있음을 객관적으로 증명하고자 노력한 마시, 환경에 관한 우려를 정치적 관심사로 만들어 대중적 관심을 모은 뮤어, 이 세 사람이야말로 자연 파괴의 위험성을 제기한 선구자들이었다는 것이다.(528쪽)

하지만 뮤어가 활동하던 20세기 초와 현재 사이에는 약 100년이라는 시간 차이가 있다. 그렇다면 우리는 '100년의 간극을 넘어 21세기 오늘날에도 훔볼트의 영향은 계속되고 있는가?'라는 질문을 던져볼 수 있다. 예를 들어 우리는 식민지 개발 정책과 같은 정치, 경제, 사회적 이슈를 환경 오염 문제와 결합했던 훔볼트의 그림자를 미국의 역사가인 린 화이트Lynn White Jr., 1907-1987에게서 찾을 수 있다. 화이트는 인간이 자연보다 더 우월하며 자연은 인간이 이용할 대상이라고 본 기독교인들의 태도에서 생태학적 위기의 기원을 찾았다. 현재의 생태학적 위기를 벗어나기 위해서는 인간이 자연을 지배해도 된다는 생각을 모든 생명체가 동등하다는 생각으로 바꾸어야만 한다는 것이 화이트의 주장인데, 그런 점에서 화이트와 훔볼트의 생각은 서로 이어진다.[7]

울프 역시 훔볼트와 20세기를 이어주는 연결 고리를 찾는다. 여기서 저자가 예로 드는 인물은 레이첼 카슨Rachel Carson, 1907-1964과 제임스 러브록James Lovelock, 1919-2022이다. 특히 제임스 러브록의 '가이아 이론'은 지구에 서식하는 모든 생물과 비생물적 요소가 하나로 통합되어 단일한 하나의 시스템, 즉 살아있는 지구라는 초생명체를 이룬다는 것인데, 이는 지구를 내재적인 힘으로 움직이는 자연적 집합체로서 상정한다는 점에서 훔볼트의 이론과 유사한 점이 많다.(28쪽) 훔볼트가 러

6

한편 메리 루이스 프랫Mary Louise Pratt은 남아메리카 탐사 여행 결과 훔볼트가 쓴 글들이 유럽의 제국주의 확장을 보조하는 역할을 수행했음을 보여준 바 있다. 메리 루이스 프랫, 《제국의 시선: 여행기와 문화횡단》, 김남혁 옮김(현실문화, 2015).

7

Lynn White Jr., "The Historical Roots of Our Ecologic Crisis," *Science* 155 iss. 3767 (1967): 1203-1207.

브록보다 150여 년 먼저 이러한 개념을 주창했고, 러브록의 가이아 이론에 이러한 개념이 고스란히 녹아 들어갔다고 보는 것이다. 실제로 러브록은 전일적holistic 관점[8]에서 환경 문제에 접근한 대표적인 과학자이다. 자기 조절 시스템을 통해 생존에 적당한 환경을 능동적으로 조성하고 항상성을 유지하는 거대한 유기체로서의 가이아는 훔볼트의 자연관과 자연스럽게 공명한다.[9]

훔볼트의 잃어버린 연결망

이 책이 출판되기 약 5년 전에 발표된 도널드 매크로리Donald McCrory 《훔볼트 평전: 하늘과 땅의 모든 것*Nature's Interpreter: The Life and Times of Alexander von Humboldt*》과 비교해보면 이 책에서 드러나는 특징을 더 잘 볼 수 있다. 훔볼트와 동시대에 활동한 과학자들과의 연관성을 더 면밀하게 검토한 매크로리와 달리, 울프는 훔볼트와 낭만주의 학자들의 연관성 및 이후 세대와의 연관성을 드러내는 데 더 집중한다. 또, 매크로리와 달리 울프는 훔볼트가 안데스 탐험을 통해 자연을 발명해 나가고 자연의 연결망 개념을 확립하는 과정을 보다 상세히 드러낸다.

울프가 훔볼트의 자연관, 동시대 낭만주의 학자들과의 관계, 차세대 생태학자들과의 연결망을 중심으로 책을 전개해 나가는 과정은 상당히 설득력 있지만, 저자의 이러한 연결망에서는 최근의 자연사 연구자들이 주목하는 또 다른 중요한 행위자들과 훔볼트가 맺은 관계가 잘 드러나지 않는다. 이는 저자가 책을 구성한 순서와도 관련이 깊다. 저자는 훔볼트의 삶을 추적하면서 아이디어 수집 → 아이디어 분류 및 정리 → 아이디어의 전파 → 아이디어의 진화 순서로 책을 구성하는데, 이는 과학사학자 조지 바살라George Basalla가 도식화했던 익숙한 틀을 연상시킨다.

'16-17세기에 탄생한 유럽의 근대 과학이 어떻게 유럽에서 다른 세계로 퍼졌는가'라는 질문에 답하는 과정에서, 바살라는 서구 과학의 전파 과정을 3단계로 나눈 바 있다. 바살라에 의하면, 서구 과학 전파의

8
전일적 관점과 대비되는 관점으로는 환원주의reductionism를 들 수 있다.

9
제임스 러브록, 《가이아: 살아있는 생명체로서의 지구》, 홍욱희 옮김(갈라파고스, 2004).

1단계는 근대 서구 과학이 부재한 사회가 유럽 과학을 위한 소재를 제공하는 단계이다. 남아메리카 대륙과 같은 신세계를 예로 들 수 있다. 2단계는 식민지 과학자에 의해 이루어지는 식민지 과학 활동의 시기이다. 이때 식민지 과학자는 토착민일 수도 있고, 유럽에서 신세계로 이식된 정착민일 수도 있다. 이 시기에 식민지 과학자는 보통 유럽의 정규 교육 기관에서 교육을 받거나 유럽 과학자의 연구 결과를 이용해 연구한다. 유럽의 도움을 받지 않고 스스로 성장할 여건이 부족하기 때문이다. 마지막으로 3단계는 독립적인 과학 문화를 형성함으로써 서구 과학의 이식이 완료되는 시기라고 할 수 있다.[10]

바살라에 따르면, 전파의 1단계는 유럽인이 신세계를 방문해 신세계의 식물상과 동물상, 광물상 등을 조사하고 수집한 후 그 결과를 가지고 유럽으로 돌아오는 시기로 특징지어진다. 이 유럽인은 훈련받은 과학자일 수도 있고, 탐험가, 여행가, 선교사, 외교관, 상인, 군인 등의 아마추어일 수도 있다. 1단계의 유럽인 관찰자는 자연에 관한 체계적 탐험의 가치를 중시하는 과학 문화의 산물이고, 이들의 신세계 탐구는 무역이나 상업이 아니라 오로지 과학적 관심에서 추동된다. 바살라에 의하면 근대 과학 문화를 가진 국가만이 이 과정에 참여할 수 있는데, 훔볼트는 바로 이 1단계의 자연학자에 해당한다. 바살라의 과학 전파 모델을 받아들인다면, 근대 과학 또는 근대 과학 문화는 유럽에서 식민지 과학자 혹은 신세계로 일방적으로 전파되며, 1단계를 이루는 유럽 과학자와 2단계를 이루는 식민지 과학자는 호혜적 관계를 형성하지 못한다.[11]

과학의 일방적 전파라는 생각을 거부하고, 바살라와는 다른 프레임을 통해 훔볼트 활동 시기 자연 탐사의 의미를 분석한 대표적인 과학사학자는 메리 루이스 프랫Mary Louise Pratt이다. 프랫은 《제국의 시선: 여행기와 문화횡단》[12]에서 유럽인의 남아프리카 및 남아메리카 여행기를 분석하여, 여행기야말로 유럽인들에게 지구적 차원의 기획에 참여하고 있다는 느낌을 심어줌으로써 제국의 내부 주체를 생산하는 주요

10
George Basalla, "The Spread of Western Science: A Three-stage Model Describes the Introduction of Modern Science into any Non-European Nation," *Science* 156 iss. 3775 (1967): 611-614.

11
Basalla, "The Spread of Western Science," 611-613.

장치이자 경제적 팽창과 제국의 열망을 합리화하는 장치였음을 보여주고자 했다.

이를 위해 프랫은 '접촉 지대contact zone'라는 개념을 차용한다. 프랫에게 접촉 지대란 식민자와 피식민자처럼 극도로 비대칭적인 관계 속에서 이종 문화가 만나 서로 영향을 주고받는 사회적 공간이다. 프랫에 의하면, 접촉 지대에서는 담론이 중심(유럽)에서 주변(식민지)를 향해 일방향으로 흐르는 대신 중심과 주변이 서로의 담론에 영향을 주고받는다.[13]

이처럼 최근의 과학사 연구는 유럽의 과학이 식민지에 수용되는 과정이 바살라가 주장한 바와 같은 일방적 전파의 과정이 아니었음을 강조한다. 서구 유럽의 과학이 성립되고 확산되는 과정에서 지역 과학과의 상호 작용이 중요하게 작용했으며, 주변부의 과학 또한 중심부 유럽의 과학이 근대화되는 데 일조했다는 것이다.[14]

이러한 연구 경향을 보여주는 몇 가지 예를 찾아볼 수 있다. 리처드 그로브Richard Grove는 《말라바 식물지*Hortus Malabaricus*》를 편찬한 17세기 네덜란드의 자연학자 헨드릭 아드리안 판르헤이더Hendrik Adriaan van Rheede, 1636-1691의 예를 들어, 판르헤이더가 말라바르 토착 수집가들의 식물 지식을 바탕으로 책을 썼으며 이 책에 사용된 토착민들의 식물 분류법이 후에 린네와 같은 유럽의 식물학자들에 의해 이용되었다는 사실을 밝혀냄으로써, 유럽의 분류학이 일방적으로 비유럽 지역으로 전파된 것만은 아님을 잘 보여주었다.[15] 또, 일제 강점기에 박물학(자연사) 분야에서 근대 식물학이 형성되는 과정을 분석한 과학사학

12
프랫, 《제국의 시선》, 23-24.

13
프랫, 《제국의 시선》, 32.

14
Kapil Raj, *Relocating Modern Science: Circulation and the Construction of Knowledge in South Asia and Europe, 1650-1900* (Palgrave Macmillan, 2007); Fa-ti Fan, *British Naturalists in Qing China: Science, Empire, and Cultural Encounter* (Harvard University Press, 2004) 등을 참조할 것.

15
Richard Grove, "Indigenous Knowledge and the Significance of South-West India for Portuguese and Dutch Constructions of Tropical Nature," *Modern Asian Studies* 30 no. 1 (1996): 121-143.

자 이정은 식민지 접촉 지대에서의 상호 작용이라는 개념을 이용하여, 제국에서 파견한 식물학자, 식민지 현지 연구자들, 조선과 일본의 연구자들이 서로 견제하며 교류, 경쟁, 협력하는 가운데 조선에 근대 식물 연구의 뿌리를 내렸을 뿐만 아니라, 중심부, 즉 일본 근대 식물학의 성립에도 중요한 역할을 했음을 드러낸 바 있다.[16] "훔볼트는 아메리카의 크리오요 자연학자들과 어떻게 식민적 문화 융합colonial transculturation[17]을 하면서 열대 자연사 탐험을 했는가"라는 질문을 던진 과학사학자 이종찬 또한 마찬가지다. 그는 훔볼트와 크리오요 자연학자의 문화 융합이 수평적이고 평등한 관계가 아니라 아메리카에 대한 스페인의 식민지배라는 편중된 권력의 공간에서 발생했음을 인정하면서도, 서구가 아메리카 발전에 일방적으로 영향을 미쳤다는 서구 중심적 역사가 틀렸으며 크리오요 자연학자들과의 식민적 문화 융합을 통해 훔볼트가 열대 자연사 탐험을 성공적으로 수행할 수 있었음을 보였다.[18]

하지만 울프는 훔볼트가 남아메리카를 탐험하는 과정에서 만난 다양한 행위자들인 크리오요, 메스티소, 혹은 토착민들에게 그 어떤 역할도 부여하지 않는다. 울리 쿨케Ulli Kulke가 쓴 《훔볼트의 대륙: 남아메리카의 발명자, 훔볼트의 남미견문록》[19]에는 훔볼트가 남미 토착민들과 교류한 예가 다수 등장하고, 이는 이들 행위자의 역할이 분명히 있었음을 의미함에도 불구하고 말이다. 심지어 훔볼트와 남아메리카 탐사를 5년간 동행하면서 그와 함께 약 6만 종의 식물 표본, 3500여 종의 신종을 동정同定했던 식물학자 에메 봉플랑Aime Bonpland, 1773-1858에게조차 역할을 부여하지 않는다. 앞서 살펴보았듯이 울프의 서술 속에서 훔볼

16
이정, 〈식민지 조선의 식물연구 (1910-1945): 조일 연구자의 상호 작용을 통한 상이한 근대 식물학의 형성〉(박사 학위 논문, 서울대학교, 2013).

17
'transculturation'은 '문화 횡단'으로 번역되기도 한다.

18
이종찬, 〈알렉산더 훔볼트와 '크리오요' 自然史학자의 식민적 문화융합: 열대 아메리카와 유럽의 自然史와 人類史의 공명〉, 《역사와 경계》 104집(2017): 229-264.

19
울리 쿨케, 《훔볼트의 대륙: 남아메리카의 발명자, 훔볼트의 남미 견문록》, 최윤영 옮김(을유문화사, 2014), 12, 27, 89, 121-122, 141.

트의 자연관에 영향을 미친 학자들은 모두 유럽 출신의 학자뿐이다.

프랫이 사용한 반정복anti-conquest이라는 틀로 울프의 서술에 접근해보면, 울프가 드러내지 않는 또 다른 연결망을 찾아낼 수 있다. 프랫에 의하면 18세기 초반의 여행기들이 토착민들의 비유럽적 생활 방식을 인정하고 드러내는 글쓰기 방식을 취한 것과 달리, 18세기 말에는 과학적 성향의 여행 시대와 설명적 글쓰기 시대가 열렸다. 그 과정에서 토착민들은 서술 대상에서 점차 제외되었는데, 이는 토착민의 세계에서 역사성이 사라지고 토착민의 세계가 자연의 한 부분으로 귀속되었음을 의미한다. 이때 시각적으로 서술된 남아메리카의 자연은 제국 혹은 자본가가 개선할 대상으로 위치되고, 이는 유럽 제국주의 국가들의 식민지 개입을 정당화하는 이데올로기적 장치로 기능한다.[20]

울프의 서술은 바로 이런 반정복 서사를 그대로 따르고 있다. 반정복 서사를 따르게 되면, 훔볼트가 남아메리카를 시원적인 자연 세계로 묘사했다는 것은 남아메리카를 문화와 역사성이 없는 대상으로 규정하고, 대상을 변형시키는 유럽의 개입에 대한 전망을 암시했음을 의미한다. 즉, 훔볼트는 과학과 감성에 기반을 둔 반정복적 서사를 만들어냄으로써, 본인의 의도와 상관 없이 식민 지배를 정당화하는 데 일조했다는 것이다.[21]

하지만, 저자 울프는 이러한 관점을 뚜렷하게 드러내 보이지 않는다. 즉, 이 책에서는 훔볼트의 연구가 스페인과 러시아, 넓게 보아 유럽의 제국 확장 및 상업적 이익 추구와 어떻게 연결되어 있는지 거의 다루지 않는다. 유럽이나 미국은 훔볼트의 탐험 결과를 통해 남아메리카의 자연을 알게 되었고 이를 제국 확장과 국가 정책에 효율적으로 반영했으며, 훔볼트의 러시아 광산 탐사 결과는 러시아의 철강 산업이나 금 채굴 산업의 가이드 라인이 되었다. 하지만, 이 책에서 훔볼트의 인류사적 관심이 드러나는 곳은 그가 노예제를 비판했다는 부분과 제국의 개발 정책이 환경 오염의 원인이 되었다는 부분뿐이다.

이처럼 최근의 자연사 연구 경향이 보여준 비판적 시각을 통해 울

20
프랫, 《제국의 시선》, 45-169.

21
프랫, 《제국의 시선》, 249-293.

프의 책에 접근하면, 두 가지 측면에서 잃어버린 연결망을 마주하게 된다. 첫째, 유럽인들의 아메리카 자연 탐사는 16세기부터 18세기에 이르는 동안 큰 흐름을 형성하고 있었고, 그 과정에는 다양한 행위자들이 관계했다. 그런데 울프의 시선으로 보면 남아메리카에 대한 이해는 훔볼트로부터 시작되었고, 훔볼트의 저작들을 통해 유럽에 전파되었으며, 19세기 이후 등장한 생태학자들의 기원은 훔볼트로 환원된다. 둘째, 울프는 훔볼트의 과학적이고 감성적이며 중립적으로 보이는 글쓰기 뒤에 자리한 사회적, 정치적 연결망을 감춰버리고 말았다.

이러한 비판이 추구하는 것은 훔볼트에 관한 총체적인 이해이다. 훔볼트가 자연을 하나의 총체적인 연결망으로서 이해하고자 했던 것처럼, 훔볼트의 생애와 학문을 총체적으로 이해하기 위해서는 그의 학문, 그가 동시대인들과 맺었던 관계, 그가 차세대 환경 운동가들과 연결되는 과정을 보여주는 데에서 나아가, 그의 학문 세계에 영향을 미친 남아메리카 대륙 행위자들과의 상호 작용이나 그의 학문 세계를 둘러싼 정치적 이해관계에 이르는 총체적 연결망을 드러내야 한다는 것이다.

나가며: 기후 위기의 시대, 훔볼트를 다시 생각하다

20세기 중후반 이후, 모든 것은 '상호 작용'이자 '상호 연관'이라는 훔볼트의 자연관은 시스템의 관점에서 지구를 이해하고 기후 변화와 같은 환경 오염 현상을 설명하는 데 유용하게 쓰이기 시작했다. 각 구성 요소 사이의 상호 관계라는 측면에서 지구를 이해했을 때에만 기후 위기의 본질과 해결 방법을 찾아낼 수 있다고 믿기 때문이다. 결국, 기후 위기란 지구를 구성하는 각 요소 사이의 순환적 상호 작용이 깨지는 일이 아니던가!

그에 대한 답은 러브록과 비슷한 시기에 지구 생태계를 생물과 무생물이 상호 연결된 네트워크로 보았던 배리 커머너Barry Commoner, 1917-2012에게서 찾을 수 있다. 미국의 생물학자이자 환경 문제 전문가인 커머너는 1971년에 발표한 《원은 닫혀야 한다》[22]에서, 환경 위기란 생명이 주변 환경과 맺은 정교한 관계가 무너지기 시작했음을 알리는 신호라고 역설했다. 커머너에 의하면, 지구 생태계는 오랜 진화의 과정

22 배리 카머너, 《원은 닫혀야 한다: 자연과 인간과 기술》, 고동욱 옮김(이음, 2014).

을 통해 물질 순환 고리를 형성했고, 이러한 물질 순환 구조 속에서 생명체들은 호혜적으로 의존할 수 있다. 커머너는 생명체와 물리적 환경 사이의 관계를 설명하기 위해 생태학의 네 가지 법칙을 제시했는데, 첫 번째 법칙은 '모든 것은 다른 모든 것과 연결되어 있다'이다. 이 법칙은 생태권에 존재하는 생명체들과 그 주변의 물리적, 화학적 환경 사이에서 나타나는 정교하고 다양한 상호 관계의 네트워크를 의미하는데, 이러한 자연이야말로 150여 년 전에 훔볼트가 그렸던 자연의 모습이었다.

오늘날 생태학자들은 지구 시스템이라는 개념을 바탕으로 생태계를 이해한다. 지구 시스템이란 지구를 구성하는 구성 요소들이 서로 연결되어 상호 작용하면서 균형을 유지하는 집합을 말한다. 지구 시스템은 탄소, 물, 질소와 같은 물질이 각 권 사이를 이동하며 순환하는 과정을 통해 균형을 이루고 있으며, 환경이 파괴되면 그러한 균형이 깨지면서 인류의 생존을 위협한다. 훔볼트 방식으로 말하자면 지구 시스템이란 지구를 통합된 전체로 이해하는 개념이고, 그 안에서 각 구성 요소들이 서로 연결되어 상호 작용한다는 설명은 훔볼트 자연관의 연장이라고 할 수 있다.[23]

기후 위기의 시대, 어떤 이는 지금 당장 이산화탄소 배출량을 줄이려고 노력하지 않는다면 지구에 재앙이 초래될 것이므로 이산화탄소 배출이 많은 분야부터 즉각적인 행동에 나서야 한다고 촉구한다.[24] 어떤 이는 그러한 위기는 과장되어 있으며, 이를 과장하는 사람들이 기후 위기에 정치적으로 접근하고 있다고 주장하기도 한다.[25] 어떠한 주장을 하든, 이들 모두는 지구 각 구성 요소가 서로 연결되어 상호 작용하고 있으며, 인간이 자연을 정복의 대상으로 볼 것이 아니라 자연의 일부로서 자연과 함께해야 한다는 가정을 전제로 한다는 점은 틀림없다. 이는 훔볼트의 자연관이 지구 시스템이라는 다른 이름으로 지금까지도 이어져, 그와 현재의 우리를 연결한다는 증거이다. 그러므로 기후 위기가 전 세계적으로 큰 쟁점이 되는 지금, 훔볼트를 역사 속에서 현재로 소환하

23
전일적 관점과 시스템적 관점에 관한 자세한 논의는 물리학자 프리초프 카프라Fritjof Capra의 저서들을 참조하라.

24
빌 게이츠, 《빌 게이츠, 기후재앙을 피하는 법: 우리가 가진 솔루션과 우리에게 필요한 돌파구》, 김민주·이엽 옮김(김영사, 2021).

여 그의 자연관을 환경 문제 해결의 열쇠로 삼는 울프의 시도는 그의 서술이 지닌 몇 가지 한계에도 불구하고 여전히 유효하다. +

25
마이클 셸런버거, 《지구를 위한다는 착각》, 노정태 옮김(부·키, 2021).

참고 문헌

김기윤. 〈[알렉산더 홈볼트 탄생 250주년 (1769~1859)] 알렉산더 홈볼트: 다채로운 삶과 다양한 기억〉. 《지식의 지평》 27호(2019): 67-76.

이정. 〈식민지 조선의 식물연구 (1910-1945): 조일 연구자의 상호 작용을 통한 상이한 근대 식물학의 형성〉. 박사 학위 논문, 서울대학교, 2013.

이종찬. 〈알렉산더 훔볼트와 '크리오요' 自然史학자의 식민적 문화융합: 열대 아메리카와 유럽의 自然史와 人類史의 공명". 《역사와 경계》 104집(2017): 229-264.

조영준. 〈셸링 유기체론의 생태학적 함의〉. 《헤겔연구》 24권(2008): 277-299.

Basalla, George. "The Spread of Western Science: A Three-stage Model Describes the Introduction of Modern Science into any Non-European Nation." *Science* 156 iss. 3775 (1967): 611-622.

보울러, 피터, 이완 리스 모러스. 《현대과학의 풍경》 전2권. 김봉국·홍성욱 책임번역. 궁리, 2008.

카머너, 배리. 《원은 닫혀야 한다: 자연과 인간과 기술》. 고동욱 옮김. 이음, 2014.

Fan, Fa-ti. *British Naturalists in Qing China: Science, Empire, and Cultural Encounter*. Harvard University Press, 2004.

게이츠, 빌. 《빌 게이츠, 기후재앙을 피하는 법: 우리가 가진 솔루션과 우리에게 필요한 돌파구》, 김민주·이엽 옮김. 김영사, 2021.

길리스피, 찰스. 《객관성의 칼날: 과학 사상의 역사에 관한 에세이》. 이필렬 옮김. 새물결출판사, 1999.

Grove, Richard. "Indigenous Knowledge and the Significance of South-West India for Portuguese and Dutch Constructions of Tropical Nature." *Modern Asian Studies* 30 no. I (1996): 121-143.

핸킨스, 토머스. 《과학과 계몽주의: 빛의 18세기, 과학혁명의 완성》. 양유성 옮김. 글항아리, 2011.

쿤, 토머스. 《科學革命의 構造》. 김명자 옮김. 정음사, 1981.

쿨케, 울리. 《훔볼트의 대륙: 남아메리카의 발명자, 훔볼트의 남미 견문록》. 최윤영 옮김. 을유문화사, 2014.

러브록, 제임스. 《가이아: 살아있는 생명체로서의 지구》. 홍욱희 옮김. 갈라파고스, 2004.

매크로리, 도널드. 《훔볼트 평전: 하늘과 땅의 모든 것》. 정병훈 옮김. Alma, 2017.

프랫, 메리 루이스. 《제국의 시선: 여행기와 문화횡단》. 김남혁 옮김. 현실문화, 2015.

Raj, Kapil. *Relocating Modern Science: Circulation and the Construction of Knowledge in South Asia and Europe, 1650-1900*. Palgrave Macmillan, 2007.

셸런버거, 마이클. 《지구를 위한다는 착각》, 노정태 옮김. 부·키, 2021.

툴민, 스티븐. 《코스모폴리스: 근대의 숨은 이야깃거리들》. 이종흡 옮김. 경남대학교출판부, 1997.

White Jr., Lynn. "The Historical Roots of Our Ecologic Crisis." *Science* 155 iss. 3767 (1967): 1203-1207.

기후 위기의 시대, 훔볼트를 다시 생각하다

원정현

원정현
서울대학교 생물교육과를 졸업하고 미국 일리노이 대학교에서 교육학으로 석사 학위를 받았으며, 서울대학교 과학사·과학철학 협동과정에서 한국 지질학 연구로 박사 학위를 받았다. 지질학과 고생물학 분야의 연구를 계속하면서 학생들에게 생명과학을 가르치고 있으며, 서울과학기술대학교와 홍익대학교에서 과학사를 강의해왔다. 지은 책으로 《세상을 바꾼 지구과학》, 《세상을 바꾼 화학》, 《세상을 바꾼 물리학》 등이 있으며, 《아이히슈테트의 정원》에 해설을 썼다.

최재인

어떤 바통을 들고,
어디로 달릴 것인가

클라우디아 골딘, 《커리어 그리고 가정: 평등을 향한 여성들의 기나긴 여정》, 김승진 옮김(생각의 힘, 2021)
Claudia Goldin, *Career and Family: Women's Centyry-Long Journey toward Equity* (Princeton University Press, 2021)

CAREER AND FAMILY

커리어 그리고 가정

평등을 향한 여성들의 기나긴 여정

클라우디아 골딘 지음 | 김승진 옮김

생각의힘

2019년 《시사저널》 보도에 따르면, 국내 대학교의 전체 시간 강사 중 여성의 비율은 52%인데 전임 교원에서는 그 비율이 26%로, 정교수에서는 17%로 감소한다.[1] 이는 기회와 자원 분배에서의 성별 격차를 보여주는 일례다. 미국도 비슷한 문제를 앓고 있는 듯하다. 미국의 노동경제학자 클라우디아 골딘의 2021년 저서 《커리어 그리고 가정: 평등을 향한 여성들의 기나긴 여정》에 따르면, 오늘날에도 "여성들은 계속해서 부당한 대우를 받고 있다고 느낀다. 그들은 남편보다, 또 남성 동료들보다 돈도 적게 벌고 커리어 경로에서도 뒤쳐진다."(11쪽) 성별에 따른 차별이 법으로 금지되어 있고, 여성의 대학 진학률이 남성보다 높아진 지 수십 년이 지난 미국에서도 왜 성별 소득 격차는 여전히 크게 남아 있는가? 이 질문이 이 책의 주요 집필 동기라고 할 수 있다. 저자 골딘은 책 1장에서부터 성별 소득 격차의 가장 큰 원인이 "탐욕스러운 일greedy work"에 있다고 분명하게 밝히고 시작한다.(12쪽)[2] 여기서 '탐욕스러운 일'이란, 직장에서 장시간 일하고도 언제든 호출이 오면 나갈 수 있도록 대기 상태에 있을 만큼 직장 일에 몰두하는 대신 승진도 빨리 하고 시간당 임금도 크게 상승하는 직무를 말한다. 이런 일 구조 때문에 직종 내 임금 격차가 벌어지고, 성별 소득 격차도 커진다는 주장이다.

이 책은 두 개의 주제로 구성된다. 하나는 '탐욕스러운 일' 문제이고, 다른 하나는 직업과 육아를 잣대로 20세기 대졸 여성의 역사를 추적하는 것이다. 두 주제는 경제 활동을 하는 여성을 통해 매개되어 있기는

1

대학정보교육실 대학정보공시센터의 자료를 인용한 이 기사에 따르면, 국내 대학 전체 전임 교원 8만 8315명 중 여성은 26%(2만 2726명)이고, '시간 강사'는 전체 7만 4144명 중 여성이 52%(3만 8438명)이며, 정교수 4만 2792명 중 여성은 17%(7094명)이다. 김종일·김민주·류선우, "[교수性比 불균형①] 단독-'강사' 女 많고, '정교수' 男 압도적", 《시사저널》, 2019년 1월 23일, https://www.sisajournal.com/news/articleView.html?idxno=180439.

2

골딘에 따르면, ""탐욕스러운 일"이라는 표현은 클레어 케인 밀러의 《뉴욕타임스》 기사를 계기로 널리 쓰이게 되었다."(414쪽) Claire Cain Miller, "Work in America Is Greedy. But It Doesn't Have To Be," *New York Times*, May 15, 2019. 이 외에도 같은 저자가 쓴 다음 기사도 참조할 만하다. Claire Cain Miller, "Women Did Everything Right. Then Work Got 'Greedy.'," *New York Times*, April 26, 2019. '탐욕스러운 일'은 1970년대 중반 사회학계에서 어머니에게 끝없이 요구되는 노동을 가리키는 표현으로 쓰기 시작하다가, 점차 밤낮없이 전념할 것을 요구하는 직무를 지칭하는 용어로 사용되고 있다.

하지만, 저자는 이 둘을 유기적으로 연결하여 분석하지 않는다. '탐욕스러운 일' 문제의 뿌리를 역사에서 찾지는 않는다는 말이다. 그러다 보니 얼핏 보면 이 책에서 역사의 역할은 작금의 여성에게 100여 년에 걸친 선대의 노력을 상기시키고 이를 이어받아 더 나아갈 것을 응원하는 데에 머무는 것처럼 보이기도 한다. 그러나 읽고 나서 되짚어보면, 20세기에 직업과 육아를 둘러싼 여성의 선택에 큰 영향을 미친 것이 법적, 제도적, 경제적, 기술적 구조의 문제, 즉 시스템의 문제였다는 저자의 해석은 지금 미국 사회가 직면한 불공평과 불평등을 어떻게 풀어가야 하는지에 대한 실마리를 제공한다. 사실, 이 책의 재미와 독창성은 주로 역사 이야기에서 찾을 수 있다. '탐욕스러운 일' 문제, 즉 고소득 전문직에서 장시간 노동overwork이 젠더 관계에 미치는 영향에 대해서는 10여 년 전부터 주목받는 글이 여럿 나왔기 때문에, 이 주제만 가지고는 새로운 문제 제기라고 보기 힘들기 때문이다.[3]

2021년 미국에서 출간된 이 책은 곧 《뉴욕타임스》를 비롯한 여러 권위 있는 언론과 학술지를 통해 소개되었고, 한국에서도 같은 해에 번역 출판되었으며, 《중앙일보》, 《한겨레》 등에 기사가 실렸고, 《조선일보》에는 저자 인터뷰가 실릴 정도로 출판계와 언론의 주목을 받았다. 이렇게 널리 홍보된 것은 무엇보다 저자의 경력 때문일 것이다. 하버드대학교 경제학과 교수인 골딘은 1999년에는 경제사학회Economic History Association에서, 2013년에는 미국경제학회American Economic Association에서 회장을 지냈고, 많은 수상 내역에서 알 수 있듯이 왕성한 학문적 활동으로 명성을 쌓아온 원로 학자이다.[4]

이 책이 널리 소개된 또 하나의 배경은 쉽게 잘 읽히기 때문이 아닐까 싶다. 뛰어난 학자가 쓴 중요한 책이라 해도 지루하고 가독성이 떨

3

관련 주제로 두 편의 논문만 소개하면 다음과 같다. Youngjoo Cha and Kim A. Weeden, "Overwork and the Slow Convergence in the Gender Gap in Wages," *American Sociological Review* 79 no. 3 (2014): 457-484; Youngjoo Cha, "Reinforcing Separate Spheres: The Effect of Spousal Overwork on Men's and Women's Employment in Dual-Earner Households," *American Sociological Review* 75 no. 2 (2010): 303-329. 한편, 리어노라 리세Leonora Risse는 이 책에 대한 서평에서 골딘의 '탐욕스러운 일' 개념이 사회학에서 말하는 직장 내 '남성성 경쟁 문화' 현상과 결을 같이 한다고 보기도 한다. Leonora Risse, "Review," *Economic Record* 98 (2022): 411-415. '남성성 경쟁 문화'와 관련해서는 다음 논문을 참조. J. L. Berdahl, M. Cooper, P. Glick, R. W. Livingston, and J. C. Williams, "Work as a Masculinity Contest," *Journal of Social Issues* 74 (2018): 422-448.

어지면 언론인이나 학자가 미지의 독자에게 선뜻 소개하기 망설여질 텐데, 이 책은 그런 걱정을 끼치지 않는다. 문장과 구조가 매끄럽고 사례가 풍부하여, 이야기 속으로 쉽게 빠져 들어갈 수 있다. 나 역시 흥미롭게 읽기는 했지만 동의하기 힘든 부분이 몇 군데 있었다. 그 중 기본 전제나 핵심 용어와 관련된 문제 몇 가지를 제기해 보고자 한다.

세대 간의 바통 이어달리기

이 책은 20세기 미국에서 대졸 여성이 전문직과 육아를 추구해온 과정을 시대의 변화와 함께 보여준다. 1900년 미국에서 대졸 여성은 여성 인구의 3% 이하였고, 2000년에는 약 35%로 증가했다. 그래도 절반에 한참 못 미치는 규모였으니, 이 책은 여성 중에서도 주로 엘리트 집단 혹은 상대적으로 여유 있는 집단에 대한 이야기라고 할 수 있다. 골딘은 20세기 대졸 여성을 시기에 따라 크게 다섯 집단으로 나누어, 그들이 직업과 육아를 놓고 어떤 선택을 했는지, 혹은 할 수 있었는지를 살핀다.

우선 집단1은 1900-1920년 사이에 대학을 졸업한 이들로, 여성 인구의 약 3%를 차지했으며 이들 중 절반 정도는 아이가 있었다. 그리고 "아이가 있는 여성 중에는 [직장] 일을 한 사람이 거의 없다."(50쪽) 그러니 크게 보면 집단1은 경제 활동과 육아 중 하나만 선택할 수 있었다.

집단2는 1920-1945년에 대학을 졸업한 이들이다. 여성 인구의 약 5%였던[5] 이들은 "일자리, 그 다음에 가정을 성취한 집단"이다.(54쪽) 집단2는 졸업 후 다수가 취업을 했지만, 결혼한 후에는 대부분 직장에 나가지 않았다. 여기에는 대공황이라는 조건이 크게 작용했다. 남녀 공히 실업률이 높았던 시대지만, 기혼 여성이 직장을 유지하거나 새로 취업하기는 더 힘들었다.

집단3은 1945-1965년 사이에 대학을 졸업한 이들이다. 여성 인구

4
골딘의 자세한 수상 경력은 다음 웹사이트를 참조. "Bio for Claudia Goldin," Harvard University, accessed March 27, 2023, https://scholar.harvard.edu/goldin/biocv.

5
각 집단이 미국 전체 여성 인구 중 차지하는 비율은 한 집단 내에서도 연도에 따라 다르기 때문에 정확한 숫자는 아니다. 그러나 상황 파악을 위해 필요하다고 판단하여, 이 책 표 2.5 '30세 시점의 성별 대졸자 비중'(72쪽)을 참조해 중간 연도를 기준으로 삼아 대강의 수치를 제시한다.

의 약 10%였던 이들은 앞 세대보다도 이른 나이에 결혼을 하여 아이를 어느 정도 키운 뒤에 일자리를 얻었다. 대공황과 2차 세계 대전을 겪은 뒤였기에 사회 전반적으로 단란한 집에 대한 열망이 강했고, 그러다 보니 졸업 직후 결혼하는 사례가 많았다. 그러나 아이가 어느 정도 성장한 뒤에는 일자리를 구했다. 1950-1960년대에 미국이 유례없는 호황을 구가했고, 화이트칼라 노동력에 대한 수요가 높았기에 가능한 일이기도 했다. 집단3의 여성은 "특히 교직이나 사무직으로 많이 돌아왔다". (56쪽)

집단4는 1960년대 중반에서 1970년대 말에 대학을 졸업한 이들이다. 여성 인구의 약 20%였던 이들은 졸업 후 일정 시기를 고소득 전문직 준비에 투자하고 늦게 결혼한 경우가 많았다. 그렇다 보니 아이가 없는 비율이 가장 높은(27%) 집단이 되었다. 집단4에게는 "석박사 학위와 커리어상의 진전이 먼저"였고, 가정은 대체로 나중이었다.(60-61쪽)

집단5는 1980년 무렵부터 20세기 말까지 대학을 졸업한 이들이다. 여성 인구의 약 30%였던 이들은 집단4와 마찬가지로 결혼과 출산을 늦추고 전문직을 확보했지만 출산율은 높아졌다. 집단5에 속하는 1975년생을 보면 아이가 없는 비율이 20%로, 앞 세대보다 감소했다. 이는 "거의 모두 35세 이상에서 출산이 증가"했기 때문이다.(233쪽) 여기에는 "생식 테크놀로지"의 발달과 "민간 의료보험이 이런 시술을 보장 범위에 포함하도록 의무화한 주 법들"의 제정이 영향을 미쳤다.(231-232쪽) 이를 통해 마침내 집단5의 여성 중 일정 규모가 고소득 전문직과 육아를 모두 "성취하게" 되었다.

골딘은 여성들이 전문직과 육아의 병행을 추구해 온 여정을 바통 이어달리기에 비유한다. 각 세대는 주어진 조건에서 최선을 다해 달렸고, 그 성과와 한계를 후세대에게 물려주었다는 것이다. 그러나 앞 세대에게 받은 영향을 명확히 보여주는 것은 집단4뿐이다. 역으로 말하면, 다음 세대에게 눈에 띄는 영향을 남긴 이들은 집단3뿐이다. 집단4는 집단3의 선구자들이 제기한 여성주의 운동을 어려서부터 접하며 직업을 평생의 일로 기획할 수 있었고, 집단3이 노동 시장에 뒤늦게 진출하면서 고소득 전문직으로 가지 못하는 한계를 보며 일찍부터 직업적 준비가 필요하다는 것도 느끼게 되었다. 이에 비해, 다른 집단의 취업과 육아에는 앞 세대 여성의 경험보다 각 시대의 경제적, 기술적, 제도적 상황이 주로 영향을 미쳤다. 이 책은 20세기 대졸 여성의 역사를 흥미진진

한 할리우드 영화처럼 그려낸다. 멋진 주인공이 온갖 어려움을 극복하면서 마침내 사회적 성공도 이루고, 가족도 챙기면서 공평과 평등이라는 최종 승리를 눈앞에 두고 있다는 서사가 정리된 수치와 여러 개인들의 사연을 통해 펼쳐진다.

바통 이어달리기의 비유는 역사가 수많은 앞 세대의 경험 위에서 전개된다는 점을 상기시켜 주지만, 그 배경에 변함없이 자리하고 있는 기울어진 운동장, 즉 남성 중심적인 사회 구조와 가부장적 억압은 잘 보이지 않게 만드는 문제가 있다. 부당한 차별적 제도와 경험은 책에서도 여러 가지로 소개되지만, 이는 결국 극복되거나 성별 소득 격차에서 중요하지 않다는 설명으로 이어진다. 대표적으로 릴리 레드베터Lilly Ledbetter의 사례를 들 수 있다. 1938년생인 레드베터는 17세에 결혼하여 곧 두 아이를 낳았다. 이후 10년 뒤부터 다니기 시작한 직장에서 레드베터는 성적 괴롭힘을 당하기도 했고, 수십 년 동안 같은 직급의 남성보다 낮은 임금을 받기도 했다. 1998년에 익명의 내부자가 놓고 간 쪽지를 통해 부당한 임금을 받아왔다는 것을 비로소 알게 된 레드베터는 소송을 제기해 대법원까지 갔지만, 결국 2007년에 패소하게 된다.(251-253쪽) 이 일화는 명백한 성차별이 최근까지도 사법적 비호 아래 관례처럼, 때로는 은밀하게 진행되었음을 보여준다. 그런데 골딘은 이 사례의 의미를 이렇게 정리한다.

> 단지 여성이라는 이유로, 또는 유색인종 여성이라는 이유로 더 낮은 임금을 받고 그밖에도 여러 가지 차별을 받은 사람들의 경험을 부인하는 것은 아니지만, 노골적이고 직접적인 종류의 차별은 오늘날 벌어지고 있는 성별 소득 격차의 주된 이유가 아니다.(255쪽)

골딘은 명백한 차별이나 젠더에 따른 직종 분리(의사는 남성이 많고, 간호사는 여성이 많은 식의 분리)가 "마법의 지팡이"로 일거에 해소된다고 해도 성별 소득 격차의 3분의 1 정도밖에 줄이지 못한다고 말한다.(262쪽) 과연 그럴까? 이 책도 언급하듯이, 영화 〈올 더 머니〉의 주연 배우 미셸 윌리엄스Michelle Williams가 추가 촬영에서 남성 조연 배우보다 훨씬 낮은 보수를 받아서 문제가 되었던 것이 2018년이다.(256쪽) 저자 골딘도 어떤 단기 작업에서 보수를 남성 동료의 절반밖에 받지 못할 뻔했다가, 기관 내부자의 문제 제기 덕분에 제대로 챙겨 받은 경험을 했다.(256-257쪽) 이른바 성공한 여성도 오늘날까지 이런 일을 당한다. 그런데 이 책에서 거의 다루지 않는, 대학을 가지 못한 여성은 그런 차별을 더 자주, 더 심하게 당하기 마련이다. 골딘이 노골적 차별의 사례로 소개한 레드베터가 고졸 노동자였던 것도 사회적 약자에게 더 가혹한 차별 관행과 무관하지 않을 것이다. 이런 차별이 성별 소득 격차에서 그렇게 큰 문제는 아니라는 골딘의 말이 나름의 계산을 통해 나온 수치라고 해도, 그의 단언은 오래되고 광범한 차별 관행과 성별 소득 격차를 낳은 큰 요인 사이의 연관성, 그리고 그 모두의 배후에 자리한 남성 중심적인 권력 체제를 저자가 무시하고 있음을 보여준다.

시끄럽던 혁명

골딘이 이런 권력 체제의 의미를 경시하는 또 다른 사례는 집단3에서 전개된, 1960년대 말과 1970년대 초 새로운 여성 운동의 시작을 "시끄럽던 혁명"이라고 칭한 데서도 찾아볼 수 있다. 이는 저자 본인이 속한 세대인 집단4가 이룬 전문직 진출의 성취, 그의 표현에 따르면, "조용한 혁명"을 강조하기 위해서인 듯하다.(187쪽) 이를 위해 골딘은 한 장을 할애하여, 5장 '베티 프리단이 틀린 것과 맞은 것'에서 20세기 후반 미국 여성사의 새로운 전환점을 만든 베티 프리단Betty Friedan의 책 《여성성의 신화》(1963)의 과오와 성과를 짚어낸다.

골딘에 따르면, 프리단의 과오는 "1950년대를 퇴행기"로 본다는 점이다.(145쪽) 프리단은 여성이 "전문직종에 점점 더 적게 진입하고 있다"고 했지만, 골딘에 따르면 1950년대와 1960년대 대졸자와 전문 석박사 학위를 받은 여성은 계속 증가하고 있었다.(146쪽)[6] 그러나 이 반박은 우선 논리상 문제가 있다. 전문직 진출과 전문 석박사 학위자의 증가가 무관한 것은 아니지만, 자동으로 연결되는 것도 아니기 때문이다. 골딘은 증가한 고등 교육 이수자 중 어느 정도가 직업 세계로 진출했는지까지는 말하지 않는다. 사실 집단3에는 골딘도 지적한 것처럼 졸업 직후 직장보다 결혼을 선택한 이들이 유난히 많았다. 프리단의 수치가 틀렸다고 해도, 프리단이 보여준 1950년대에 대한 비관까지 잘못이라

---

6 이와 관련한 프리단의 주장은 베티 프리단, 《여성성의 신화》, 김현우 옮김(갈라파고스, 2018), 65 참조.

고 말할 수는 없다.[7]

골딘이 제기하는 문제 중 하나는 프리단이 자기 세대를 지나치게 비하한다는 점이다. 골딘에 따르면, "《여성성의 신화》 시대의 대졸 여성은 프리단이 묘사한 것보다는 [...] 주체적 역량을 더 많이 가지고 있었다. 그들은 자신의 삶을 계획했다. 고용 장벽은 무너지기 시작했다. 결혼한 여성도 다양한 직군과 지위에서 일할 수 있게 되었다".(155-156쪽) 그러나 골딘도 인정하다시피, 집단3이 "가정을 더 우선순위에 놓았던 것은 사실이다".(148쪽) 집단3은 자녀가 어느 정도 자란 뒤에 다시 노동 시장에 나오지만, 프리단이 《여성성의 신화》를 집필하고 출판할 당시는 대졸자의 상당수가 아직 전업 주부로 일하던 시기였다. 어쩌면 그런 현상에 대한 프리단의 강력한 문제 제기가 이후 대졸 여성 주부들의 선택에서 전환점을 만들었다고 볼 수도 있다. 취업이 필요하지만 절박하지는 않았을 가능성이 높은 대졸 기혼 여성이 가정을 벗어나 경제 활동을 시작하기 위해서는 용기와 사회적 자극이 필요했을 것이기 때문이다.

골딘은 프리단이 당대 "여성다움에 대해 잘못 알려진 신화"가 여성에게 영향을 미치고 있다고 강조한 것은 기우였다고 말한다. 골딘은 주석에서 프리단의 전기를 쓴 대니얼 호로위츠Daniel Horowitz를 인용하여, 프리단이 인용한 설문 조사 내용을 다시 보면 프리단의 묘사보다는 당시 여성들의 생각이 훨씬 긍정적이었다고 언급한다.(432쪽)[8] 프리단이 가정주부의 불안감을 과장했다는 지적이다. 스미스 여대 출신인 프리단은 대학 졸업 이후 수년이 지난 뒤 동문들을 상대로 설문조사와 인터뷰를 시행해 고학력 가정주부의 상황을 분석했다. 설문조사에서 만족감을 표시한 이도, 만족하지 못한다고 답한 이도 있지만, 프리단이 주목한 것은 주로 후자였다. 그런데, 이를 놓고 과장이라고만 볼 일인가? 당대 저널리스트 프리단의 입장에서 보자면, 만족하는 이들까지 자기 책에서 언급할 필요는 없었을 것이다. 당시는 교외의 단독 주택에서 각

7

사실 프리단도 이 시기 여대생이 줄었다고 말하지는 않는다. "대학에 다니는 여성의 비율이 남성과 비교해" 1950년대에 감소했다고 말한다. 프리단, 《여성성의 신화》, 62.

8

Daniel Horowitz, *Betty Friedan and the Making of the Feminine Mystique: The American Left, the Cold War, and Modern Feminism* (University of Massachusetts Press, 1998).

종 가전 제품을 이용해 살림하는 중산층 가정주부의 웃는 이미지가 상업적으로나 정책적으로 널리 보급되던 시대였다.

특히 1950년대와 1960년대는 체제 경쟁이 치열했던 냉전 시대였다. 미국은 가정주부가 행복한 나라임을 자랑했고, 소련은 여성과 남성이 생산 현장에서 평등하게 일하는 나라임을 자랑했다. 이는 1959년 부통령이었던 리처드 닉슨Richard Nixon이 소련 공산당 서기장 니키타 흐루쇼프Никита Хрущёв와 벌인 '부엌 논쟁Kitchen Debate'을 통해 잘 볼 수 있다. 모스크바에서 열린 산업 전시회에서 미국관은 첨단 제품을 갖추어 놓은 가정의 부엌을 선보였다. 그 앞에서 닉슨은 "미국에서는 여성을 위해 생활을 더욱 편리하게 만들려 한다"라고 자랑했다. 그러자 흐루쇼프는 "여성을 대하는 당신들의 자본주의적 태도를 공산주의 아래에서는 찾아볼 수 없다"라고 답변했다.[9] 소련 사회에서는 남성이 가정에 있는 여성을 위해 물자를 제공하고, 여성은 집에서 그것을 받는 관계가 아니라는 말이다. 닉슨과 흐루쇼프가 짧은 대화를 통해 과시한 상이한 젠더관이 당시 미국에서 당장 큰 반향을 낳지는 않았다. 여전히 미국은 가사일에 전념하는 가정주부를 체제의 상징으로 삼았고, 소련 사회를 비난할 때 여성도 일터에 나가야 하고 아이는 탁아소에 맡겨야 하는 사회라고 공격했다.

이런 시기에 명문 대학을 나와 가정주부가 된 여성 중 무시할 수 없는 규모가 불안감에 시달리고 있다는 주장을 담은 프리단의 책이 나왔고, 수백만 부가 팔리면서 하나의 역사적 사건이 되었다. 이 책이 그리 많이 팔리지 않았다면 이들의 불안은 소수의 푸념 혹은 배부른 소리 정도로 묻혀 버렸을 것이다. 이 책을 역사로 만든 것은 그 내용뿐 아니라 이에 대한 큰 호응이었다. 왜 그렇게 호응이 컸을까? 그 힌트는 당시 미국 사회 상황에서 얻을 수 있다. 《여성성의 신화》에 대한 사회사를 쓴 김진희에 따르면, "1950년대 여성의 노동시장 참여율은 30%에 이르렀고 이후로도 지속적으로 증가"했지만, "지식인들과 언론들은 가정주부로서의 여성의 임무를 더욱 강조"했다.[10] 여성의 취업은 증가하고 있었지만, 지배 문화는 여성의 역할과 활동 영역을 여전히 가정이라고 선

9 "The Kitchen Debate," Women and the American Story, accessed March 4, 2023, https://wams.nyhistory.org/growth-and-turmoil/cold-war-beginnings/the-kitchen-debate/.

전했다는 것이다. 그런 조건에서 여성 임노동자는 직업인으로 정체성을 구축하기 힘들었고, 계속 위축되었을 것이다. 이는 골딘도 지적한 바 있다. 1964년 설문조사에서, 교사 일을 하는 것으로 추정되는 한 여성은 이렇게 말했다. "나는 주부이고 엄마입니다. 커리어 우먼 같은 유형은 아니에요. 하지만 가르치는 일을 좋아합니다."(166쪽)

이런 시대 분위기에서, 부러울 것 없어 보이는 고학력 중산층 주부도 가정에 한정되어서는 행복하지 않다는 주장은 많은 임노동 여성에게 힘을 주었을 것이다. 돌아보면, 프리단의 이 책은 경제적 여유와 문화적 자원을 가진 엘리트 여성이 미국 사회에 할 수 있는 최고의 말을 해준 셈이다. 당시 미국 여성 운동 선구자들은 이 책의 선전을 여성에게도 가정 밖에서의 활동이 필요하다는 주장을 내세우는 기회로 삼았다. 19세기 빅토리아 시대 이래 군림해 온, 여성은 가정에서 다른 가족 구성원의 필요를 만족시키는 일에서 행복을 찾는 존재라는 이데올로기가 비로소 큰 타격을 받게 된 것이다.

《여성성의 신화》와 그것이 가져온 여성주의의 발전이 갖는 의미를 골딘이 아주 무시한 것은 아니다. 그는 집단4의 일원인 베티 클라크Betty Clark의 다음과 같은 말을 인용한다. "여성주의는 [우리에게] 일하고 싶다는 열망을 주었습니다. 하지만 효과적인 피임 수단은 [우리에게] 일할 수 있는 능력을 주었습니다."(203쪽) 이 말을 인용하면서 골딘은 방점을 "피임 수단"에 두었지만, 프리단에서 시작된 새로운 여성주의의 발전이 차세대 대졸 여성에게 경제 활동에 대한 열망을 주었다는 점은 인정한 것이다.

골딘은 대졸 여성의 전문직 진출과 육아라는 주제를 다루면서 냉전은 언급하지 않는다. 한 연구서에서 모든 조건을 다 살필 수는 없지만, 이 시대 냉전 이데올로기와 가정주부에 대한 이상화는 밀접하게 연결되어 있었다.[11] 이는 건너뛸 수 있는 문제가 아니다. 냉전을 간과한

10

김진희, 《페미니즘의 방아쇠를 당기다: 베티 프리단과 《여성의 신비》의 사회사》(푸른역사, 2018), 124.

11

냉전이 가정주부의 이상화로만 연결되었던 것은 아니다. 냉전 시대 미국 정책 입안자들은 소련을 비롯한 사회주의권에서의 여성 진출 혹은 동원을 보며 경쟁력 강화를 위해서는 미국도 여성 인력이 필요하다는 고민을 하게 되었기 때문에, 냉전은 미국 여성 교육과 고용에 긍정

결과, 골딘은 직업보다 가정을 앞세웠던 집단3의 선택을 개인적 결심의 문제로 서술하는 경향이 있다. 1966년 미국 노동부의 설문조사에서 대졸 남편들은 대체로(83%) 아내의 취업에 반대하지 않는다고 답했다.(433쪽 주석 12) 이런 조사 결과를 소개하면서 골딘은, "1950년대와 1960년대 초의 대졸 여성은 아이가 아직 어린데 일을 하러 나가는 것에 대해 그들 스스로가 의구심을 갖고 있었다"라고 설명한다.(149쪽) 남편은 아내도 취업하기를 원했지만, 아내가 망설였다는 식의 설명이다. 당시 미국 사회는 영유아 보육 제도와 시설이 제대로 구축되어 있지 않았다. 그런 기반이 없는 상황에서, 남편이 반대하지 않는다고 답했다 해서 이전보다 기혼 여성의 취업 조건이 나아졌다고 말하기는 힘들다. 골딘은 "집단3의 여성을 가장 크게 제약한 것은 엄마가 '이기적인 커리어 우먼'이면 어린아이에게 피해가 간다는 통념이었을 것"이라고 말한다.(178쪽)

1950년대 대졸 여성의 낮은 취업률을 놓고 여성의 선택을 탓한 것은 프리단도 마찬가지이긴 했다. 《여성성의 신화》에서 프리단은 "우주개발 경쟁에서 소련이 우세를 차지하는 현실을 걱정한 과학자들은 미국이 가지고 있는 아직 사용되지 않은 거대한 두뇌 자원으로 여성을 지목했다. 그러나 여성들은 물리학이 '여성적이지 않은' 학문이라고 생각해 공부하려 하지 않았다"라고 말한다.[12] 하지만 프리단의 글은 당대 여성에게 문제를 제기하고 행동을 촉구하기 위한 것이었다. 이와 달리 반세기 이상 지난 시점에서 쓰인 《커리어 그리고 가정》이 과거 다수의 여성이 내린 선택의 이유를, 냉전을 비롯한 사회적, 이데올로기적 압박에 대한 설명 없이 여성들 스스로의 "의구심"이나 "통념"으로 설명하는 것은 당시 대졸 여성의 상황에 대한 저자의 이해가 부족함을 보여준다.

조용한 혁명

골딘이 20세기 여성사에서 새롭게 의미를 부여한 것은 집단4가 이루어낸 상당 규모의 고소득 전문직 진출이다. 1990년에 여성으로는 처음으로 하버드 대학교 경제학과의 종신 교수가 된 골딘은 자신의 성취가 집

적인 영향을 미치기도 했다.

12 프리단, 《여성성의 신화》, 65.

단4가 해낸 업적의 일환이기도 하다고 겸손하게, 또는 역사적 맥락에서 설명하는 듯하다. 집단4는 "커리어를 가정보다 앞 순서에 둠으로써 자아실현을 하고 소득도 많이 올리고 오랫동안 지속할 수 있는 전문직에 진출할 수 있는 기회를 늘"렸다.(189쪽) 골딘에 따르면, 1960년대 말부터 1970년대까지 "전미여성기구National Organization for Women와 더 급진적인 여성 단체들"의 "시끄럽던 혁명과 달리, 조용한 혁명은 자신의 삶이 역사에 미치고 있는 중요성을 알지 못한 채로 수많은 사람들이 이루어낸 혁명"이다.(187쪽)

골딘이 "시끄럽던 혁명"이라고 칭한 1960년대와 1970년대 미국 여성주의의 발달은 흔히 제2물결 여성주의라 불리며 여성사에서 이미 그 의미를 충분히 인정받고 있지만, "조용한 혁명"은 골딘이 처음 제기한 내용이다. 골딘에 따르면, 집단3의 선구자들은 사회 곳곳에 여성이 진출해야 한다고 "목청 높여 요구"했지만(187쪽), 이 집단의 다수는 일찍 결혼하여 경력 단절을 겪었기 때문에 갈 수 있는 곳은 "여성이 많고, 상대적으로 임금이 적은 일자리뿐"이었다.(189쪽) 이에 비해, 집단3의 그런 애환을 보며 성장한 집단4는 "학부 졸업 직후 맹렬한 시간 투자"가 필요한 법조계, 의학계, 학계 등으로 진입할 수 있었다.(189쪽) 이 고소득 전문직은 유구한 역사를 가진 존중받는 직종이지만, 미국 여성이 20-30%의 규모로 진출하게 된 것은 1970년대 말 이후다. 그러니 골딘의 말처럼 이를 "혁명"이라고 이름 붙여 기념할 만하다.[13]

골딘은 "조용한 혁명"이 "시끄럽던 혁명"의 영향도 받았지만, 더 결정적으로는 경구 피임약의 개발 덕분이었다고 설명한다. 이 시기 대졸 여성은 졸업 이후 결혼을 늦출 수 있었고, 이는 피임약 덕분이었다. 피임약이 없던 시절 일찍 결혼했던 이유 중 하나는 임신이었는데, 집단4의 시대에는 이를 피할 수 있게 되었다는 말이다. 그런데 이 피임약의 개발 과정이 흥미롭다. 원래 이 프로젝트는 "기독교적 가치에 반하는 일에 사용될지도 모를" 일이고, 시장성도 예측할 수 없었을 것이기에 자금을 대려는 곳이 없었다. 거대 제약 회사들도 몸을 사렸던 사업이

13

그러나 20세기 동구권 사회주의 국가들에서 이런 "조용한 혁명"은 이보다 더 일찍, 그리고 더 큰 규모로 있었다. 크리스틴 R. 고드시, 《왜 여성은 사회주의사회에서 더 나은 섹스를 하는가: 그리고 경제적 독립에 대한 논의들》, 김희연 옮김(이학사, 2021), 141-142.

었다. 그런데 20세기 초부터 출산 조절 운동을 해온 마거릿 생어Margaret Sanger가 막대한 유산을 상속받은 캐서린 매코믹Katharine McCormick을 설득하여 피임약 연구를 후원하도록 해 마침내 개발에 성공했다고 한다.(186쪽) "조용한 혁명"을 가능하게 한 경구 피임약 개발은 우연만은 아니며, 앞 세대 여성들의 의식적이고 헌신적인 노력의 결과이기도 한 셈이다.

그런데 "조용한 혁명"론에서 눈에 띄는 문제가 두 가지 있다. 하나는 골딘이 "조용한 혁명"에 대해 "행복의 공식을 근본적으로 바꾸었다"고 의미를 부여한 점이다.(187쪽) 그러나 그 "공식"을 바꾸어낸 업적은 집단3의 선구자들에게 돌려야 한다. 그들을 통해 미국 사회에서, 그리고 여성 집단 안에서 여성의 행복에 대해 생각하는 바가 변화했다고 할 수 있다. "시끄럽던 혁명"을 통해 여성의 행복은 아내와 어머니의 역할에 있다고만 보는 명시적 차별이 수면 아래로 내려갈 수 있었고, 대학원 진학에 돈과 시간을 투자할 수 있었던 여성들이 비로소 일정 규모로 고소득 전문직에 진출하는 "조용한 혁명"이 가능했다. 이는 1950년대와 1960년대, 흑인 민권 운동으로 제정된 민권법 등 제도적 변화와 사회 문화적 변화 덕분에 고등 교육을 받은 흑인 중산층이 일정 규모로 전문직이나 안정적인 일자리에 마침내 진출할 수 있었던 흐름과 함께하는 것이기도 하다. "조용한 혁명"은 20세기 대졸 여성의 "바통 이어달리기"의 산물일 뿐 아니라, 20세기 후반 터져 나온 유색인 민권 운동과 여성 운동의 성과이기도 하다.

집단4의 성취를 "혁명"이라고 할 때, 두 번째 문제는 그렇게 새로 진출한 여성들이 그 세계를 변화시켰는가 하는 점이다. 이 책은 전문직으로의 진출 규모와 소득에 주로 관심을 두지, 활동 내용까지 살피지는 않는다. 책의 논지를 고려하면 이는 충분히 이해할 수 있다. 그러나 골딘 스스로가 그 문제에 아주 눈감고 있는 것은 아닌 듯하다. 이 책 2장은 1916년에 여성으로는 처음으로 연방 하원 의원에 당선된 저넷 피커링 랭킨Jeannette Pickering Rankin 이야기로 시작된다. 랭킨은 1917년 미국이 독일에 선전 포고를 했을 때 의회에서 반대표를 던진 50명 중 한 명이었고, 1941년 일본에 선전 포고를 했을 때는 반대표를 던진 유일한 의원이었다. 만장일치로 통과시켜야 한다는 압력이 강했지만, 그는 다음과 말하면서 입장을 고수했다. "여성으로서 나는 전쟁터에 나갈 수 없고 어느 누구라도 전쟁터에 보내는 것에 반대한다."(39-40쪽) 이는 여성이 일정 규모로 정계에 진출하면 세계가 달라질 수도 있겠다는 희망을 품게 해 주는 발언이다.

그런데 집단4의 시대에 와서 여성이 일정 규모로 의회에 진출했지만, 과연 어느 정도의 변화를 일구어 냈는가? 바꾸지는 못해도 최소한 랭킨처럼 기성 정치인과 다른 목소리를 내고 있기는 한가? 집단4의 유명 정치인으로는 힐러리 클린턴Hillary Clinton이나 콘돌리자 라이스Condoleezza Rice가 있는데, 이들이 기존 남성 정치인과 구별되는 모습을 보여주었는가? 그러나 이 문제는 이렇게 거칠게 따질 일은 아니다. 2020년에 타계한 루스 베이더 긴즈버그Ruth Bader Ginsburg 대법관처럼, 여성 전문가가 중요한 변화를 만들어낸 사례도 일일이 소개할 수 없을 정도로 많다. 전반적으로 볼 때, 여성이나 유색인 전문직 종사자가 새로운 변화를 추구하고 만들어 냈는지에 대해서는 한마디로 말하기 힘들다. 이를 위해서는 또 다른 장章이나 또 다른 책이 필요할 것이다. 여성도 유력한 대통령 후보가 될 수 있고, 부통령, 대법관, 국회 의장 등이 될 수 있음을 보여주는 것 자체도 혁명적이라고 할 수 있지만, 그래도 "혁명"이라는 이름이 충분한 설득력을 갖기 위해서는 활동 내용에 대한 고찰이 필요하다.

일자리와 커리어

이 책은 "일자리"와 "커리어"를 구분한다. "'일자리'는 소득을 얻기 위한 수단"이지만, 커리어는 단순한 일자리가 아니다. 커리어는 "생애에서 장기적으로 지속되며, [...] 자아 정체성을 구성하는데 큰 부분을 차지하는 경우를 의미한다".(44쪽) 골딘은 "커리어"를 고학력을 통해 얻을 수 있는 자격증에 기초한 고소득 전문직을 의미하는 말로 사용하면서, 그 소득 기준을 동일 연령과 동일 학력의 전일제 연중 고용 남성 노동자 소득 분포의 25퍼센타일로 잡았다.(410쪽) 이는 이 책의 주인공인 대졸 여성이 커리어를 성취했는지 여부를 측정하여 그 추이를 보여주기 위해서다. 그렇다보니 "커리어"라는 용어는 한정된 직종에만 쓰였다. 이 책의 규정에 따르면, 교사, 간호사, 사회 복지사 등은 커리어가 아니라 일자리다. 이들 직종은 떠났다가 다시 올 수 있는 매력을 갖고 있지만, "승진 기회도 작고 대졸 학력이 필요한 다른 직종에 비해 보수도 낮은, 소위 '여성의 일'이다".(160쪽) 변호사, 의사, 약사, 수의사, MBA를 졸업하고 전문성을 살려 취업한 이들 정도는 되어야 "커리어"를 성취한 것으로 본다. 그렇다 보니 "뉴욕에서 존경받는 초등학교 교장 선생님"을 지내신 골딘의 모친에게 교사일이 일자리였는지, 커리어였는지도 불명확하다.(174쪽) 교장으로 승진하면서 꽤 소득이 높아졌다면 뒤늦게 커리어를 성취한 것으로 분류될 수 있다. 평교사로 퇴임할 경우에는 30년을 일했다고 해도 이 책에서는 "커리어"를 성취하지 못한 것으로 분류한다.

이렇게 "커리어"를 한정적으로 사용한 것은 집단4가 이룬 성취를 강조하기 위해서다. 그렇다고 해도, "커리어"라는 단어를 이처럼 한정하여 쓸 것이 아니라 "고소득 전문직" 혹은 "전문직"이라는 더 정확한 표현을 써야 했다. 골딘은 왜 "전문직" 대신 "커리어"라고 했을까? 이는 정체성의 함의를 더 강하게 지닌 "커리어"라는 단어를 통해, 집단4부터 여성의 정체성이 달라졌음을 보여주려 했기 때문인 듯하다. 일정 규모의 대졸 여성이 단지 용돈을 벌기 위해서가 아니라 사회적 성공을 위해 일찍부터 인생과 정체성을 걸고 직업에 임하게 된 시대가 집단4에서부터 열렸음을 강조하려는 생각에서 "커리어"라는 단어를 선택한 것으로 보인다.

그러나 정체성의 함의를 가진 "커리어"를 이렇게 좁혀서 쓰는 용법은 위험하다. 변호사, 의사, 교수 등 오랜 준비와 투자가 필요한 고소득 전문직은 되어야 직업적 정체성을 말할 수 있으며, 나머지는 그저 생계를 위한 일자리로 분류될 뿐이라는 식으로 읽힐 수 있기 때문이다. 그리고 이렇게 "커리어"와 "일자리"로 직종을 나누는 어법은 가뜩이나 큰 직종 간 소득 불평등을 합리화하고 강화시키는 기제로도 작용할 수 있다. 골딘처럼 영향력 있는 학자가 자기 책에서 커리어를 그런 의미로 쓰면 이후로도 커리어는 고소득 전문직을 의미하는 것으로, 즉 일반 일자리와 선을 긋는 의미로 남을 수 있다. 이는 직종 사이의 소득 차이를 어쩔 수 없고, 당연하고, 넘을 수 없는 것으로 보이게 만드는 데 일조한다. 그러나 의사, 변호사 등 특정 직업이 고소득을 보장받는 요인 중 상당 부분은 여러 측면에서 울타리를 쳐준 사회적 제도의 산물이다.

현실에서 일자리와 커리어는 사회적 차원에서도 개인적 차원에서도 이분하기가 쉽지 않다. 어떤 직업을 두고 일자리인지 커리어인지를 구분하는 것은 어렵고, 별 의미도 없고, 가능하지도 않다. 골딘 역시 "소득이 더 낮은 여성들 사이에서도 직업에 자아 정체성을 부여하는 현상"이 있다고 하면서, 인류학자 릴리안 루빈Lillian Rubin이 1994년에 쓴 다음과 같은 글을 인용한다. "보편적으로 내가 인터뷰한 모든 여성이 일하는 것을 필수적인 부분으로 여기고 있었다. 일에서 자기 충족감과 만족감을 어느 정도 이상 느끼는 경우에는 거의 모든 사람이 그것을 포기하지 않고 싶어 했다."(216쪽)[14] 여기서 일은 돈을 버는 일, 주로는 임노동을 의미할 것이다. 그런데, 꽤 많은 여성이 임노동을 정체성의 일환으로 여기며 진지하게 임한 것이 비단 20세기 말의 현상은 아니다.

계급적, 인종적 시야를 넓혀보면, 그 역사는 최소한 본격적인 임노동이 시작된 산업화 시기까지 올라갈 수 있다. 노동 계급 여성이나 유색인 여성은 백인 중산층 여성보다 한 세기 이상 더 일찍 임노동에 진출했고, 다수가 임노동과 돌봄을 평생 병행했다. 미국의 첫 공업 단지인 로웰에서 일한 여공들이 1841년에 펴낸 문집에는 이런 노래가 실려 있다. "우리는 [...] 고되게 일하지만, 우리는 결코 남에게 기대지 않으리, 방적기를 돌릴 수 있는 한."[15] 임노동에서 자부심과 정체성을 구하는 모습은 오늘날 한국의 여성 노동자들 사이에서도 찾아볼 수 있다.

> 유베이스 수원 콜센터 상담원들은 '1년만 일해도 고참이 된다'는 콜센터에서 십수 년을 일했다. 30년을 근무한 이도 있다. [...] 이들이 든 피켓에는 진상 고객에게 시달리는 최저임금 노동자가 아니라 '전자 정보를 다루는 프로 노동자'라고 쓰여 있었다. "지금도 콜센터 상담원 뽑기가 어렵다고 해요. 이 업무가 지금은 인정을 못 받고 있지만, [...] 이 업무가 되게 어렵고 힘들고 전문성이 필요하다는 걸 인정받고, [...] 귀한 직업 대우받을 날이 오지 않을까, 그런 대우를 받는 데 있어 지금 우리가 하는 싸움이 일정 정도 기여를 했다, 나중에라도 그런 생각을 하고 싶어요."(배경순 지회장)[16]

14
Lillian B. Rubin, *Families on the Fault Line: America's Working Class Speaks about the Family, the Economy, Race, and Ethnicity* (Harper Collins, 1994), 81, 83.

15
최재인, 〈로웰 여공 1세대: 자유와 독립의 경험〉, 노서경·최재인 외, 《19세기 허스토리: 생존자의 노래, 개척자의 지도》(마농지, 2022), 81.

16
희정, "위로금 준다는데 콜센터 상담원이 왜 안 나가고 버티냐고?", 《일다》, 2023년 1월 20일, https://www.ildaro.com/9540.

"전자 정보를 다루는 프로 노동자"인 이 상담원들에게 직장과 직업은 정체성의 중요한 요소다. 우리 사회에서 다수는 이렇게 자신이 하는 일에 나름의 의미를 부여하며 살고 있다. 물론 이런 의미 부여는 사회적 몰이해와 형편없는 임금으로 번번이 위축된다. 골딘식의 일자리와 커리어 구분은 이런 다수의 노력에 힘을 실어주기보다 주저앉히는 억압적 힘으로 작용할 위험을 내포한다.

최근 젊은 세대의 글은 이와는 다른 방향의 정체성 모색을 보여준다. 이를테면 이 책의 주인공들 이후 세대인, 1980년대 이후 태어나 지금은 청장년이 된 밀레니얼 세대 작가 앤 헬렌 피터슨Anne Helen Peterson은 《요즘 애들》(2020)에서 경제적 안정이 보장되지 않는 침체기에 성공의 압박으로 "번아웃"에 시달리는 고민을 다음과 같이 토로한다. "우리는 일자리가 [...] 오래갈 것이라 기대하지 않는다." "출산과 육아에서, 사랑하는 이와의 관계에서, 삶의 재정 문제에서, 일종의 평형 상태를 유지하고자 고투하다가 결국 나가떨어지고 만다. 그렇게 우리는 불안정에 길들여졌다."[17] 그러나 피터슨은 "우리는 우리의 업무 역량 때문이 아니라, 단지 우리 존재만으로도 가치 있다"[18]라고 주장하며 고소득 전문직과 같은 직업적 성취에 연연하지 않겠다고 선언한다. 이를 포도가 시다며 돌아서는 낙담으로 볼 수도 있지만, 어차피 소수만이 얻을 수 있고, 그것도 앞 세대보다 훨씬 더 오래 노력해야 얻을 수 있는 직업을 위해 시간과 자원을 투자하기보다 좀 더 실속 있고 만족할 수 있는 여정과 정체성을 찾아보겠다는 생각이기도 하다. 20세기 후반 미국 대졸 여성의 취업이나 전문직 진출이 비교적 꾸준하게 확대된 배경에는 경제적 호황과 특히 화이트칼라 직종의 팽창이 자리하고 있었다. 그러나 "대공황 이래 최악의 경제 붕괴"[19]라는 상황과 산업 구조의 빠른 변화로 특히 화이트칼라 일자리에 큰 변동이 다가오는 요즘, 젊은 세대 일부는 전문직 획득에 매진하기보다 새로운 삶의 방식을 모색하는 듯도 하다. 그것

17
앤 헬렌 피터슨, 《요즘 애들: 최고 학력을 쌓고 제일 많이 일하지만 가장 적게 버는 세대》, 박다솜 옮김(알에이치코리아, 2021), 5.

18
피터슨, 《요즘 애들》, 8-9.

19
피터슨, 《요즘 애들》, 19.

이 또 하나의 흐름을 만들 수 있을지는 지켜볼 일이다.

최근 한국에서 출간된 책《돌봄과 작업: 나를 잃지 않고 엄마가 되려는 여자들》은 일과 육아를 함께 해나가는 여성들의 경험담을 모았는데, 이 또한 골딘 식의 "커리어"와는 다른 관점에서 일에 접근한다. 이 책의 편집자는 제목의 "작업"이라는 단어를 이렇게 정의한다. "작업이란 외부의 규정이나 잣대와는 무관하게 스스로의 필요에 따라 하는 일이다. (조금 겹칠 수도 있지만) 취미와도 다르고 직업과도 다르다. [...] 다양한 분야의 여성들이 자기 작업에 집중하는 것과 주변의 요구에 귀를 기울이는 것 사이에서 어떻게 느끼고 생각하고 선택하고 행동하는지 담고 싶었다. 그리고 그 결과 그들의 삶이 어떻게 변하는지 궁금했다."[20] 이처럼 이 책은 "직업" 대신 "작업"이라는 단어를 채택하여 내세울 만한 직업은 아니어도, 혹은 당장 돈은 벌지 못해도 무언가 "필요에 따라" 일을 하는 이들, "직업"이라는 단어 앞에서 궁색해지는 이들까지 포용하는 섬세함을 발휘한다.

육아와 일의 병행을 21세기 젊은 세대의 시각에서 다루는《요즘 애들》이나《돌봄과 작업》은 커리어와 일자리, 또는 임노동과 무급 노동 사이의 구분이 양산해 온 차별과 불평등에 관한 문제의식, 그리고 이런 불평등을 넘어서려는 노력을 보여준다. 20세기 대졸 여성 취업의 변화 과정을 추적한 경제사학자 골딘에게 위의 젊은 작가들과 같은 관점을 기대하지는 않는다. 다만 이렇게 당사자들의 구체적인 삶의 경험이 담긴 글과 함께 보면, "고소득 전문직" 추구를 "커리어"로 정의하는 골딘의 언어가 사회적 성공과 고소득에 높은 가치를 부여해온 물질주의적인 지배적 가치관의 반영이기도 하다는 점을 생각하게 해준다.

가정과 육아

이 책에서 또 특이한 용어 사용은 "가정"이다. 여기서 "가정"은 "아이가 있는 경우(입양 포함)를 의미하며, 배우자가 꼭 포함되어야 하는 것은 아니다". 그래서 가족으로 "남편과 강아지"가 있는 저자의 가정도 이 책의 정의에 따르면 "가정"에 해당하지 않는다.(43쪽) 이는 무리한 규정이다. 여성이 가정에서 하는 일이 육아만은 아니기 때문에 가정이라 표

20
정서경 외,《돌봄과 작업: 나를 잃지 않고 엄마가 되려는 여자들》(돌고래, 2022), 18-19.

현한 것일 수도 있지만, 여타 가사 노동이나 환자, 노인 돌봄은 이 책에서 다루지 않는다. 이 책에서 "가정의 성취"는 오직 육아 여부로만 판단한다. 그러니 "육아"라고 해야 할 텐데, 골딘은 굳이 "가정"이라고 쓴다.

'육아'와 '가정'은 다르다. 육아는 가정뿐 아니라 돌봄 시설이나 교육 기관을 비롯해 다양한 사회 기구에서도 이루어지며, 또 그렇게 진행될 수 있도록 사회적 차원의 논의와 실천을 더 발전시켜야 할 일이다. 이를테면 클린턴은 "아이 한 명을 키우기 위해서는 마을 하나가 필요하다"라는 아프리카 속담을 자신의 책 제목에 활용하기도 했으며, 한국어판은 이 제목을 《집 밖에서 더 잘 크는 아이들》로 옮겼다.[21] 기성 정치인도 육아와 관련해서는 가정 밖으로 시야를 넓히자고 주장하는데, 학자가 육아를 "가정"이라는 단어로 포장하여 한정하는 것은 구시대적이다. 부모, 주로는 어머니가 육아에 큰 책임을 지고 헌신하는 경우가 여전히 많지만 모두가 그런 것은 아니며, 또 그것이 당연하거나 이상적인 것도 아니다. 작금의 육아 상황을 분석하고 대안을 모색하기 위해서는 정확한 단어 사용이 필요하다.

탐욕스러운 일과 공평성

이 책은 승승장구하던 엘리트 대졸 여성이 봉착한 난관에 대한 이야기이기도 하다. 여성은 여전히 남성의 뒷바라지를 하고 있으니, "본질적으로 1950년대와 달라지지 않았다"는 이야기다.(301쪽) 골딘에 따르면, 그 가장 큰 원인은 고소득 전문직 직종 내의 성별 소득 격차다. 미국에서 전반적인 성별 소득 격차는 1980년대를 거치면서 크게 줄어든다. 남성 대비 여성 소득 중앙값 비율이 1980년에 약 60%였는데, 1990년에 가면 거의 70%에 이르게 된다. 그런데 1990년대 이후 대졸 노동자는 다른 길을 갔다. 전체 여성 소득은 2020년 남성의 83%까지 성장하지만, 대졸 여성의 경우는 대졸 남성의 70% 내외에서 30년 가까이 정체하고 있다.(264쪽 그림 8.1)

이는 전문직 여성이 좀 더 유연하게 시간을 조절해 일할 수 있지

21

Hillary Rodham Clinton, *It Takes a Village: And Other Lessons Children Teach Us* (Simon & Schuster, 1996); 힐러리 로댐 클린턴, 《집 밖에서 더 잘 크는 아이들》, 이수정 옮김(디자인하우스, 1996).

만 보상은 낮은 트랙을 선택하고, 남성은 장시간 일하는 대신 소득이 훨씬 높은 '탐욕스러운 일'을 선택하는 경향 때문이다. 장시간 일하는 노동자에게 소득을 몰아주는 이런 구조 때문에, 로스쿨 졸업 후 15년 시점이면 주당 60시간 일하는 변호사가 30시간 일하는 변호사보다 두 배를 버는 것이 아니라 평균 2.5배 이상을 번다.(297쪽) 이는 법조계의 현상만은 아니다. 골딘에 따르면, "많은 커리어에서 일이 너무나 탐욕스럽다".(23쪽) 그렇다 보니 "MBA를 갓 취득하고 첫 직장을 잡았을 때 여성은 남성 소득 1달러당 95센트를 벌"지만, 13년 시점이 되면 여성의 상대 임금은 64센트로 떨어진다.(1990-2006년 시카고 부스 경영대학원 졸업자 조사, 269쪽) 그런데 아이가 없는 경우를 보면 여성 소득이 남성 1달러당 90센트이다. 따라서, "이 격차는 대체로 아이를 낳을 때 생긴다".(270쪽) 이런 양상은 다른 전문직도 비슷해서, 여성 의사의 임금 비율은 남성의 67%이고(345쪽), "오늘날 여성 변호사 소득 중앙값은 남성 1달러당 78센트 정도"다.(292쪽)

그러나 성별 소득 격차가 크게 줄어든 직업도 있는데, 약사가 그렇다. 오늘날 여성 약사의 임금 중앙값은 남성의 94%다.(313쪽) 1965년 여성 약사의 소득은 남성 약사 1달러당 67센트였다.(309쪽) 이렇게 크게 변한 것은 약국이 "기업화"되었기 때문이다. 1965년에는 약사 중 75%가 독립 약국에서 일했지만(308쪽), 오늘날에는 12%에 불과하고 나머지 대부분은 전국 체인 약국에서 일한다.(312쪽) 소득도 높은 편으로, "직종별 여성 소득 중앙값에서 약사의 소득이 5위"(여성 변호사는 7위)다.(307쪽) 약사는 대부분 기업에 고용되어 일하고 시간당 보수가 거의 비슷하며, 전산 업무의 발전으로 서로가 완벽하게 대체해줄 수 있다. 장시간 노동을 한다고 해서 시간당 임금이 올라가지도 않으며, 소득은 일하는 시간에 비례해서만 증가한다. 동료끼리 대체해 줄 수 있기 때문에 업무 유연성이 높다 보니, 여성 약사는 아이가 생겨도 오래 일을 쉬지 않는다. 그런데 이런 변화는 여성이 주도한 것도 아니고, 여성을 배려해서 생긴 것도 아니다. 기업화, 약의 표준화, 정보 기술의 사용을 통해 생겨났다. 그렇다고 해서 다른 직종도 "기업화"되어야 한다는 것이 이 사례의 교훈은 아닐 것이다. 약사 사례에서 주목할 것은 과정보다는 결과다.

약사 사례를 통해 배워야 할 중요한 내용은, 같은 직종 내에서 경쟁보다는 서로 보완해줄 수 있는 협업 구조를 구축하여 직원들이 시간을 유연하게 쓸 수 있도록 하는 구조 개선이 필요하다는 점이다. 그래야 육아를 하면서도 노동 시간을 크게 줄이지 않을 수 있고, 노동 시간을 줄여도 소득이 그만큼만 줄게 만들어, 성별 소득 격차를 줄이고 평등으로 가는 길이 된다는 것이다. 이 책의 한국어 부제는 '평등을 향한 여성들의 기나긴 여정'인데, 원제에 쓰인 표현은 '평등equality'이 아닌 '공평성equity'이다. 사전적으로 보면 평등은 기회, 권리, 자원 등이 차별 없이 고루 분배된다는 의미이고, 공평은 어느 한쪽에 치우치지 않는다는 뜻이다. 이 책에서는 두 단어의 밀접한 연관성에 주목하여, "성 평등과 공평성은 동전의 양면", 즉 붙어 있고 연동되어 있다고 본다.(336쪽) 여기서 "공평성"은 부부가 "시간을 공평하게 분담하는 것"(247쪽), 즉 직장일과 육아에 시간을 공평하게 나누는 것을 의미한다.

그런데 저자에 따르면, 지금의 탐욕스러운 일 구조에서 부부가 공평하려고 한다면 상당한 금전적 손실이 따른다. 아이가 있는 경우 두 사람 모두 탐욕스러운 일을 선택할 수는 없기 때문이다. 육아의 일정 부분을 외부에 맡긴다고 해도 밤늦도록 혹은 주말까지 맡길 수는 없다. 두 사람 모두 유연하게 일하는 트랙을 선택한다면 소득도 비슷하고 육아도 공평하게 분담할 수 있겠지만, 큰 경제적 손실을 감수해야 한다. 기업 CEO 출신의 어느 인사는 요즘 젊은이들이 "10만 달러를 준대도 가정을 포기할 의향이 없고, 회사 밖의 일을 포기할 의향이 없다"라고 엄살을 부리지만, 이에 대해 골딘은 현실과는 다른 발언이라고 평한다. "불행히도 그들은 포기할 의향이 있다. 부부간 공평성을 위해 치러야 하는 비용은 너무 크다".(355쪽) 결국 육아를 하는 호모 에코노미쿠스라면 부부 중 한 사람은 탐욕스러운 일을, 다른 한 사람은 시간을 유연하게 쓸 수 있는 일을 선택하게 된다. 이에 따라 두 사람 사이에 소득 불평등이 생기고, 가정에서는 양육 불공평이 생긴다. 이런 상황에서는 관습에 따라 여성이 육아에서 큰 부담을 지는 경우가 많으니, 결국 탐욕스러운 노동 구조가 남녀 불평등을 온존시키는 요인이 된다는 주장이다.

그런데 탐욕스러운 노동 구조 문제는 비단 전문직 종사자들의 육아와 부부 공평성 문제만은 아니다. 골딘은 "맨 꼭대기에 있는 사람들이 [...] 압도적으로 많은 몫을 가져"가는 구조에서 "돌봄의 책임이 있는 여성들은 탐욕스러운 노동에 보조를 맞추는 데서 계속 고전"하고 있다고 했다.(367쪽) 그런데, 여기서 고전하는 이들은 그 꼭대기에 있는 사람들의 배우자만은 아닐 것이다. 직장 일에 전념하며 장시간 임노동을 하는 것은 이를 자의에 따라 선택할 여지가 있고 높은 소득으로나마 보상받는 전문직에서보다, 생존 차원에서 수용할 수밖에 없는 저소득층에서 더 치명적이고 피폐한 결과를 양산할 수 있다. 특히 노동 시간이 긴 한국 사회에서는 부부 중 한 명이 고소득자가 아니어도 육아를 둘러싼 불공평성을 광범하게 볼 수 있다. 한국에서 부부가 모두 전일제 직장 생활을 하면서 육아를 하는 것은 친지의 지원 등 특별한 조건이 없는 한 쉽지 않다. 친지의 도움이 없는 경우라면 소득이 조금이라도 높아질 가능성이 있는 쪽이 임노동에, 반대쪽이 육아에 더 주력하게 되고 부부 사이의 공평성이 무너지게 된다는 이 책의 주장은 한국의 이런 상황에도 적용 가능한 것으로 보인다(현실에서는 여성이 남성보다 소득이 높더라도 육아를 더 많이 책임지는 경우가 다반사지만, 그런 점까지 이 책이 고려하지는 않으니 여기서도 일단 이 문제는 제쳐두자).[22] 골딘에 따르면, 부부의 소득 격차가 클수록 전반적으로 육아 불공평은 커지게 된다. 그렇다면 동일 직종 내에서의 성별 소득 격차가 줄어들더라도 부부 사이에서 소득 불평등이 계속 크게 남는다면 육아 불공평은 계속 온존할 가능성이 높다. 결혼을 한 직종 내에서만 하는 것은 아니기 때문이다. 따라서 한 직종 내에서만이 아니라 사회 전반에서도 불평등이 완화되어야 부부 사이의 불공평도 개선된다는 논리가 나오게 된다. 그러나 골딘은 자신의 연구 결론이 갖는 이런 함의에 대해서는 언급하지 않는다. 탐욕스러운 일 구조를 개선하고자 한다면 이를 조장해 온 자본주의적 경쟁 구조, 그리고 이런 구조가 전문직 내에서만이 아니라 사회 전반에서 어떤 문제를 야기하고 있는지도 짚어주어야 한다. 그래야 문제의 극복을 위한 논의가 더 풍부하고 구체적으로 전개될 수 있기 때문이다. 이 책이 널리 홍보되기는 했지만, 그에 비해 이 책의 논지가 사회적 논제로 크게 부각되지 않은 것에는 이런 한정된 서술 방식도 한 몫을 하고 있다고 생각한다.

마거릿 리드의 바통

모든 책은 자서전이라는 말도 있지만, 이 책은 특히 자서전 같은 면모

22
소득과 가사 노동 사이의 간단치 않은 관계에 대해서는 알리 러셀 혹실드, 《돈 잘 버는 여자 밥 잘 하는 남자: 맞벌이 부부의 가사분담 이야기》, 백영미 옮김(아침이슬, 2001), 302 참조.

가 있다. 읽고 나면 저자가 어떤 가정에서 성장했고 학문적으로 어떤 영향을 받았는지, 지금의 생활은 어떠한지가 조금은 그려지기 때문이다.[23] 그 중 경제학자 마가릿 리드Margaret Reid, 1904-1990와 관련된 언급은 특히 흥미롭다. 골딘은 시카고 대학교 박사 과정생이던 1971년에 "커다란 상자를 들고 컴퓨터 센터로 걸어가는 은발의" 리드를 종종 본 적이 있다.(81쪽) 당시는 그저 "특이한 분"이라고 생각했고(86쪽), 그런 모습을 보며 여성도 남성과 똑같이 "연구에 헌신과 열정을 가질 수 있다는 것"을 실감하기도 했다.(106쪽) 그러나 그때는 리드가 "얼마나 시대를 앞서간 사고를 했는지"는 알지 못했다.(86쪽) 이때는 겉모습만 보았지, 리드의 주장은 접하지 못했다는 말이다.

책 3장에서 골딘은 같은 시기에 활동한 두 경제학자 사이먼 쿠즈네츠Simon Kuznets[24]와 리드를 비교한다. 골딘에 따르면, 쿠즈네츠는 1930년대 초에 미 의회 보고서를 작성하며 "가내에서 무보수로 생산을 하고 돌봄을 제공하는 사람들의 노동을 공식 통계에 포함시킬지를 두고 굉장히 많이 고민"했지만, "결국에는 포함시키지 않기로 했다".(85쪽) 이에 비해 "리드는 가내 노동이 포함되어야 한다"고 주장하며(85쪽), "여성의 노동에 대해, 돌봄 노동 및 가내 노동이 전체 경제의 소득에 기여하는 바"를 중시했던 학자이다.(86쪽) 리드는 쿠즈네츠의 보고서 발표와 비슷한 시기인 1934년에 박사 학위 논문을 《가내 생산의 경제학*Economics of Household Production*》이라는 제목의 책으로 출간했는데, 이는 "무보수 가사 노동의 가치를 추정"하여 그 생산성을 사회적으로 인정받도록 하려는 선구적 연구였다.(83쪽)

골딘은 리드를 "유령 같은 존재"라고 칭하면서, "과거를 상기시켜주는 존재이자, 미래의 희망을 보여주는 존재"라고까지 의미를 부여한다.(106쪽) 찰스 디킨스Charles Dickens의 소설 《크리스마스 캐럴》에서 작중 인물 스크루지에게 과거와 현재와 미래를 보는 눈을 밝혀준 유령들

23
그러나 아쉽게도 이 책의 주요 논지인 탐욕스러운 일 구조가 골딘이 수십 년간 몸담았던 교수 세계에서 어떻게 작동하는지에 대해서는 거의 언급하지 않는다.

24
쿠즈네츠는 "국민총생산GNP, 국내총생산GDP, 실업률"과 같은 개념들을 정립하는 데 공로를 세우고, 이런 업적에 힘입어 1971년 노벨 경제학상을 받은 인물이다. 골딘이 자신의 '학문적 할아버지'로 여기는, 지도교수의 지도교수이기도 하다.(83-84쪽)

같은 존재라는 말일까? 골딘은 가내 무보수 노동을 공식 통계에 포함하지 않기로 한 쿠즈네츠의 학통을 이어온 학자이지만, 책 말미에서는 "돌봄 영역이 경제 영역에 얼마나 중요한지 잘 알고 있었던" 리드의 바통에 "더 주의를 기울여야 한다"고 말한다.(386쪽) 골딘은 책 본문에서는 가사 노동이나 돌봄에 대해 거의 언급하지 않지만, 이 책의 첫 문단과(9쪽) 마지막 문단(386쪽)에서는 "돌봄"의 중요성을 강조한다. 그러니 구성으로만 보면 "돌봄"에서 시작해 "돌봄"으로 끝나는 책이다. 이 책의 주제 중 하나인 공평한 삶을 위해서는 육아의 가치를 남녀 모두 인식하고 함께 하는 것이 필수적이기 때문에, "돌봄"의 강조는 당연한 일이기도 하다. 에필로그에서 골딘은 "돌봄 영역과 경제 영역은 명백하게 상호의존적"이라고 하면서(378쪽), 육아를 비롯한 가사 노동의 생산적 성격을 강조한다.

가사 노동의 생산성과 가치를 인정하는 것은 고소득 전문직 여성에게도 중요한 문제다. 이 책에서 보여주었듯, 그들도 육아로 인한 경력 단절과 상당한 소득 감소를 감수하면서 육아를 감당하고 있다. 그렇다면, 그 가치 인정은 어디에서부터 시작되어야 하는가? 육아를 비롯한 돌봄과 가사를 보는 시선의 전환이 필요하다. 우리의 삶을 구체적으로 들여다보면, 주부와 직업인이 꼭 이분되는 것은 아니다. 엄밀히 말하면, 자신의 식생활과 의생활, 주거 환경을 스스로 챙기는 성인은 성별이나 결혼 상태와 무관하게 모두 주부이기도 하다. 흔히 직업인과 전업 주부를 일하는 사람과 일하지 않는 사람으로 부르곤 하는데, 이는 육아를 비롯한 가사를 일로 여기지 않으며 가사를 맡는 존재를 경시하는 관습이자 통념이다. 가사의 가치 인정은 그 일을 주로 담당해 온 여성 전반의 지위 향상을 위해서도, 여성 스스로가 자신의 수고에 자부심을 갖기 위해서도, 또한 여성이 많이 종사하는 서비스업, 마치 가사의 연장선처럼 여겨져 그 가치를 제대로 인정받지 못하는 여러 서비스업의 가치를 높이기 위해서도 중요하다. 그리고 여성뿐 아니라 모두가 자신의 생활을 꾸리는 일에 가치를 부여하며 삶을 더 풍요롭게 가꾸기 위해서도 필요하고, 사회 구성원이 생존하고 성장할 수 있도록 돌봐주는 이들에게 마땅한 경의와 사례를 표하기 위해서도 필요하다.

골딘은 집단4의 일부가 고소득 전문직에 진출하면서 여성의 정체성과 행복의 공식을 바꾸어왔지만, 아직 과제로 남아 있는 부부간 공평성과 평등에 도달하기 위해서는 이제 돌봄도 중시해야 한다고 덧붙인다. 이는 육아를 비롯한 돌봄에서도 삶의 의미와 보람을 찾을 수 있는 환경을 만들어야 한다는 말이기도 하다. 이 환경은 지금까지와 같은 불공평한 성별 분업이 있는 가정으로 회귀하는 식이 아니라, 가정을 넘어 좀 더 큰 차원에서 새로 찾아내야 할 것이다. 돌봄을 비롯한 무보수 가사 노동의 중요성은 적지 않게 제기되어 왔다.[25] 그러나 미국의 대표적인 경제학자 중 한 명인 골딘이 이런 주장을 꺼낸다면, 그 가치를 사회경제적으로 어떻게 추산하고 인정할 것인지에 대해 한 발이라도 더 진전된 논의가 나오리라고 기대하게 된다. 하지만 이 책은 그저 중요하다는 선언에만 머물러 있다. 골딘은 리드가 전해준 바통을 주목하지만, 아직 집어들지는 못한다.

나오며: 한국의 조용한 혁명?

한국에서도 지난 한 세대 동안 여성의 고소득 전문직 진출이 상당히 증가했는데, 그렇다면 우리 사회에서도 "조용한 혁명"이 일어났는가 하는 의문이 들었다. 우선 한국의 여성 대학 진학률을 보면 1990년까지는 30% 내외였다가 이후 급속히 증가하여 2000년에는 약 60%, 2009년에는 약 80%까지 올라갔다. 2005년 이후로는 남성을 앞지르기 시작해 지금까지 계속 높게 유지되고 있다.[26] 미국에서 여성 대학 졸업자 수가 남성보다 많아진 것은 1980년 무렵이었다.(72쪽) 그런데, 미국은 전체 인구 중 대학 졸업자 비율이 한국보다 훨씬 낮다. 골딘에 따르면, 2020년 25세 여성 중 45%가, 남성은 36%가 4년제 대학을 졸업했거나 혹은 졸업 예정이다.(17쪽) 그러니 대학 졸업자가 갖는 경제적, 사회적 기회가 미국과 한국에서 다르다고 할 수 있다.

전문직 진출을 살펴보면, 한국에서 의사 중 여성의 비율은 1980년 약 14%에서 2018년 약 26%로 증가했다. 같은 기간 치과 의사는 약 11%

25
몇 가지만 소개하면 다음과 같다. Nancy Fraser, "Contradictions of Capital and Care," *New Left Review* 100 (July-August 2016): 99-117; 마리아 미즈, 《가부장제와 자본주의: 여성, 자연, 식민지와 세계적 규모의 자본축적》, 최재인 옮김(갈무리, 2014); 더 케어 컬렉티브 지음, 《돌봄 선언: 상호의존의 정치학》, 정소영 옮김(니케북스, 2021).

26
홍태희, 《여성과 경제: 한국에서 여성 호모에코노미쿠스로 살기》(박영사, 2020), 63 그림 3-2.

에서 약 27%로, 한의사는 약 3%에서 약 22%로 증가했다.[27] 여성 법조인 비율은 2005년 약 7%에서 2017년 약 29%로 증가했다. 세부적으로 보면 같은 기간 판사는 약 11%에서 약 30%로, 검사는 약 7%에서 약 30%로, 변호사는 약 6%에서 28%로 증가했다.[28] 미국에서 골딘이 말한 "조용한 혁명"이 일어난 것은 1974년에서 2000년 사이라고 할 수 있는데, 이 기간 미국 내 의학 대학원 여성 졸업자는 10%에서 42% 가까이로, 법학 대학원 여성 졸업자는 10%에서 45% 가까이로 절반에 가깝게 증가했다.(213쪽 그림 6.3) 이렇게 두 나라를 비교해 보면, 한국에서도 지난 한 세대 동안 여성 의사와 여성 법조인이 크게 증가하긴 했지만 미국처럼 "혁명"이라고 할 정도의 수준에는 아직 미치지 못했음을 알 수 있다.

골딘은 미국의 사례를 토대로 성별 임금 격차에서 고소득 일자리에 남성이 많고 저소득 일자리에 여성이 많은 직종 간의 성별 격차나 이로 인한 소득 격차보다도 직종 내 소득 격차가 심각하고, 여성이 육아로 인해 직장에서 충분한 시간을 일하지 못하는 문제가 심각하다고 지적한다. 그러나 한국의 상황은 다소 달라 보인다. 김창환과 오병돈의 20대 대졸자 소득 분석에 따르면, "혼인과 출산으로 인한 여성의 경력 단절과 성별 경력 차이가 발생하기 이전"에, 즉 "대학 졸업 후 초기 2년 이내 노동 시장에서 여성의 소득은 남성보다 19.8% 작다". 그러니 "여성 불이익의 원인은 여성 차별에 근거한 불평등한 노동 시장 할당 기제"라고 주장한다.[29] 결혼 이전에 경제 활동 초입 단계에서부터 이미 성별 격차가 꽤 크게 벌어진다는 분석이다.[30] 미국 고소득 전문직의 양상과는 사뭇 다르다. 골딘의 통찰에서 우리가 많은 시사점을 얻을 수 있기는 하지만,

---

27

신경철, ""여성 치의 비율 27.3% 약사 다음으로 높다"", 《치의신보》, 2019년 7월 16일, https://www.dailydental.co.kr/news/article.html?no=106903.

28

홍태희, 《여성과 경제》, 239.

29

김창환·오병돈, 〈경력단절 이전 여성은 차별받지 않는가: 대졸 20대 청년층의 졸업 직후 성별 소득격차 분석〉, 《한국사회학》 53집 1호(2019): 167.

30

이와 관련해서는 다음 기사도 참조할 만하다. "2019~2022년 공공기관 면접·채용 성비데이터", 《경향신문》, 2023년 2월 23일, https://www.khan.co.kr/kh_storytelling/2023/gendergap/view_1.html.

한국에서의 불평등과 불공평 문제를 풀어가기 위해서는 새로운 연구와 접근법이 필요하다. +

김종일·김민주·류선우. "[교수性比 불균형①] 단독-'강사' 女 많고, '정교수' 男 압도적". 《시사저널》. 2019년 1월 23일. https://www.sisajournal.com/news/articleView.html?idxno=180439.

김진희. 《페미니즘의 방아쇠를 당기다: 베티 프리단과 《여성의 신비》의 사회사》. 푸른역사, 2018.

김창환·오병돈. 〈경력단절 이전 여성은 차별받지 않는가: 대졸 20대 청년층의 졸업 직후 성별 소득격차 분석〉. 《한국사회학》 53집 1호(2019): 167-204.

신경철. ""여성 치의 비율 27.3% 약사 다음으로 높다"". 《치의신보》. 2019년 7월 16일. https://www.dailydental.co.kr/news/article.html?no=106903.

정서경 외. 《돌봄과 작업: 나를 잃지 않고 엄마가 되려는 여자들》. 돌고래, 2022.

최재인. 〈로웰 여공 1세대: 자유와 독립의 경험〉. 노서경·최재인 외. 《19세기 허스토리: 생존자의 노래, 개척자의 지도》. 마농지, 2022.

홍태희. 《여성과 경제: 한국에서 여성 호모에코노미쿠스로 살기》. 박영사, 2020.

희정. "위로금 준다는데 콜센터 상담원이 왜 안 나가고 버티냐고?". 《일다》. 2023년 1월 20일. https://www.ildaro.com/9540.

"2019~2022년 공공기관 면접·채용 성비 데이터". 《경향신문》. 2023년 2월 23일. https://www.khan.co.kr/kh_storytelling/2023/gendergap/view_1.html.

Berdahl, J. L., M. Cooper, P. Glick, R. W. Livingston, and J. C. Williams. "Work as a Masculinity Contest." *Journal of Social Issues* 74 (2018): 422-448.

Cha, Youngjoo. "Reinforcing Separate Spheres: The Effect of Spousal Overwork on Men's and Women's Employment in Dual-Earner Households." *American Sociological Review* 75 no.2 (2010): 303-329.

Cha, Youngjoo, and Kim A. Weeden. "Overwork and the Slow Convergence in the Gender Gap in Wages." *American Sociological Review* 79 no. 3 (2014): 457-484.

Clinton, Hillary Rodham. *It Takes a Village: And Other Lessons Children Teach Us*. Simon & Schuster, 1996 [힐러리 로댐 클린턴. 《집 밖에서 더 잘 크는 아이들》. 이수정 옮김. 디자인하우스, 1996].

프리단, 베티. 《여성성의 신화》. 김현우 옮김. 갈라파고스, 2018.

Fraser, Nancy. "Contradictions of Capital and Care." *New Left Review* 100 (July-August 2016): 99-117.

고드시, 크리스틴 R. 《왜 여성은 사회주의사회에서 더 나은 섹스를 하는가: 그리고 경제적 독립에 대한 논의들》. 김희연 옮김. 이학사, 2021.

혹실드, 알리 러셀. 《돈 잘 버는 여자 밥 잘 하는 남자: 맞벌이 부부의 가사분담 이야기》. 백영미 옮김. 아침이슬, 2001.

Horowitz, Daniel. *Betty Friedan and the Making of the Feminine Mystique: The American Left, the Cold War, and Modern Feminism*. University of Massachusetts Press, 1998.

미즈, 마리아. 《가부장제와 자본주의: 여성, 자연, 식민지와 세계적 규모의 자본축적》. 최재인 옮김. 갈무리, 2014.

Miller, Claire Cain. "Work in America Is Greedy. But It Doesn't Have To Be." *New York Times*. May 15, 2019.

_____. "Women Did Everything Right. Then Work Got 'Greedy.'." *New York Times*. April 26, 2019.

피터슨, 앤 헬렌. 《요즘 애들: 최고 학력을 쌓고 제일 많이 일하지만 가장 적게 버는 세대》. 박다솜 옮김. 알에이치코리아, 2021.

Risse, Leonora. "Review." *Economic Record* 98 (2022): 411-415.

Rubin, Lillian B. *Families on the Fault Line: America's Working Class Speaks about the Family, the Economy, Race, and Ethnicity*. Harper Collins, 1994.

더 케어 컬렉티브.《돌봄 선언: 상호의존의 정치학》. 정소영 옮김. 니케북스, 2021.

"Bio for Claudia Goldin." Harvard University. accessed March 27, 2023. https://scholar.harvard.edu/goldin/biocv.

"The Kitchen Debate." Women and the American Story. accessed March 4, 2023. https://wams.nyhistory.org/growth-and-turmoil/cold-war-beginnings/the-kitchen-debate/.

최재인

미국사 연구자. 인종과 여성에 특히 관심을 갖고 있다. 공저로 《19세기 허스토리》, 《서양 여성들, 근대를 달리다》, 《서양사강좌》, 《평화를 만든 사람들》, 《다민족 다인종 국가의 역사인식》, 《여성의 삶과 문화》 등이 있다. 《유럽의 자본주의: 자생적 발전인가, 종속적 발전인가》, 《아름다운 외출: 페미니즘, 그 상상과 실천의 역사》, 《가부장제와 자본주의: 여성, 자연, 식민지와 세계적 규모의 자본축적》, 《세계사 공부의 기초: 역사가처럼 생각하기》, 《나는 일본군 성노예였다: 네덜란드 여성이 증언하는 일본군 위안소》 등의 책을 우리말로 옮겼다.

김성재

페르낭 들리니, 혹은 이해 불가능성의 윤리

페르낭 들리니Fernand Deligny, 《전집*Œuvres*》, éd. Alvarez de Toledo (L'Arachnéen, 2017)

FERNAND œuvres DELIGNY

종種의 여명에 비추는 밝은 빛으로
거슬러 올라가는remonter dans la clarté à l'aube de l'espèce
— 페르낭 들리니, 〈우리와 순진한 아이Nous et l'innocent〉

들어가며

조각가 오귀스트 로댕Auguste Rodin을 보좌하며 한 시절을 보낸 시인 라이너 마리아 릴케Rainer Maria Rilke는 로댕의 명성이 사실 숱한 오해에 지나지 않으며, 따라서 역설적이게도 그는 명성을 얻으면서 오히려 그 전보다 더 이해 받지 못하게 되었다고 말한 적이 있다.[1] 이처럼 우리가 타인을 대할 때, 혹은 자기 자신을 대할 때 생기는 이해와 오해는 간명하게 규정되지도, 쉽게 구분되지도 않는다. 이는 비단 예술의 영역뿐만 아니라, 우리 삶에서 한순간도 뗄 수 없는 언어라는 평범하고도 신묘한 영역에서도 그러하다. 예를 들어 언어의 사전적 정의는 효율적인 명료성의 정신을 추구하고, 언어를 사용법이 이미 정해진 도구와도 같은 것으로 간주한다. 나아가 이에 기반한 원활한 의사소통을 기대하게 하고, 이해와 오해가 분명하게 구분될 수 있으리라는 희망을 주기도 한다. 그러나 언어에 대한 이러한 도구적 접근 내지는 효율주의적 접근은 언어를 효율성의 가치만으로 환원시켜 언어가 문화 현상으로서 품고 있는 무궁무진함을 축소시키는 한계가 있다.

반면 언어 공동체 일원 각각의 머릿속에서 그 뜻이 완제품처럼 전부 결정된 언어와는 달리, 시적인 언어는 그때그때마다 한편으로는 뜻을 직조하고, 다른 한편으로는 흩어지는 뜻의 결을 놓치기도 하면서 끊임없이 흘러간다. 시적인 언어는 정동affect의 층위와 이성의 층위를 역동적으로 아우르면서, 뜻이 만들어지고 흩어지는 흐름 속에서 살아 움직인다. 이때, 말하는 이는 시적 언어가 내뱉어지는 고유한 순간마다 드러나는 갖가지 소리, 색깔, 나아가 모든 감각에 자신을 온전히 내맡긴다. 그가 일종의 내적 합의에 따라 결정한, 바로 그것이어야만 하는 그 한마디에 귀를 기울이는 순간, 그는 스스로도 몰랐던 자기 자신을 새로

1
"명성이 있기 전에 로댕은 혼자였다. 명성이 생기고 나서도 어쩌면 그는 더욱 외로웠을 것이다. 왜냐하면 명성이라는 것은 사실 하나의 이름을 에워싼 숱한 오해들에 지나지 않기 때문이다." Rainer Maria Rilke, *Rodin*, trad. Marie Cornebize et Laurent Chevallier (Editions Autour de Rilke, 1999), 25.

이 알아가기도 한다. 이처럼 시인의 언어로 말하는 이는 자신을 어렴풋하게 부르는 듯한 희미한 뜻의 목소리에 귀를 기울이며, 그러한 말하기와 귀 기울이기의 상호 창발적 역동성 안에서 스스로를 늘 새롭게 발견해 나간다. 그렇기에 시적인 언어의 터 안에서는 말하는 이가 곧 귀 기울이는 이이며, 귀 기울이는 이가 곧 말을 부르는 이이다.

이쯤에서, 문화 현상에 대한 효율주의적 접근의 한계를 드러내는 구체적인 예시 하나를 간략하게 검토해 보자. 에른스트 카시러Ernst Cassirer의 상징 형식 철학에 영향을 받아 농경 문화의 기원을 연구한 고고학자 자크 코뱅Jacques Cauvin은 인류가 단기간에 즉각적인 결과물을 추구하는 사냥 문화로부터 경작에서 추수까지 긴 수고를 거치는 농경 문화로 나아간 점에 주목한다. 그는 이러한 변화가 결코 효율성의 가치에만 기반하여 발생하지는 않았을 것이라 주장한다.[2] 코뱅은 고고학적, 인류학적 근거를 토대로 하여 신전, 신화적 존재로서 대지의 여신, 신과 인간의 구분, 남성과 여성의 구분 등이 신석기 시대 초기에 농경 문화보다 오히려 앞서 등장했다는 점에 주목한다. 그가 보기에 이는 인류가 세상을 바라보는 새로운 관점, 구체적으로는 '생산 현상 그 자체'를 직관하는 관점이 탄생한 흔적들이다. 코뱅의 입장에서 비유적으로 표현하자면, 이러한 눈이 있어야만 인류는 비로소 씨앗으로부터 성장과 변화를 볼 수 있게 된다. 달리 말해 제아무리 자연의 순리가 씨앗과 열매의 영원한 순환을 보장하더라도, 애초에 인류가, 혹은 최초의 누군가가 열매와 씨앗을, 씨앗과 열매를 잇는 어렴풋한 직관 내지는 상상력을 발휘하지 못했더라면, 즉 그 관계를 보는 눈이 없었더라면 인류는 결코 농사라는 활동 자체를 구상할 수 없었을 것이다. 어떤 행위의 결과가 즉각적으로 드러나는지만을 기준으로 한다면 농사는 사냥에 비해 결코 효율적이지 않을 뿐 아니라, 그 자체로도 효율성과는 거리가 멀다. 하지만 '생산'의 직관 혹은 상상력을 통해 자연과 더불어 사는 새로운 방식을 터득한 농경 문화의 인류는, 즉각적이고 도구적인 효율성 너머 다른 종류의 효율성을 품은 새로운 의미 체계 안에서 삶을 꾸려 나가기 시작했다.

---

2 이에 대한 자세한 내용은 다음의 연구를 참고하기를 권한다. Jean Lassègue, "Note sur l'actualité de la notion de forme symbolique," *Methodos* 2 no. 2 (2002), http://journals.openedition.org/methodos/88.

20세기 프랑스의 교육자 페르낭 들리니Fernand Deligny, 1913-1996는 다양한 방식으로 방대한 양의 창작물을 남긴 인물로, 이를 연대기순으로 모은 《전집*Oeuvres*》[3]이 2007년 출간되었다. 이 책에 수록된 글에서 그는 단 한 번도 카시러나 코뱅을 언급하지 않지만, 흥미롭게도 이들이 공유하는 통찰, 곧 문화 현상에 대한 효율주의적 접근의 한계를 자기 나름의 관점으로 바라보고 있다. 들리니는 돌과 그 그림자를 예시로 들면서, 만약 돌이 놓인 광경을 마주한 누군가가 이 둘을 마치 해시계의 구성과도 같이 잇는 직관을 어렴풋하게라도 갖고 있지 않다면 돌 주위로 아주 조용하게, 그러나 분명하고도 비밀스럽게 움직이고 있는 그림자를 볼 수조차 없을 것이며, 그림자의 움직임 그 자체는 더더욱 볼 수 없을 것이라고 말한다.(680쪽)

들리니의 이런 시적인 감수성은 '교육자이자 시인'이라는 그의 명성과 무관하지 않다.(152쪽)[4] 그러나 그의 감수성은 이론을 통해 발달했다기보다는[5] 노동자 계급 및 비행, 특수 아동 등 사회적 약자에 속한 이들의 삶을 자신의 삶과 엮어 나간 평생의 헌신적인 노력 속에서 길러진 것으로 보인다. 일례로 들리니는 청년 시절에 쓴 자기비판적인 글에

3

편집자인 산드라 알바레스 데 톨레도Sandra Álvarez de Toledo가 밝히듯, 이 책은 들리니가 평생 남긴 주요 자료와 흔적을 모은 5부 모음집 형태를 띠며, 따라서 완전한 전집은 아니다. 들리니는 길고 짧은 소설, 콩트, 에세이, 짧은 경구, 우화, 시, 자전적 이야기, 기고문, 사설, 영화 등 각종 매체를 넘나들며 실험적이고 단발적인 창작물을 남겼는데, 톨레도는 이러한 자료들의 전체 맥락에 대한 이해를 돕기 위해 연대기적 구성을 선택했다고 밝힌다.(28쪽)

4

들리니는 실제로 산문뿐 아니라 운문 혹은 경구의 형태로 된 실험적인 글 또한 많이 남겼는데 이 책에도 그러한 글이 실려 있다. 짧은 경구 모음 "말썽꾸러기 씨앗Graine de crapule"(1945), 우화집 "아이들에게는 귀가 있다Les enfants ont des oreilles"(1949), 잡지 기고문 "Cahiers de la Fgéri"(1968), 동명의 영화 속 보이스오버 원고 "여기 요 놈Ce gamin-là"(1975) 등이다. 참고로 여기서 Fgéri는 1960년대 프랑스에서 짧지만 활발하게 활동한 '연구 모임 및 연구 기관 연합Fédération des groupes d'études et de recherches institutionnelles'의 줄임말이다. 들리니는 이 연합이 발행한 위 잡지의 창간호와 2호에 적극적으로 참여했다.

5

들리니가 스스로 쓴 자전적 이야기, 그리고 들리니의 삶의 배경과 맥락에 관한 편집자 톨레도의 설명 등에 공통적으로 드러나듯이, 들리니는 릴 대학교에 등록하여 심리학, 철학 수업을 수강했으나 큰 관심을 보이지 않았으며, 그 대신 지적, 문학적, 사상적 관심사를 공유한 보헤미안들과 프티 부르주아 모임을 구성해 어울렸다.(43-53, 1720쪽)

서 자신의 삶에 특권적인 면이 있다고 여겼음을 고백한다.(145-146쪽)[6] 예를 들어 들리니는 그가 릴 북서쪽 근교의 상대적으로 부유한 동네에 거주했다는 점, 비교적 좋은 교육 환경 속에서 관심사를 공유하는 벗들과 어울렸다는 점 등을[7] 자기 삶의 부르주아적인 면으로 여겼는데, 이런 생각은 그가 청년 시절에 무정부주의적, 공산주의적 사상에 잠시나마 심취했다는 점과 궤를 같이한다.[8] 심지어 들리니가 네 살 무렵이던 1917년에는 그의 아버지가 전쟁터에서 사망하는데, 이에 따라 남은 가족이 국가로부터 받은 지원 또한 들리니는 마냥 당연한 권리로만 받아들이지 않았다.

원래 기자 내지는 경찰을 꿈꾸었던 들리니는(224쪽)[9] 1936년 스물넷의 나이에 우연한 계기로 경범죄를 저지른 비행 아동 청소년들을 돌보는 기관에서 일하게 되며, 그 이후로 평생을 비행, 특수, 자폐 아동 청소년들과 더불어 살게 된다. 이 아이들의 형제이자 가족으로 지낸 그의 삶은 1966년 53세의 들리니가 장마리Jean-Marie, 혹은 더 친근하게 하이픈 없이 장마리Janmari라 부른 12세 자폐 아동과 만나는 사건을 기점으로 하여 길이가 비슷한 두 시절로 나누어볼 수 있다. 삶의 단계를 자의적으로 구분하는 일은 필연적으로 왜곡을 수반하지만, 이런 구분은 그

6
"나는 언제나 특권을 가진 것처럼 느끼며 살아왔다", "특권을 받은. 의심의 여지가 없다", "'프티 부르주아', 이 부족으로부터 떠나라!"와 같은 자기비판적 표현이 등장한다.

7
열다섯 살 무렵 들리니는 앙리 푸앵카레Henri Poincaré의 동료 수학자의 아들 프랑수아François와 우정을 가꾸기도 했는데, 이는 당시 들리니의 삶을 엿볼 수 있는 단서가 된다.(1736쪽)

8
들리니는 청년 시절 잠시 전단지 작성 및 배포 등 프랑스 공산당과 관련된 잡무를 보기도 하지만, 점차 정치적, 사상적 활동에 거리를 두게 된다. 이는 향후 68혁명 시기에 그가 펠릭스 가타리Félix Guattari의 권유에도 불구하고 정치에 참여하지 않는 이유가 되기도 한다. 들리니의 삶에서 정치적, 사상적 성향 및 그러한 성향을 공유한 벗들과의 우정이 시종일관 중요한 사건들의 배경과 계기가 되는 것은 사실이지만, 이는 글의 주제에서 벗어나므로 여기서 자세히 다루지는 않는다. 이에 대한 설명은 같은 책에 수록된 미셸 쇼비에르Michel Chauvière의 글 "Devenir Deligny (1938-1948)"를 참고하기를 권한다.(369-375쪽) 들리니가 68혁명을 언어의 권력을 내려놓지 못한 미완성의 시도로 평가한 내용은 1660쪽을 참고하기를 권한다.

9
친가 식구들은 생시르 사관학교에 진학하기를 권하지만, 들리니는 이를 뿌리치고 결국 릴 대학교에 진학한다.

의 삶을 큰 맥락에서 이해하는 데 도움을 줄 수 있다.

1936-1966: 사회 제도 내부로부터 변혁을 꿈꾼 시절

장마리를 만나기 전까지 대략 30여 년간 들리니는 비행, 특수, 자폐 아동 청소년에 대한 접근 및 인식, 그리고 교육 방식 등을 당시의 사회 구조 안에서부터 변화시키고자 했다. 예를 들어 그는 때로는 공립 기관의 운영진으로서, 때로는 앙리 왈롱Henri Wallon, 펠릭스 가타리Félix Guattari 등 공산주의적 혹은 무정부주의적 성향을 공유한 학자들 및 유스 호스텔 연합과 협업 관계를 구축해 대안 시설을 운영하기도 했다. 1948년 들리니는 왈롱의 조언에 따라 '위대한 동반대La Grande Cordée'라 이름 붙인 기관을 세우는데, 이는 대략 1962년 즈음까지 이어진다. 이 기관의 이름을 딴 이 책의 2부 전체는 이 시절 들리니의 삶을 다룬다.

이 시절 들리니는 이 아이들이 겪고 있는 문제가 근본적으로는 각각의 경우마다 개별적이고 고유하지만, 그렇다고 해서 오직 개인의 문제로만 환원되는 것은 아니라는 점에 특히 주목한다. 이론적 측면에서 들리니는 아동의 주변 환경이 지닌 영향력에 주목한 왈롱의 사상에 영감을 받아, 아이들 저마다의 성격과 인격이 모습을 갖춰 나가는 데에 가족과 사회가 핵심적인 역할을 한다고 보았다.[10] 따라서 들리니는 이 아이들을 진정으로 돕기 위해서는 이들이 저마다의 삶을 기초부터 가꾸어 나갈 수 있도록 자연스러운 생활 환경을 마련해 주어야 한다는 점을 거듭 강조한다. 이때 중요한 것은 아이들을 치료나 개선의 대상으로 여기지 않고[11] 이들에 대한 신뢰를 바탕으로 우리와 함께 어울려 살아가는

10

왈롱은 콜레주드프랑스 교수직을 맡는 등 당대를 대표하는 아동심리학자, 교육학자 중 하나로, 아동 교육에서 정동affect과 주변 환경milieu의 중요성을 강조했다.(591쪽) 들리니는 왈롱과 직접 교류하며 그의 이론과 조언에 실질적인 도움을 받았다. 왈롱의 교육 철학 및 이론의 배경, 그의 지성주의적 한계에 대한 모리스 메를로퐁티Maurice Merleau-Ponty의 비판, 그리고 그와 장 피아제Jean Piaget를 비교하는 미셸 푸코Michel Foucault의 설명은 174-175쪽, 384-387쪽 등에 자세히 설명되어 있다. 푸코는 피아제가 생물학적, 논리적 구조의 발달에 주목한 데 비해 왈롱은 정동과 환경에 주목했으며, 따라서 왈롱에게 마음이 모습을 갖추는 일은 우연한 진화가 아닌 능동적 창발성을 뜻했다고 논한다.

11

병이나 문제의 치료, 행동이나 삶의 개선 등 구체적인 목적을 가지고 아이들을 대하는 것은 그들의 삶을 인위적으로 재단하는 오류에 지나지 않는다는 들리니의 관점은 평생 변하지 않는다. 향후 장마리를 대하는 들리니의 태도에 대해 톨레도는 다음과 같이 말하기도 한다. "들리

족처럼 여기는 태도이다. 그는 당대의 전문가 집단이 아이들을 치료한답시고 사랑이라는 미명하에 온갖 통제와 제약, 그리고 그에 따른 처벌을 강요하는 폭력적인 구조를 비판하면서, '이 아이들을 사랑해 주는 것이 아니라, 이들에게 실제로 도움이 되자'는 정신으로 아이들 각자만의 내밀한 삶의 모습 하나하나를 끈질기고 세심하게 관찰한다. "이 아이들에게 우리가 바라는 것은 살아가는 법을 배우는 일이지, 죽어가는 법을 배우는 일이 아니다. 이들을 [실제로] 돕는 것이지, [말로만] 사랑하는 것이 아니다."(207쪽) 이에 그치지 않고 들리니는 실제로 이들과 어울려 지내면서 공동체를 함께 꾸려나가는 과정 또한 강조한다.

이러한 자연스러운 생활 환경을 만들기 위한 일환으로, 들리니는 기관의 교육자를 비전문가 및 노동 계급 출신 가운데 선발한다.[12] 나아가 이 환경은 실제 사회의 축소판처럼 구성되었기 때문에 상점 등의 시설이 있었고, 아이들은 화폐를 사용해 교환과 거래를 했다. 아이들이 "돈을 쓰는 모든 방식은 면밀하게 관찰되었다".(177쪽) 이를 통해 아이들은 경제적 행위를 가능하게 하는 사회적 신뢰와 같은 공동체의 추상적 가치에 대한 감각을 기르게 된다.

들리니는 왈롱의 이 생활 환경milieu이라는 개념을 구체적인 실천 속에서 자신만의 방식으로 평생 재해석하고 발전시켰다. '(우연한) 사태들circonstances', '망réseau', '(머리)망résille', '세상monde', 장소 대명사 '거기y'와 같은 용어들은 들리니의 글 이곳저곳에 자주 나타나는데, 넓게 보자면 이들은 모두 공동체적 삶 속 각각의 경험이 드러내는 고유한 의미를 강조하는 맥락에서 쓰인다. 즉 들리니가 보기에 이 아이들과 함께 지내는 데 가장 중요한 것은, 언어 이전의 층위에서 역동적으로 창발하는 의미를 더불어 사는 삶 안에서 함께 직조해 나가는 태도라는 점이다.[13] 개별적, 구체적인 삶의 여정을 통하지 않은 채 이미 만들어진 사전적 의미를 가져다 단어를 쓰듯이, 미리 정해진 목적이나 기획에 따라 교

니는 소위 말하는 '인간적인 관계' 및 치유적 관점을 배척한다. 장마리는 그저 우연히 그에게 맡겨졌을 뿐이다. 들리니는 정신과 의사도 아니고, 장마리를 고쳐주려는 어떤 의도도 없다(그리고 누구도 그에게 그런 부탁을 하지도 않았다)."(641쪽)

12

전문 교육자가 아닌 비전문가, 그리고 노동 계급 출신 사람들은 이 아이들이 겪어온, 혹은 향후 겪어나갈 일상 속에서 가장 자연스럽고 흔하게 마주치고 더불어 살아갈 이들이라는 점을 들리니는 강조한다.

육한다는 마음가짐으로 아이들을 대할 경우 이들은 결코 삶에 자연스럽게 녹아들 수 없다는 들리니의 관점은 '아이들과 함께 그저 같이 살기' 그 자체의 중요성을 강조한다.[14]

들리니의 1958년작 소설 〈아드리앵 롬Adrien Lomme〉은 친모마저 두 손을 든 발달 장애 아동들이 교육자와 만나 타인과 더불어 살아가는 방법을 익히는 이야기를 담았으며, 환경, 우정, 사랑, 정동, 신뢰와 불신, 관심과 소외 등의 문제에 주목한다. 이 작품은 아이들의 삶을 구체적이고 상세하게 그려내는데, 아이들이 무엇을 느끼는지를 명시적으로 드러내지는 않고 주로 환경과 배경을 통해 암시하는 우회적인 방식을 취한다. 교육자의 헌신적인 삶이 자그마한 순교와도 같은 순간들로 점철되어 있다고 쓰는 대목에서는 정동의 층위에서 생동하는 교육자의 마음이 어렴풋하게나마 느껴지기도 한다. "그[교육자]는 그 아이를 섬긴다. 마치 의례와도 같은 이 섬김은 동시에 자그마한 순교이다."(482쪽)

이처럼 아이와 교육자가 함께 직조해 나가는 삶의 구체적인 모습을 들리니가 정동의 층위에서부터 묘사할 수 있었던 배경으로는 우선 그가 완제품으로서의 언어를 일종의 눈속임, 나아가 폭력으로까지 여긴 점을 들 수 있다. 이는 "노력 없는 말parole gratuite", "다 만들어져 있는 말parole toute faite"(659쪽), "군림하는 말parole souveraine"(725쪽)과 같은 표현에서 두드러지게 나타난다. 일례로, 들리니가 비행 아동을 관찰하고 필요시 따로 분류해 관리하는 릴 지역의 공립 시설 COTCentre d'observation et de tirage의 초대 원장을 맡았던 때를 보자. 그는 이곳에 막 도착한 아이들을 맞이할 때 이들에게 말을 걸거나 질문을 하는 대신, 그림 및 만들기 재료가 가득한 방에 며칠간 머물게 한 뒤 아이들이 만든 것이라면 무엇이든 면밀하게 검토했다.[15] 그는 아이들이 최대한 자유롭게

13

"나는 묻는다. 망réseau이란 무엇을 뜻하는가? 나는 마치 자연의 돌을 대하듯 그것을 대한다. 그러나 당신들은 나에게서 그것을 가져가 학교, 대학, 지하철 등 정해진 용도를 위해 쓴다. 하지만 나는 그것에서 [떠도는] 영토 위 여러 사람의 여정이 얽힌 망을 본다."(772쪽)

14

밑에서 더 자세히 보겠지만, 들리니는 후에 장마리를 만나고 나서는 사회에서 떨어진 산속에서 장마리를 포함한 자폐 아동 및 동료 몇몇과 소규모 공동체를 이루며 살기에 이른다.

15

"아이가 그린 제아무리 보잘것없는 그림이라 할지라도 그것은 하나의 부름이다."(211쪽)

느끼고 표현할 수 있는 환경을 제공하고자 했으며, 이미 만들어진 언어는 그가 보기에 정동의 층위에서 창발하는 의미를 방해하기만 할 뿐이었다. 어린 시절 COT와 유사한 시설에서 생활하다가 퇴소 후에는 들리니와 교류하며 이 아이들을 돕기 위해 활동한 인물 에밀 코페르만Émile Copfermann은 이에 대해 이렇게 말하기도 한다. "1936년, 들리니는 지적 장애 아동과의 수업에서 그림 표현, 행동 알아맞히기 놀이, 알파벳 제스처 놀이, 다 같이 즉흥적으로 이야기 만들기 등을 시도한다. 이는 말에서 배제된 이 아이들에게 단어가 아닌 다른 말을 제공하는 일donner une parole을 의미했다."(217쪽)

또 다른 예로, 들리니는 '환자', '정신병자', '저능아', '문제아' 등 사회가 이 아이들에게 붙인 딱지에 강한 거부감을 느꼈으며, 당시의 프랑스 사회가 이들을 가리켜 무비판적으로 사용하던 언어 습관, 즉 만들어진 말이 내포하는 인위적, 피상적 태도의 한계와 문제점을 지적한다. 같은 맥락에서 들리니는 이 아동들을 자기만의 방식으로 "어려운 아동들enfants difficiles" 혹은 "정상적이지는 않은 전문가들enfants experts anormaux"이라 지칭한다.(210, 212, 369쪽) 그가 '전문가'라는 용어를 쓴 까닭은, 이 아이들이 자신만의 고유한 방식으로 세상을 살아가는 데 있어 그 나름의 전문성을 가지고 있다고 보았기 때문이다.[16] 들리니는 이 용어를 사용함으로써 아이들의 고유한 개성과 인격을 존중하는 동시에 정신과

들리니는 이처럼 가장 사소해 보이는, 어쩌면 아무 의미 없어 보이는 것들을 늘 유심히 바라보았다. 이런 태도는 이브Yves G.라는 아이의 삶을 그대로 촬영한 영화 〈가장 보잘것없는 몸짓Le moindre geste〉(1962-1971)에 그대로 드러난다. 이 영화는 1971년 칸 영화제 비평가 주간 부문에 초청되어 상영되기도 했다. 들리니의 이러한 관점은 향후 장마리와 함께 지낸 경험을 통해 더 넓어진다. 당시의 삶을 그려내면서 들리니가 사용한 "손짓하는 몸짓들chaque geste qui peut faire signe"(993쪽)이라는 표현으로부터 우리는 들리니가 사람의 지극히 일상적인 태도 그 자체로부터 의미의 창발과 역사성을 포착하려고 노력했음을 볼 수 있다. 물컵에 물을 따르는 간단한 몸짓조차 이미 그 사람의 가치 감각과 역사성의 흔적이라는 장 프랑수아 비유테Jean François Billeter의 생각과 같은 맥락에서, 들리니는 일상 속 아이들의 모든 몸짓을 그 아이와 삶을 엮어나갈 수 있는 계기로 품는다. Jean François Billeter, *Un paradigme* (Editions Allia, 2012).

16

일례로 들리니는 전쟁 중 폭격의 여파로 정신 병원에서 도망쳐 나온 아이들의 경우를 이야기한다. 사회에 적응하지 못하는 아이들이라는 편견과는 달리, 이 아이들은 시설에서 나온 뒤로 마치 저절로 치유된 듯이 사회에 녹아들어 공동체 내에서 자신의 역할을 수행하며 문제없이 생활하기도 한다. 이런 경험을 계기로 들리니는 규제와 제약에 기반한 통제의 방식 대신, 자유로운 환경 속에서 아이들이 직접 공동체적 삶을 가꾸도록 이끄는 방식의 실효성을 재확인한다.(370쪽)

의사, 심리학자, 정신분석학자, 교육 정책가, 기관 및 시설 운영진 등 소위 전문가 집단이 지닌 '전문성'이 허구적인 것임을 비판한다.

기존 사회 제도 내부에서 시작한 들리니의 실험이 지닌 혁신성은 그가 향후 전문가 집단의 적대적인 눈총을 받는 원인이 되기도 한다. 들리니가 아이들에 대한 규제와 제재를 전면 해제하는 방향을 추구한 것은 당대의 보수적인 교육 정신에 다분히 반하는 것이었다. 간혹 벗들의 도움이나 정부의 지원을 받기도 했지만,[17] 들리니의 이런 실험은 재정난과 정치적, 행정적 소외를 겪다가 기존 교육 제도의 방향을 틀게 하는 데는 별다른 성과를 거두지 못한 채 끝맺는다.[18]

1966-1996: 자폐 아동 장마리, 그리고 뗏목과도 같은 삶

'위대한 동반대'는 조직의 핵심 인물이자 들리니의 가까운 동료인 위게트 뒤물랭Huguette Dumoulin이 1962년 두 딸과 함께 그곳을 떠나면서 바야흐로 막을 내리며, 공교롭게도 같은 해에 왈롱 또한 세상을 떠난다. 이로부터 약 4년간 들리니는 삶의 모든 면에서 어려움에 처하는데,[19] 이를 딱하게 여긴 가타리 등은 들리니를 1965년 정신과 병원 라보르드로 초대한다. 이는 들리니가 삶의 활기와 의욕을 되찾을 수 있도록 도우려는 시도였으며, 이곳에서 그는 자크 라캉Jacques Lacan의 세미나를 등사하

17
프랑스의 사회 보험 기관인 사회보장La Sécurité sociale에서 지원금을, 가족수당공단CAF에서 촬영을 위한 카메라 및 프로젝터 구입 비용 등의 재정적 지원을 받은 적이 있지만, 기본적으로 들리니의 재정 상태는 열악했다. 그는 이러한 재정적, 행정적 불안정성으로 인해 종종 불안 심리를 호소하기도 했는데, 동료 위게트 뒤물랭Huguette Dumoulin에 따르면 지하철역에서 나오면서 광장을 지나지 못한 채 그대로 굳어버리는 때가 있을 정도였다고도 한다.(390쪽) 이와는 별개로, 들리니의 벗이자 오랫동안 그의 공동체 안에서 함께 생활했던 자크 랭Jacques Lin은 다음과 같은 증언을 하기도 한다. "들리니는 조금 자폐증 같은 면이 있었다. 예를 들어 식사가 7시에 예정되어 있다면 절대로 7시 2분으로 늦어져서는 안 된다. 만약 그럴 경우 완전히 패닉 상태에 빠지기 때문이다."(642쪽)

18
그럼에도 교육자로서 들리니의 명성은 출판물 등에 힘입어 자리를 잡아갔다.

19
정신과 의사이자 정신분석학자인 들리니의 벗 장 우리Jean Oury는 다음과 같이 회고한다. "들리니는 비참한 상태였다. 자기 자신을 돌보지 않았기에 끔찍할 정도였다. 그것이 그를 라보르드로 부른 이유 중 하나였다. 우리는 그를 돌봐주려 한 것이 아니라 그가 활기를 되찾기를 바랐다."(637쪽)

거나[20] 창작 활동을 하는 등 벗들의 기대에 서서히 부합하는 모습을 보인다.

그러던 중 1966년 말, 말 한마디 못 하는 12세 아동 장마리가 파리 살페트리에르 병원에서 '심각한 뇌질환' 진단을 받자 그의 어머니는 들리니를 찾아와 아들을 맡긴다. 다소 느닷없이 시작된 이 인연을 계기로, 당시 53세였던 들리니의 삶은 새로운 국면에 접어든다. 들리니는 장마리의 자폐증만큼이나 장마리라는 사람 자체로부터 깊은 인상을 받으며, 나아가 새로운 시도를 향한 동기를 느끼게 된다.[21]

"장마리 곁에서 그저 살아가기"(641쪽)로 그 정신을 요약할 수 있는 들리니의 삶 마지막 30여 년 동안 그가 장마리에게서 특히 주목한 측면은, 그가 언어를 전혀 사용하지 않는다는 점이다. 이런 모습에서 들리니는 (합)목적, 의도, 효율 등의 가치로부터 완전히 독립된 채 정동의 층위에서 표현하고 느끼는 '삶의 형태'에 주목한다. 들리니는 말을 아예 못 하는 이 아이가 '말하기dire'의 층위가 아닌 '(저절로) 말해지기se dire'의 층위에 있다고 보는데, 이처럼 표현의 지평에서는 이 아이들도 우리만큼이나 고유한 의미의 세계를 직조한다는 면에서 이 두 세계가 조우할 가능성을 암시한다.[22]

특히 들리니는 이 '(저절로) 말해지는 말'에서 다음과 같은 특징을

20
들리니는 프로이트나 라캉과 같이 정신분석학적 방식으로, 즉 상징을 해석하는 방식으로 아이들을 대하는 태도를 피한다. 정신분석학적 방법에 대한 들리니의 비판에 대해서는 이 책 441, 1025-1030, 1659쪽 등을 참고하기를 권한다. 이와는 별개로, 들리니식 교육론이 프랑스 심리학의 역사에서 차지하는 위치와 의의에 대해서는 아니크 오아용Annick Ohayon의 글을 참고하기를 권한다. (590-593쪽)

21
이 글에서는 지면의 한계상 다루지 않겠지만, 1974년부터 1978년까지 들리니는 이자크 조제프Isaac Joseph와 교류하면서 삶의 모든 면에서 매우 활기찬 시절을 보내기도 한다. 조제프는 조르주 캉길렘Georges Canguilhem의 지도를 받았던 사회학자로, 들리니를 찾아와 그의 삶과 사유로부터 이론적 영감을 받는다. 이 책 곳곳에는 조제프와 들리니가 교류한 흔적이 충실하게 담겨 있다.

22
그러나 이 두 세계가 정말로 만날 수 있을까? 이 만남이란 구체적으로 어떤 만남을 뜻하는가? 자폐 아동의 가족마저 그를 포기하는 경우가 있듯이, 어쩌면 이 두 세계는 영원히 만날 수 없는 것은 아닐까? 들리니는 세상을 떠날 때까지 이 문제를 풀고자 했으며, 어떤 면에서 보자면 들리니의 죽음이라는 사건 그 자체 또한 이 문제의 깊이를 드러내 보인다. 이에 대해서는 밑에서 더 자세히 살펴보기로 한다.

발견한다.(757-758쪽) 애초에 전사轉寫될 수조차 없고 소리를 있는 그대로를 존중한다. 단어도 아니고 음절도 아니다. 우리의 말과는 완전히 다르다autre nature. 우리의 목소리와도 다른 목소리qui n'est pas la nôtre, 짧은 떨리는 날숨과도 같은, 거의 기침 소리와 같은 소음. 아이들의 이런 원초적인 소리는 들리니가 보기에 말에 앞서는 소리와도 같다. "우리에게 도래할 말에 앞서는 어떤 것이 손짓을 한다."(716쪽)

이와 같은 맥락에서, 들리니는 '그저 움직이기agir'와 '(무엇인가를) 하기faire'를 구별한다.[23] 도식적으로 말하자면, 전자는 자폐 아동들의 몸짓들 그 자체이고 후자는 들리니가 이런 몸짓의 대척점에 놓는, 어떤 구체적인 목적을 지닌 행동이다. 이때 '하기'는 특히 효능과 도구적 사용의 가치에 기반한 반면, '그저 움직이기'는 행동, 행위라고 부를 수 있는지조차 애매한, 어쩌면 그냥 '-짓geste'[24]라고 하는 편이 더 어울릴 움직임을 가리킨다. 들리니가 보기에 이 아이들의 삶에 드러나는 '-짓'의 층위는 이미 나름의 의미로 충만하다. 그러한 층위에서 우리가 우리의 삶과 이 아이들의 삶을 함께 엮어나갈 때, 그러한 삶의 터만이 불러낼 수 있는 고유하고 다채로운 의미가 드러난다.

'말하기'-'(저절로) 말해지기', '(무엇인가를) 하기'-'그저 움직이기'와 같은 쌍에서 나타나는 것처럼, 들리니는 자주 단어의 의미 및 단어들 사이의 관계를 비틀어가면서 사유를 전개한다.[25] 그는 종종 사전적 정의를 인용하면서 사전 속 의미들과 싸우기도 한다. 들리니는 완성품으로서의 단어-사전-상징[26]이라는 체계에 저항하기 때문이다. 루트비히 비

23
이 책의 4부 '그저 움직이기와 무엇인가를 하기L'agir et la faire'는 이 문제를 심층적으로 다룬 글들로 구성되어 있다.

24
이때 '-짓'은 경멸적 접미사가 아니라 '몸짓', '손짓', '날갯짓'에서처럼 움직임 그 자체를 강조하는 표현이다. 여기까지 읽은 독자의 이해를 돕기 위해 덧붙이자면, 이 글의 앞선 부분들에 나온 '몸짓', '손짓' 등의 표현은 더욱 정확한 의미에서는 여기서 말하는 '-짓'을 가리킨다.

25
또 다른 대표적인 예시로는 주어가 지닌 실체성의 표식이 되는 재귀 대명사 'se'와 공동의 무언가를 어렴풋이 가리키는 지시 대명사 'ce'라는, 발음이 똑같은 단어 쌍을 들 수 있다. 구체적인 사용 예시는 다음과 같은 곳에서 볼 수 있다.
"이 침묵, 누군가의 침묵이 아닌. 고로 뗏목"(698쪽)
"이 웃음ce rire이라고 쓰지s'écrit 비웃기: 가 아니라pas: se rire"(730쪽)

트겐슈타인Ludwig Wittgenstein[27]이 《논리철학논고》에서 말이 말을, 논리가 논리를 철저하게 물고 늘어지는 모습을 보여줌으로써 역설적으로 말로 할 수 없는, 논리로 이를 수 없는 지평을 드러낸 것처럼, 들리니 또한 사전 속 정의들과 싸우며 의미의 고정성에 저항하는 태도를 통해 언어와 독립적인 층위의 의미 활동, 즉 "주체도 없고 언어도 없는 공동의 영토"(684쪽)를 드러내고자 한다.[28]

위에서 등장한 '삶의 형태forme de vie'라는 표현은 들리니가 클로드 레비스트로스Claude Lévi-Strauss에게 영감을 받아 차용한 것이다. 이때 '형태'란 고정된 실체성에 기반을 두는 것이 아니라,[29] '삶'만큼이나 고유하고 개별적인 개성에서 창발하는 다양한 변이들이 이루는 성운 내지는 군도와 같은 것이다. 이처럼 들리니가 (삶의) '형태forme(s)'라는 단어를

26
들리니에게 있어 상징의 개념은 카시러식의 상징 형식과는 맥락이 다르다. 들리니는 인간의 상징 활동을 체계성과 규칙성에 종속된 것으로 본 반면, 카시러는 상징 형식에 내재하는 의미 창발의 층위에 깊은 관심을 두었다. 상징에 대한 들리니의 이와 같은 반감은 그가 정신분석학적 방법을 배척하는 이유가 되기도 한다. 카시러식 상징 형식의 의미 창발적 층위에 대해서는 다음 책 2부를 참고하기를 권한다. Jean Lassègue, *Cassirer: Du transcendantal au sémiotique* (Vrin, 2016).

27
들리니의 노년 모습과 목소리를 담은 영화 〈찍어야 할 영화에 관하여À propos d'un film à faire〉(1989)에서 들리니는 자신이 비트겐슈타인을 읽고 나서야 비로소 '윤리'라는 단어를 쓰기 시작했다고 고백한다. (1765쪽)

28
만약 들리니가 메를로퐁티식의 키아슴chiasme, 즉 보이는 것과 보이지 않는 것의 상호 창발성, 혹은 게슈탈트 심리학에서 다루는 보이는 것과 보이지 않는 것 사이의 긴장을 통해 창발하는 의미 현상을 이해했더라면 들리니의 실험은 또 다른 방향으로 나아갈 수 있었을지도 모른다. 들리니 역시 '보이지 않는 것'이라는 표현을 사용하기는 하지만, 이때 그가 말하고자 하는 바는 완전히 신비롭고 자유로운 (스탠 브래키지Stan Brakhage가 말하는 "완전히 자유로운 눈과 같은")(1660쪽) 미지의 영역에 속하는 어떤 것이다. 특히 이 책의 5부 '보이지 않는 것Ce qui ne se voit pas'은 영화 이미지, 나아가 이미지의 움직임 그 자체에 주목한 들리니의 사유를 다룬다. 반면 메를로퐁티에게 있어 '보이지 않는 것'은 언제든지 '보이는 것'의 위상을 취할 수도 있으며, 이때 하나는 다른 하나만큼이나 의미 구성의 동기를 품고 있다.

29
들리니는 고정된 실체로서의 존재를 비판하면서 역동적인 상호 창발로서의 존재, 구체적인 만남을 통해 직조되는 존재의 측면을 강조한다. "우리는 저마다 다른 곳으로부터 와서, 물려 받은 존재l'Être hérité를 들고 다니며 이렇게 모여 '민족'을 이룬다. 반면 아이들은 우리와는 달리 존재와 무관하기에 존재의 중력la gravité de l'Être으로부터 벗어나 있다. 따라서 우리가 이 아이들 곁에서 살아가려면, 존재의 충돌과 수정을 겪을 수밖에 없다."(1421쪽)

통해 가리키는 것은 구체적으로 정의할 수 있는 실체가 아니라, 삶의 여정 그 자체와의 상호 창발적 관계 안에서 삶의 특정한 모습을 마치 필름에서 사진을 현상하듯이[30] 드러내는 계기가 되는 '어떤 것quelque chose'[31]이다.

이와 관련하여 들리니가 묘사하는 자폐 아동들의 삶의 모습을 하나 살펴보자.(1333-1334쪽) 바구니가 하나 있다고 하면, 아이들은 그 주위에서 아무 쓸모없어 보이는 몸짓을 하거나 시간을 낭비하듯[32] 몸을 이리저리 움직이는 것처럼 보인다. 그러나 우리의 눈에 바구니란 무엇인가를 담기 "위한" 구체적인 목적을 지닌 도구인 반면, 이 아이들에게는 그 어떤 효율적, 도구적 효능성과도 관련이 없다.[33] 아이들에게 바구니는 단순히 '어떤 것'에 지나지 않는다. 실제로 어느 자폐 아동의 경우, 바구니에 물건을 담아 이동하는 대신 한 손에는 텅 빈 바구니를 들고, 다

30

완제품과 같은 도구가 아니라 그때그때 의미가 변화하는 역동적 창발성으로서 삶의 형태에 대해, 청년 시절 들리니는 이렇게 말하기도 한다. "우리가 어느 아이를 맡게 된다는 것은, 이 아이에게서 사회를 덜어낸 뒤 그의 여기를 자르고 저기를 붙이는 식으로 아이를 순종적으로 만드는 일이 아니다. 우리는 무엇보다 앞서 이 아이를 (사진을 현상하듯이) 드러내려고révéler 한다."(174쪽)

31

"지도 상단을 보면 내가 대문자로 '것들CHOSES'이라고 쓴 게 있다. '그 사람 뭔가 (특별한 것이) 있어c'est quelqu'un' 라고 하면 그저 불특정한 아무개를 말하는 것이 아니듯, 여기 이 '것들CHOSES'은 '뭔가 (특별한 것이) 있는 것들'이다."(912쪽) 들리니의 이러한 관점은 지각의 주체와 대상이 서로 구분되기보다는 서로가 서로를 불러일으키는 상호 창발적 관계에서 일어나는 경험의 층위를 묘사한다. 이는 마치 생텍쥐페리의 어린 왕자가 별마다 고유 식별 기호를 부여하는 천문학자의 도구적 태도와 거리를 두고, 어린 왕자 자신과 장미 사이에 서로를 기다리고 바라는 마음으로 이어진 고유한 관계성이 있음을 발견하는 것과 같은 맥락이라 할 수 있겠다.

32

들리니가 다른 곳에서 지적하듯, 이 아이들은 애초에 우리와 같은 시간 감각의 지평에 살지 않는다. 우리는 흔히 "시간이 없다", "시간이 많다", "시간을 아끼다"와 같이 말하지만, 이 아이들은 애초에 그러한 지평에 있지 않기 때문에 이들에게 시간은 낭비될 수 있는 여지조차 없다.

33

들리니는 두 자폐 아동 안과 장마리가 바구니를 대하는 서로 다른 모습을 구체적으로 묘사한다. 똑같이 바구니에 물건을 채우고 설거지를 하러 이동한다고 하더라도, 안이 그 안에 위 아래로 포개어지게 접시 등을 많이 넣고 가다가 그것들이 뒤집어지나 섞이더라도 아무렇지 않은 반면, 장마리는 바구니에 사물을 반드시 하나씩만 넣고 다니면서 필요한 만큼 왕복 이동을 한다. 들리니가 볼 때 이처럼 이 아이들은 각자 자신만의 고유한 세계를 직조해 나간다.(1335쪽)

른 한 손으로는 무엇인가를 잔뜩 집어 들고 가기도 하기 때문이다. 들리니는 아이들의 손과 바구니의 접촉, 그리고 성운 또는 군도를 이루는 이들의 '움직임agir'은 우리의 눈에 아무리 보잘것없어 보일지라도 나름의 방식으로 무엇인가를 의미한다고 말한다.[34] 이처럼 그는 아이들이 저마다의 몸짓을 통해 자신만의 고유한 세상을 직조해 나가는 모습에서 '의미 활동의 여백으로서 의미 활동'을 보는 것이다.

장마리가 빵을 굽는 모습을 묘사하는 들리니의 기록은 '그저 움직이는' 이 아이들의 '삶의 형태'를 바라보는 그만의 관점을 잘 보여준다. 사회로부터 멀리 떨어진 산속에서 공동체를 이루어 살아가면서, 들리니와 장마리를 포함한 공동체의 일원들은 매일 두 번씩 빵을 굽는다. 누군가에게는 날마다 먹을거리를 준비하는 무의미한 반복에 지나지 않겠지만, 들리니는 이 행위에서 매번 고유한 의미가 발생한다고 보았다. 도구 사용이나 행동의 차원에서 보면 분명 반복적이겠지만, 그럼에도 장마리와 같은 자폐 아동은 시간, 공간, 가치 등에 대한 감각이 우리와 완전히 다르기에 이들에게 빵을 굽는 각각의 사건은 저마다 고유한 의미의 터가 되기도 한다는 것이다. 이 터는 이미 완성된 의미의 무의미한 반복répétition이 아니라 창발하는 의미의 유의미한 재개reprise인 셈이다. 이러한 면에 주목한 들리니는 빵 굽기를 그때그때 저마다의 의미가 창발하는 "축제"라고 부른다.[35]

언어 사용과 독립된 층위에서 직조되는 삶에 가까이 다가가기 위해, 들리니는 그저 떠돌듯이 움직이는 것처럼 보이는 이 아이들의 일상을 지도 위에 그려보는 독창적인 방법을 고안해 낸다. 그 원리를 간단히 설명하자면 다음과 같다.[36] 저녁 시간이 되면 어른은 넓은 도화지에 그날 하루 동안 자기가 이동한 경로를 그린다. 여러 종류의 선과 간단한

34
"장마리가 되었건 드미트리가 되었건 안이 되었건, 누군가 바구니에 손을 넣는 그 순간 그 자체만의 '의미가 있다'. 그러나 사람들 대부분은 언제나/이미 움직임agir의 우회로보다는 이해라는 미궁을 선호하고 있고 선호할 것이다."(1336쪽)

35
"각설하고, 빵 굽는 날이 온통 경보의 날이라는 점은 분명하다. 축제 날이다. [그렇지만 축제라고 해서] 카니발을 떠올리는 사람은 참으로 실망할 것이다!"(1170쪽)

36
지도 그리기의 핵심 원리는 이 책 958쪽, 995쪽에 자세히 설명되어 있다.

기호들을 활용하여 움직임의 흔적마다 성격을 부여하기도 한다.[37] 그다음에는 트레이싱지에 아이들이 움직인 경로를 그린다. 그리고 나서 두 경로를 겹쳐 보면서 새롭게 떠오르는 형태를 발견한다. 들리니는 이 방식을 통해 정처 없이 떠다니는 듯한 아이들의 움직임이 이루는 나름의 의미를 드러내려 한다.

이렇게 그림들을 겹쳐 놓고 보면 달무리와도 같은 테두리가 어렴풋이 떠오르기도 한다.[38] 이때 중요한 사실은 들리니와 어른들이 아이들과 가족처럼 살아가는 중에는 누구도 이런 경계를 전혀 자각하지 않고 있다는 점이다. 달리 말해, 이 달무리는 지도 그리기를 마친 다음에야, 그리고 그것들을 겹쳐 본 다음에야 드러난다. "무지개가 뜨려면 공기 중에 물방울이 있어야 하듯이", 이 달무리가 떠오르기 위해서는 보이지 않는 일상의 수많은 움직임이 나름의 방식으로 눈에 띄지 않게 작동하고 있어야 한다는 말이다.[39] 바로 이 지점에서 들리니는 이성의 개념화 기능, 즉 의미를 고정시키는 태도를 경계하면서 그러한 태도가 이 달무리를, 그리고 지도가 겹쳐질 때 드러나는 여러 새로운 형태를 사라지게 할 것이라고 강조한다. 따라서 이렇게 드러나는 형태들은, 혹은 형태들의 이러한 드러남은 자연스러운 일상의 말 없는 직조보다 영원히 한발 늦을 수밖에 없으며 미리 예측될 수도, 생각될 수도 없다.(958쪽)

해가 지나면서 때로는 아이들이 새로 오거나 떠나기도 하지만, 이들 모두는 저마다의 고유한 가치 감각으로 살아간다. 예를 들어 어느 늦은 밤, 장마리는 도무지 잠에 들지 못하고 벽에 머리를 계속 부딪는다.

37

들리니는 어른들이 이 지도를 그릴 때 자신의 삶을 기준으로 아이들의 삶을 바라보거나 그들의 삶에 자의적인 의미를 부여하는 것을 경계한다. 나아가 지도 그리기는 어떤 면에서는 아이들보다도 어른들에게 도움이 된다고 말하기까지 한다.(684쪽) 이자크 조제프는 지도 그리기의 이러한 측면을 다음과 같이 설명한다. "이들 지도는 관찰의 도구가 아니다. 탈출의 도구다. 언어로부터의 탈출일 뿐 아니라 [아이들을] 치료해 줘야 한다는 불안으로부터의 탈출. [...] 겹쳐지고 비교되는 지도들은 완전히 새로운 것을 발견하게 해준다. [...] 분석가는 의미의 여백에 머물러 있으며, 끝없이 이어지는 '무의미'의 흐름 안에서 버틴다."(847-848쪽)

38

"무지개와도 같은 이 달무리는 종종 떠도는 선을 테두리 짓는 것처럼 보인다."(957쪽)

39

"자폐 아동들 곁에서 살아가는 우리가 여기에 넘어서지 않을, 확실하게 믿을 수 있는 자연스러운 담 같은 것이 있다고 생각했더라면 이 터의 달무리는 의심의 여지없이 사라졌을 것이다. 마치 햇살 속에 물방울이 더 이상 존재하지 않을 때 무지개가 사라지듯이."(958쪽)

무슨 일인가 해서 방에 온 어른의 손을 이끌고 장마리는 밖으로 나간다. 그러더니 낮에 작은 벽에서 떨어져 나온 돌이 근처 톱질 받침대의 다리에 끼어 있는 것을 빼서 원래 있던 벽에 가져다 놓는다. 그런 뒤 곧바로 잠에 든다.(1657-1658쪽) 그런가 하면, 누군가 아무 의미 없이 테이블을 툭 치자 3년 전에 사라져서 아무도 찾지 못하고 있던 재떨이를 갑자기 찾아오기도 한다. 장마리는 분명 자기 자신만의 시간 및 공간 감각으로 삶을 직조하고 있는 것이다.(852쪽)

이 아이들과의 삶을 들리니는 물 위에 떠다니는 나무 뗏목에 비유하기도 한다. 이는 비단 장마리를 비롯한 자폐 아동들이 일반적으로 물에 매료되는 모습을 보이기 때문만은 아니다.[40] 엮어놓은 나무들 사이로 넘치는 물을 친절하게 맞이하는 뗏목은 물의 흐름에 자신을 온전히 내맡긴다. 물 위를 기우뚱거리면서 나아가는 뗏목에서, 들리니는 자신과 아이들이 함께 직조해 나가는 공동의 삶의 형태를 본다.

> 이 둘 사이, 그러니까 우리의 습관들과 떠도는 흔적의 선 사이에는 이 뗏목들이 떠다닌다. 이 뗏목은 여기 이 아이들이 저마다 자기 자신이 아닌, 그럼에도 자기 것이라고 여길 수밖에 없는 몸의 사용법을 (되)찾게 해주는, 그때그때 비추었다 사라지는 성운과도 같은 지표이다. 또한 그러나 [자기 자신이라고 할 수도, 자기 자신이라고 하지 않을 수도 없는] 이런 몸은 여러 문화에서 저마다 다른 뉘앙스의 언어로 조금씩 다르게 바꿔 부른다 할지라도, 인간이라는 종 전체를 아우르는 공동의 무엇이다.(693쪽)[41]

들리니가 세상을 떠난 1996년 늦여름, 장마리는 슬픈 기색조차 없이 평소와 똑같이 살아간다. 장마리의 이런 무관심, 혹은 그만의 고유한 감각을 들리니는 마치 내다보기라도 했다는 듯이 1987년에 남긴 녹음

40

848쪽, 931쪽, 949쪽 등. 물을 좋아해 이 공동체의 수맥 탐지원으로 불리기까지 한 장마리는 때로 물 앞에 경건한 모습으로 무릎을 꿇기도 하고, 때로는 그 앞에서 열정을 주체하지 못하기도 했다.

41

들리니가 말하는 이 표지repère란 "말과는 다른 본성을 지닌 기호signe"(771쪽)이며, 아이들 각각의 고유한 삶의 형태를 조금이나마 더듬어 볼 수 있게 그 터를 비춰주는 빛줄기와도 같다.

에서 "장마리는 유령과도 같다. [...] 장마리는 존재하지 않는다"라고 말하기도 했다.(1755쪽) 사실 그는 오래전부터 장마리의 세계가 그의 세계와 만날 수 없다고 느꼈다. 이러한 관점은 저서 《독특한 민족*Singulière ethnie*》(1980)에 그가 직접 그린 삽화에 잘 드러난다.(1445쪽) 이 삽화에는 다이어그램 두 개가 대조되듯 제시되어 있다. 각 다이어그램 좌측에는 장마리와 같은 자폐 아동들의 세계를 가리키는 원이 있고 그 안에 'ê'라고 적혀 있으며, 우측에는 들리니 자신과 같은 어른들의 세계를 가리키는 원이 있고 'E'라고 적혀 있다.[42] 위의 다이어그램에는 두 세계가 서로 겹치는 교집합의 영역이 있고, 그 안에 사람 한 명이 그려져 있다. 그 사람을 가리키면서 "내가 있는 곳은 여기가 아니다je ne suis pas là"라고 적혀 있다. 반면 아래 다이어그램에서 두 세계는 서로 동떨어져 만나지 않으며, 그 사이에는 별 다섯 개가 성운처럼 모여 있다. 이 사이 공간에는 "내가 있는 곳은 오히려 여기다mais plutôt là"라고 써 있으며, 별들을 가리켜 "들보chevêtres"라고 적혀 있다. 사람 한 명은 오른쪽 원(E)으로부터 정확하게 한 발 나와, 마치 밤하늘에 뜬 별을 바라보는 듯이 서 있다.

들리니는 그의 삶 전체를 통해, 자기 자신 혹은 타인과 가장 개별적이고 고유한 관계로 깊이 들어가면 들어갈수록 역설적으로 인간의 가장 보편적인 층위에 맞닿을 수 있음을 보여준다. 이런 관계를 위해서는 완성된 의미의 정착지를 좇는 태도가 아니라, 창발하는 의미에 귀를 기울이는 경청의 마음가짐이 요청된다. 관계의 고유한 목소리에 귀 기울이며 마음의 동기를 끊임없이 재개하는 이런 관계 안에는 불가능해 보이는 이해조차 품을 수 있는 귀할 만치 드문 삶이 있다. 외딴 산속, 밤이 깊어질수록 더욱 환하게 빛났을 들리니의 눈동자 속 별빛들의 목소리가 지금 여기 들리는가 싶기도 하다. +

42

여기서 대문자 'E'는 '존재être'라는 단어의 첫 글자를 대문자로 표기한 것으로, 실체로서의 세계, 즉 고정된 상징들의 체계를 나타낸다. 반면 소문자 'ê'는 같은 단어의 머리글자를 소문자로 표시한 것으로, 장마리와 같이 언어를 전혀 사용하지 않으며 언어 상징 체계로부터 독립된 이들의 세계를 가리킨다. 또한, 여기서 '들보chevêtre'는 들리니가 '얽히게 하다enchevêtrer'라는 동사와 함께 공동으로 직조하는 삶의 형태를 묘사하기 위해 자주 사용하는 명사이다.

참고 문헌

Billeter, Jean François. *Un paradigme*. Editions Allia, 2012.

Lassègue, Jean. *Cassirer: Du transcendantal au sémiotique*. Vrin, 2016.

_____. "Note sur l'actualité de la notion de forme symbolique." *Methodos* 2 no. 2 (2002). http://journals.openedition.org/methodos/88.

Rilke, Rainer Maria. *Rodin*. traduit par Marie Cornebize et Laurent Chevallier. Editions Autour de Rilke, 1999.

김성재
룩셈부르크 대학교와 파리사회과학고등연구원EHESS의 공동 학위로 언어과학, 언어학, 철학을 전공해 박사 학위를 받았다. 이브마리 비제티Yves-Marie Visetti와 잔 마리아 토레Gian Maria Tore의 지도로 박사 연구 〈피아노 마스터클래스를 바라보는 여섯 개의 시선: 음악적 만남의 현상학과 기호학Six regards sur la master-classe de piano: phénoménologie et sémiotique de la rencontre musicale〉(2014-2019, 룩셈부르크연구재단 지원 사업)을 수행했다.

전 쟁

하는

인간

시대와 분과를 가로지르는 지식의 교차로
서평 무크지 '교차'

1호
《지식의 사회, 사회의 지식》 **2021년 10월**
고전과 현대의 문제작을 오가며
지식 공동체의 작동과 변모를 조망하다

2호
《물질의 삶》 **2022년 4월**
인간 중심주의 너머 비인간 행위자들의 세계
살아 움직이는 물질의 행위성에 주목하다

3호
《전기, 삶에서 글로》 **2022년 10월**
어떤 사람이, 누구의 삶을, 어떻게 쓰는가
무수한 삶의 조각을 기술하는 법

4호
《전쟁하는 인간》 **2023년 6월**
감각과 체험에서 사유와 이론까지
전쟁의 수많은 얼굴을 마주보다

정기구독
1년 36,000원 (2권)
10% 할인

'교차'는 연 2회 발행되며, 6호를 끝으로 마칩니다.
자세한 사항은 QR코드를 통해 확인해 주세요.

문의
itta@itta.co.kr
02-6494-2001